21 世纪立体化中等职业学校规划教材·公共课系列



# 新编应用文写作

主　编　葛　虹　刘润平

副主编　张　霞　赫丽丽　李丽娜
　　　　宋　楠　李欣然

電子工業出版社
Publishing House of Electronics Industry
北京·BEIJING

## 内容简介

本教材在借鉴同类教材的基础上，树立“学以致用，重视实践”的理念；创设了全新的体例，遵循由易到难、由浅到深、由通用到专业的逻辑顺序，重点选取了贴近学生生活、服务于就业需要的日常应用文、学业应用文、工作应用文、专业应用文4个类别的33个精讲文种，每个文种由“情境描述”“知识点拨”“例文点评”“写法指导”“技能训练”“知识链接”6个环节构成，以情境导入任务，以案例引领学习，以训练提升技能，以链接拓宽知识；实现调动学生兴趣、了解基础理论、学习必要技巧、掌握必备技能的目的。

本教材可作为各类中等职业学校的教材，也可作为应用文写作培训的教材，还可作为文秘人员的工具书及一般社会读者自学写作的参考读本。



**图书在版编目（CIP）数据**

新编应用文写作／葛虹，刘润平主编．--北京：
电子工业出版社，2015.6
21世纪立体化中等职业学校规划教材．公共课系列
ISBN 978-7-121-26080-3

Ⅰ．①新…　Ⅱ．①葛…　②刘…　Ⅲ．①汉语－应用文－写作－中等专业学校－教材　Ⅳ．①H152.3

中国版本图书馆CIP数据核字（2015）第103790号

策划编辑：陈　虹　黄园园
责任编辑：陈　虹　　　特约编辑：胡伟卷　孙明珍
印　　刷：三河市华成印务有限公司
装　　订：三河市华成印务有限公司
出版发行：电子工业出版社
　　　　　北京市海淀区万寿路173信箱　邮编　100036
开　　本：787×1 092　1/16　印张：15　　字数：413千字
版　　次：2015年6月第1版
印　　次：2023年8月第10次印刷
定　　价：29.80元

凡所购买电子工业出版社图书有缺损问题，请向购买书店调换。若书店售缺，请与本社发行部联系，联系及邮购电话：（010）88254888，88258888。
质量投诉请发邮件至zlts@phei.com.cn，盗版侵权举报请发邮件至dbqq@phei.com.cn。
本书咨询联系方式：电话010-62017651；邮箱fservice@vip.163.com；QQ427695338；微信DZFW18310186571。

# 前言

随着时代的发展，应用文的使用越来越普遍，社会对于中职毕业生应用文写作能力的要求也越来越高，因而与时俱进地编写一本适合当下不同专业中职生学习、生活、升学和工作需要的教材势在必行。

## 一、编写思路

基于中职学校文化基础课的教学改革需要，从培养高素质技能型人才的理念出发，本着“实用为主、够用为度”的原则，本教材做出了大胆尝试：探索与职业素养相结合的文化基础课开发与教学设计，在教学过程中融合职业特点，注意培养学生的职业基础能力，为他们今后的工作、生活和学习奠定实用的写作基础。

### 1. 更新理念，凸显职教特色

编写教材的思路是：不再单纯地按照知识的结构排序，不再采用传统的章节形式，而是以任务驱动的方式，以相互关联的任务载体来展开内容。根据工作任务需要，以工作过程为主线，对教学内容进行重构，并通过尽可能与工作实境相同或相似的学习情境创设，逐步形成任务驱动、主动探讨、工学同步的教学过程，从而有利于提高学生的职业能力。

### 2. 划分模块，培养职业素质

职业教育侧重职业素质的培养，为此教材设计了3种形式的模块。一是任务模块，主要发挥引领作用，通过创境激趣和体验式学习，指导学生如何按照工作过程进行学习，掌握相关的方法与步骤，促进学生职业能力的提高；二是案例模块，主要发挥示范作用，内容为贴近校园、贴近专业而又富有时代精神的典型范文，使教材不仅是教科书，还是工具书；三是训练模块，主要发挥提高作用，其意图是让学生根据工作任务及工作过程的需要，通过正反对比、循序渐进，熟练掌握写作方法和技能，做到熟能生巧、举一反三。

### 3. 指导学法，训练综合技能

本教材把工作任务放在前面的原因主要是避免知识灌输式的教学，运用任务驱动式的教学，实现理论知识与实践知识的综合，职业技能与职业态度、情感的综合。

本教材的内容设计和组织应用了“情境教学法”“任务驱动法”“项目教学法”等理念，将具体的职场工作（任务教学）与应用文教学（活动教学、情境教学）相结合，以职业生涯的发展和文书写作的过程为基点，使应用文教学理论与实践融为一体。

职业教育的核心是能力和素质的培养，本教材在这方面做出了努力，即在注重培养读、写能力的基础上，引入了思维能力训练。例如，“情境描述”设置情境并强调对文种的理解分析，激发学生学习兴趣、积极思考“用什么方法解决问题”；“知识点拨”“写法指导”对文种知识进行整理归纳，不做长篇大论的理论讲解；“例文点评”提供示范，并挖掘出规律性的东西进行点评，共同帮助学生分析“如何解决问题”；“技能训练”要求学生利用所学知识独立解决问题，完成“情境描述”的写作任务并熟练运用技能。通过本教材的学习，学生的思考习惯、逻辑思维、综合分析等思维能力将得以全面提高。

## 二、编写体例和教学建议

本教材在汲取同类教材优点的基础上，创设了全新的体例，遵循由易到难、由浅到深、由通用到专业的逻辑顺序，将结构设置为1个项目导入和4个项目五部分。项目导入简明扼要地对应用文的基础知识和学习方法做纲要性提示；项目一为日常生活中使用频率最高的25个应用文种（其中，10种精讲文种）；项目二为学业类应用文的16个文种（其中，8个精讲文种）；项目三为工作类应用文的18个文种（其中，8个精讲文种）；项目四为专业类应用文的16个文种（其中，7个精讲文种），这种循序渐进的编排，使文本更具有科学性和可操作性，便于广大师生教与学。

**1. 以情境导入任务**

本教材摒除了传统教材僵化传授写作知识的做法，引入解决问题、完成任务为主的多维互动式教学方法。学生首先接触到的不是枯燥的理论知识，而是随着“情境描述”的故事，与主人公一起接受工作任务，共同分析归纳应用文体的写作方法，让学生带着好奇心和任务主动模拟完成写作。教师利用“知识点拨”“写法指导”两个环节进行教学指导，在遵循理论知识管用、够用的原则下，简化理论知识学习，详细介绍各个文种的写作规范，让学生在感受“例文点评”的基础上形成对文体的理性概括，升华出自己的应用文写作理论观念，积极体验“做中学”的乐趣，从而达到教师的教和学生的学紧密对接、易教乐学的效果，提高课堂教学效率。

**2. 以案例引领学习**

本教材结合学生需求精心选取案例，教师可以利用这些丰富的案例引导学生主动学习。“例文点评”所选案例大多紧密关联学生熟悉的生活和学习场景，缩短学习者与文本之间的距离，突出专业特点和职教特色，增强亲近感和示范性。教师可以充分利用这些案例，激发学生的求知欲，并配合使用案例点评，引导学生深入挖掘，从中找出规律性的东西，发挥案例的针对性与指导性作用。例如，讲授“求职信”时，教材选择中职生通过求职信获得成功的案例，真实、适用，教师通过引导学生阅读案例及点评，让学生了解一封求职信应该如何写才能获得成功。然后教师有意识地引导学生准确定位，树立自信，激起写作兴趣，让学生通过仿写达到真写，从而提高写作技能和综合素质。

**3. 以训练提升技能**

基于学生下笔难的现状，本教材强化实训的分量，设置了富有梯度和弹性的训练体系。舍弃了过去填空、选择等生硬呆板的题型，编排了一些紧扣现实的开放性、挑战式的情境写作。每个文种由病文修改、情境写作、强化训练3项构成，由正反两方面训练过渡到综合技能的强化，从课堂活动到课后拓展练习，帮助学生提高写作能力。

**4. 以链接拓宽知识**

受篇幅和教学课时所限，只能挑选一些基础性的、学生急需的知识、技能进行训练，为了更全面地了解应用文种和应用文知识，我们还准备了内容紧扣所学文种的“知识链接”，方便教师授课和学生自学。建议教师和学生在学习过程中，突破课时等因素所限，利用网络等现代化的教育技术和信息平台，以获得更佳的教学效果。

本教材共收纳了75个应用文文种，精讲了其中的33个，囊括了《中等职业学校语文教学大纲》要求的所有应用文文种，同时也包含了职场常用并有一定难度的其他应用文文种，适合职业学校学生及在职人员学习。每个情境建议安排2个课时。

另外，教材中加入了二维码，开创新颖的阅读模式，增加趣味性的同时，为读者提供更多的增值服务。

**三、开发团队**

本教材由葛虹和刘润平担任主编，并编写了项目二、项目三、项目四；张霞、赫丽丽、李丽娜、宋楠、李欣然担任副主编，并编写了项目导入和项目一；此外，代真玉、吕红、冯可、周彦、安娜、赵继颖也对本教材的编写提出了建设性的意见。

在编写过程中，我们参阅了大量的书籍、报刊、网络上的已有成果，而且使用、引录、改编了其中的优秀例文，在此谨表对各位专家、学者的敬意和感谢。同时，本教材的编写和出版得到了编写人员所在单位大连市经济贸易学校、大连市轻工业学校、黑龙江省贸易经济学校的领导和出版社领导、工作人员的鼎力支持与帮助，他们的敬业精神也在很大程度上鼓舞了我们，在此一并深表谢忱。

由于时间仓促和编者水平有限，书中难免会有疏漏之处，恳请读者批评指正，以便再版时改进。

编　者

# 目录

## 项目三 工作应用文 / 118



## 项目四 专业应用文 / 175



## 参考文献 / 233

项目导入

# 概述篇

## 任务一　正确认识应用文

21世纪是一个多元化的快速发展的信息时代，一个充满机遇与挑战的新时代，国家之间、单位之间、个人之间的交往与合作无处不在。应用文作为重要的沟通交流介质，成为使用范围广、频率大、效率高的文体，是人们相互联络、相互竞争、相互合作的重要工具。对于中职学生来说，写好应用文是生活和职场中必备的技能。叶圣陶先生提出的“大学毕业生不一定要能写小说诗歌，但是一定要能写工作和生活中使用的文章，而且非写得既通顺又扎实不可”要求，也适合中职学生。写好了应用文，将在今后的学习、生活、工作中发挥重要作用。

### 一、应用文的概念

我国的应用文源远流长，已有数千年历史。它萌芽于殷商到战国的先秦时期，发展于秦汉和南北朝，成熟于唐宋，至明清，而后经历了它的后现代变革，直至今天，依然发挥着巨大作用……

甲骨文证明，从有文字开始，就有了应用文写作。周代的《尚书》就是我国第一部古老的应用文专集。魏晋南北朝时出现的著作，如曹丕的《典论·论文》、刘勰的《文心雕龙》都详细地论述了应用文的分类、性质、作用等。唐宋以后，又突出应用文写作的“政事之先务”的主导地位。随着社会的不断进步和科学文化的迅速发展，应用文逐渐趋于成熟稳固，现已成为人们学习、生活和工作的重要组成部分。

至此，将应用文的概念理解为：应用文是党政机关、企事业单位、社会团体及人民群众在处理日常公私事务时所使用的具有一定格式的实用性文种的统称。因此，应用文也称为实用文。它是人们传递信息、处理事务、交流感情的工具，有的还被用来作为凭证和依据。

### 二、应用文的特点

（1）目的的实用性。所谓实用性，是指解决实际问题。记叙文是“以事感人”，议论文是“以理服人”，应用文则是“以实告人”。应用文所体现的实用性是指一种更为直接的实用，就是要在政治、经济、文化、军事等实际工作中起指导、联系的作用，内容务实，对象具体，要求明确。叙述情况有一说一，阐述观点要言不烦，提出措施切实具体，做到联系实际、有的放矢。

（2）格式的规范性。应用文在长期的使用过程中，经过人们的不断改进与完善，逐步形成了较为固定的、被人们所认可和接受的结构格式和语言特色。这种特色是与其他文体相比较而言的，是相对的，不是一成不变的。

（3）写作的时效性。应用文是为了处理事务、交流信息、解决问题而写的，而事物又是在不断变化的，要充分发挥应用文的功能和作用，就必须在一定的时间内解决问题。应用文的时效性主要表现在快写、快发和快办。有些应用文正是用发文日期来表示其生效期限或正式执行的日期，有些还明确规定了有效期限。

（4）内容的简明性。应用文要求简洁明了、干净利落，不能模棱两可、含糊其词。叙述直陈其中，明白晓畅；说明简单明了，要言不烦；议论画龙点睛，切中要害。尤其是指示、合同等，必须字斟句酌，标点符号也要准确无误。一定要避免滥用形容词和比拟、夸张等修辞手法，添枝加叶、画蛇添足都是不可取的。

（5）结构的逻辑性。应用文写作在思维方法上更侧重逻辑思维，虽然在撰写过程中也有运用形象思维的过程，但大多数文种是以具体的事件为中心，需要把观点陈述清楚，把前因后果交代清楚，把本质和现象分析清楚，所采用的是逻辑思维方法。例如，写请示要讲清楚请求事项和请求批准的原因；写总结，则应在具体的成绩和存在的问题的基础上，分析说明成绩取得和问题存在的原因。逻辑性体现在文章的结构上，要条理清楚，段落之间具有明显的逻辑关系；陈述的事项界限清晰，不交叉；内容前后讲究因果，材料能够证明观点。

## 三、应用文的作用

应用文是一种工具，是为国家、政党、组织和个人服务的。应用文基本的作用主要有以下几点。

（1）宣传教育。党和政府经常通过应用文向有关单位和人民群众广泛宣传路线、方针和政策指导，并推动各项工作开展，以便各部门按照客观规律办事，从而推动现代化建设。如若是法规性文件，则对人们的行为起着规范和准绳作用。

（2）联系交流。国家之间、单位之间和个人之间都是通过应用文进行交流、沟通，达到互相了解、理解、信任，实现相互合作、共同发展的目的。每一个文种，只要一经成文发布，就是一种信息，既有信息的告知作用，又有信息的交流作用。

（3）依据凭证。应用文的依据和凭证作用主要表现在以下两个方面。

一是上级机关在制定方针、政策或做出决定、规定、计划时，是依据下级机关上报的总结、报告、纪要、简报和秘书部门撰写的调查报告等应用文来进行决策的。

二是下级机关在开展工作、处理问题、解决矛盾时，上级机关发布的有关“决定”“决议”“条例”“办法”等应用文，不但成了他们办事的重要依据，而且成为他们解决矛盾、判断是非的凭证。

（4）管理指导。在贯彻党的方针、政策进行有效管理时，制发公文、规章制度等应用文是惯用的主要渠道，尤其是应用文中的下行文，大都具有行政领导和行政管理作用。这是因为应用文不仅是国家政府或执政党实施领导、管理、指导、指挥各部门的有力工具，还是国家或执政党方针、政策具体化的书面形式。

## 四、应用文的语言

一般来说，应用文书的语言要做到平实、准确、简洁、得体。这也是应用文书语言的四个基本特点。

### 1. 平实

应用文的内容必须真实可靠，语言必须平实、质朴，除了日记、家书、情书等少数文种外，一般不需要采用文学化的表现手法，不必运用描写、抒情等表达方式，不用过多的修饰性词汇和深奥生僻的典故，而是使用通俗易懂的规范化词语和句子，文风朴实自然，陈述符合实际情况，数字确实无误，办法切实可行。

2. 准确

（1）内容准确。应用文要表达的内容、要反映的情况、要解决的问题都必须准确，本着客观、实事求是的态度，不走样，不主观臆测。一张借据，借什么就写什么，借多少就写多少，务必准确；一则“启事”是什么就写什么，不可随意歪曲、故意夸大。

（2）语句准确。选择词语要恰当、准确，要注意区别表示不同程度、不同范围的近义词，避免错用词义。例如，写计划时，时间的表示用时期还是用阶段有一定的差别；写总结时，所取得的成绩是较大还是很大也有所不同。还要注意造句准确，应用文书应少用长句，多用短句；少用感叹句、疑问句，多用陈述句。

3. 简洁

写作应用文要惜墨如金，选用简洁的词语，删去可有可无的句子、段落。要避免套话、空话、废话。为使语意凝练、语言简洁，可使用专用词语、成语和固定习惯用语，如开端用语、经办用语、称谓用语、期请用语等。

4. 得体

应用文书一般都有特定的行文对象，语言要讲究得体。例如，家书与情书，其语言和措辞有明显不同；写给长辈的家书和写给晚辈的家书，语言措辞又有所不同；求职信和申请书的写作，语言要谦虚有礼；表扬信和倡议书的写作，语言则需热情洋溢；海报、启事类因面向公众，因而语言要通俗易懂；合同、协议书的语言则因其特有的法律效力则需严谨、规范。

# 任务二　学好应用文

应用文作为人们传递信息、处理事务、交流感情的工具，功能也就越来越多了。据统计，我们每天阅读的文字约有95%与应用文有关，掌握应用文的写作技能已经是中职学生必备的技能之一，如同学好专业技能一样，必须学好应用文。

## 一、要端正学习态度，树立自信心

应用文一学便懂，然而，往往一写便会错。于是，便产生了两种极端的看法：一种认为应用文很简单，只不过是格式问题，没有什么好学的；另一种认为应用文很复杂、难学。这两种认识都是片面的。应用文与其他学科知识一样，只要认真对待，用心练习，就能学好。

## 二、要学习相关的法律、法规和规章制度

相关法律、法规和规章制度是从事应用文写作的应用依据。应用文写作往往与政策法规有很大联系，如果我们对具体工作涉及的政策法规一无所知，无法分清对错，就写不出观点和内容正确的应用文。因此，必须明白应用文写作必须在法律、法规和规章制度允许范围内使用这个大前提下再谈写作上的格式规范、行文规范、语言规范。

## 三、学会模仿与修改应用文，在实践中提高写作技能

1. 借鉴范文，模仿写作

应用文写作的学习需要经历模仿、熟悉、自如三个阶段。第一阶段是阅读范文、模仿范文写作；第二阶段是熟悉应用文的格式，领悟各类文种的写作思路；第三阶段是反复练习，最终达到写作自如。因此，对范文的阅读、分析和模仿是学习应用文写作的重要途径。范文分析可以使我们从中领悟具体的写作规律；典型范文可以帮我们开拓思路、掌握技法；瑕疵例文可以

使我们吸取教训、总结经验。

**2. 修改病文，掌握文体的注意事项**

对某种应用文的模式有了一定的感知后，查找其中易犯错误的地方，对照写法认真推敲病文，找出存在的问题并进行修改。修改病文可以很好地培养学生对应用文的格式规范意识和语言严密意识。例如，学习“经济合同”时，在了解经济合同的格式和语言的要求后修改一篇有针对性缺陷的病文，做到“此合同”基本公平合理，每个环节没有疏漏，这样才能达到训练的目的。训练中，必须清楚地认识到合同这一应用文种的严密性，如果不经过仔细的推敲与琢磨，很有可能留下后患并造成不可估量的损失，同时也应养成缜密思考、字斟句酌的写作习惯。

**3. 强化训练，将应用写作知识转化为写作能力**

将应用写作知识转化为写作能力，主要依靠有目的、有计划的写作训练。尽管写作能力是各种知识的综合性体现，但有重点地针对各文种特点进行训练，对掌握基本写作方法是十分有效的。因此，学习本门课程必须重视训练。只想听听课，不想动笔，永远不会有真正的提高。

## 四、学会比较，抓住不同文种的特征

把握应用文写作的共性——规范化的格式，区别不同应用文的特性。尤其是对同一类型的文种进行区分，找出它们的相同点和不同点，达到准确运用。例如，对“报告”与“请示”进行比较；对“民事起诉状”与“民事上诉状”进行比较；对“总结”与“述职报告”进行比较，等等。通过比较训练，进一步明晰同类型应用文种的细微差别。

## 五、要在语言表达上下功夫

要写好应用文，还要掌握一定的语法、修辞、逻辑知识和写作方法。这就要在语言基本功和学会写文章上下一番功夫。讲话稿要写得观点鲜明、简约畅达，总结要写得条理清楚、中心突出，这都与语言运用的能力有关。

学好应用文的方法很多，关键是加强自主学习意识，通过多读、多听、多看、多想、多练，就能一技在手（写作技能）。

# 项目一
# 日常应用文

## 任务一　介绍类应用文

### 介绍概述

介绍是经过语言沟通使双方发生联系的一种交际活动，一般可分为人物介绍和事物介绍。

**一、人物介绍**

人物介绍是彼此不熟悉的人们开始交往的起点。因此，介绍得恰当与否，直接关系到交往活动是否成功。

人物介绍又可分为自我介绍和居中介绍两种。

**二、事物介绍**

事物牵涉面广、内容较多，如商品简介、旅游景点简介、书籍简介、事物制作过程介绍、操作流程介绍等。

事物介绍应抓住事物的形状、方位、性质、成因、发生发展过程、制作方法及效能功用等特征，理清顺序，真实、客观地加以介绍。

## 情境一　自我介绍

### 学习目标

知识目标：了解自我介绍的重要性，掌握自我介绍的内容和技巧。

能力目标：培养认识自我的能力，会写个性化的自我介绍。

素质目标：树立自信心，摆正位置，正确评价自我。

### 情境描述

下面是××职业学校公布的澳门美高梅酒店招聘信息。

招聘岗位及薪水如下。

1.房务部前堂服务员（男、女生均可），薪金澳门币12 000元起。

2.房务部客户服务代表（男、女生均可），薪金澳门币10 000元起。

3.餐饮部服务员（男、女生均可，女生身高160 cm以上），薪金澳门币7 800元起。

4.餐饮部咨客（只招女生，身高165 cm以上），薪金澳门币10 000元起。

要求：所有岗位要求年满18周岁，男生175 cm以上，女生162 cm左右（详见具体岗位要求），相貌端庄。

**想一想：**

1. 如果你是酒店服务与管理专业的学生，面对主考官应该怎样介绍自己？
2. 如果你是其他专业的学生，很希望去澳门工作，面对主考官你应该怎样推销自己？

## 知识点拨

### 一、自我介绍的概念

自我介绍是一个人对自己的公开评说。

自我介绍是认识自我的重要方式，是向他人展示自我的重要手段。自我介绍的好坏直接关系到你留给别人的第一印象的好坏及人际交往的顺利与否。

### 二、不同类型的自我介绍

自我介绍的表达方法比较灵活。介绍的具体内容可以兼顾实际需要、所处场景，具有一定的针对性，不可千人一面，一概而论。现举例如下。

（1）“我叫李果，就是咱老李家的一个果，在我之前，我父母一连生了三个姐姐，到我出生，终于又开花又结果了。可惜我这颗果子又瘦又矮，但如果有人以貌取人想欺负我，嘿嘿，休想！我可是跆拳道黑带高手，不信来试试！”

（2）一位工人诗人这样描述自己：“一个胸藏锦绣的黑脸大汉，一个朋友如潮的孤独者，一个人人说他自信、幽默而他内心却时时产生危机感的年轻人，这就是我，刘长青，爱诗歌的大桥工人。”

（3）喜剧表演艺术家王景愚的自我介绍：“我就是王景愚，表演《吃鸡》的那个王景愚。人称我是多愁善感的喜剧家，实在是不敢当，只不过是个‘走火入魔的哑剧迷’罢了。你看我这40多公斤的瘦小身躯，却经常负荷许多忧虑与烦恼，而这些忧虑与烦恼又多半是自找的；我不善于向自己敬爱的人表达敬与爱，却善于向憎恶的人表达憎与恶，然而胆子并不大。我虽然很执拗，却又常常否定自己，否定自己既痛苦又快乐，我就生活在痛苦与快乐的交织网里，总也冲不出去；在事业上人家说我是敢于拼搏的强者，而在复杂的人际关系面前，我又是一个心无灵犀、半点不通的弱者，因此在生活中，我是交替扮演强者和弱者的角色。”

（4）林肯向选民这样介绍自己：“有人写信问我有多少财产，我有一个妻子和三个儿子，都是无价之宝。此外，还租有一个办公室，室内有办公桌一张，椅子三把，墙角还有一个大书架，架上的书值得每个人一读。我本人既穷又瘦，脸形很长，不会发福，我实在没有什么可依靠的，唯一可依靠的就是你们。”

## 例文点评

【例文一】

各位领导：

大家好！我叫×××，来自××市，现在就读于××职业学校，专业是计算机网络技术，出身××山区的我从小就具有勤劳务实、不怕吃苦的精神，在中职的三年中，我掌握了扎实的理论知识，并培养了较强的实践能力，我的大部分学习时间都是在图书馆中度过的，养成了自学的好习惯，学习期间获得二等奖学金和计算机等级证书，在一年级时，先后加入了环保协会、青年志愿者协会，在活动中我得到锻炼，并利用周末时间做电脑促销员，自己得到工作经验的同时也补给了生活费，生活自理能力比较强。这次来到这里面试，希望大家能给我一次机会，让我与大家一起共创辉煌！

**点评：**首先点明称谓；然后另起一行在开场白问好之后直接通报姓名，介绍自己的基本情况；其次介绍性格、特长及社会活动经历；最后阐明目的，表明愿望。

【例文二】

大家好！

我是来自××的×××，大家所看到的我的内在就像我的外表一样，敦厚和实在是我对自己最好的概括。我不飘，不浮，不躁，不懒。我内心充实，物质享乐和精神刺激都不是我的嗜好。我待人诚实，从没有花言巧语，但真诚和厚道使我总能赢得朋友的信赖。我专业扎实，看书是我最大的享受，钻研电脑让我感觉其乐无穷。我做事踏实，再小的事情也要一丝不苟地完成。我会修电脑，能管网络，网络经营和网上销售也没问题。重要的是，我有一种执着钻研的精神，一种不弄明白决不罢休的劲头。我叫春雨，春天的雨润物细无声，我希望我能默默无闻地、悄无声息地给我的团队装一点点绿色。给我一次机会，我会给您一个惊喜。

**点评：**这篇短小的自我介绍内容较为充实。先自报家门；然后介绍自己的性格、品质、特点；再介绍自己的专业水平和能力；最后的结束语，用自己的名字突出自我作用，希望得到一个机会。重点介绍自己的优势，层次清楚，语言朴实、敦厚。

【例文三】

扫一扫

## 写法指导

### 一、自我介绍的格式与写法

自我介绍一般包括以下五个基本要素。

（1）开场白。这是对对方的尊重，也为后面的话做好铺垫。开场白必须非常简洁，如“您好”“大家好”“早上好”等。

（2）姓名通报。为了使对方更清楚明了，通常结合自己的身份介绍，力求简单清晰。例如，“我叫李××，你就叫我小李好了，我是住在你对面寝室的老乡”。

（3）特长介绍。首先，根据具体情况在诸多特长中选择一到两个介绍。在面试的自我介绍中，应针对应聘职位介绍自身与该职位相匹配的优点；在人际交往中，应根据具体场合与交谈对象介绍自己的特长等。其次，要具体化，空泛的词语无法给对方留下深刻印象，如“我的特长是比较爱交朋友，很看重友情”，再如，“我的个性温和、做事细致，非常适合这个职位”。

（4）目的。在自我介绍中，应具体直接地阐明自己的目的，这样对方对你的来意会更加清楚，从而有利于后面的交流。例如，“我今天来是应聘贵公司的××职位”。

（5）结束语。这是自我介绍结束后，对方脑海里印象最清晰的话语，最好能让对方对下次的交谈或接下来的谈话充满期待。例如，“以后有时间，我们可以进一步交流”。

## 二、自我介绍的注意事项

**1. 把握角度，讲究方法**

自我介绍时把握好切入的角度，如从生肖、职业、姓名的含义、长相特征等角度切入。有时运用自嘲、幽默的方法，既加深他人对自己的印象，同时也活跃了气氛。

**2. 抓住时机，注意时间**

在适当的场合、适当的时机进行自我介绍。自我介绍时要用最简洁的方式突出自己的某些优势，时长以半分钟到一分钟为佳。

**3. 实事求是，留有余地**

自我介绍时措辞要适度，用语要留有余地，给人以诚恳、坦率的印象。向对方说明自己的身份及特点时，既不能过分炫耀，也不能自我贬低。

**4. 语言得体，注意口语化**

语言要尽量做到幽默、优美，多用比喻等修辞手法，但注意需口语化表达。

# 技能训练

## 一、病文修改

以小组为单位，找出下面自我介绍中存在的问题，并加以修改。

您好！非常感谢您在百忙之中抽出宝贵时间来接见我。今天我是特意来向您问声好的。我将接替××，负责贵公司的业务。我一定会好好努力工作的。

打扰了，请允许我就这样结束吧。顺便说一下，我叫××。

## 二、情境写作

以小组为单位，以情境描述为素材，替酒店服务与管理专业和其他专业的同学分别写一份自我介绍。

## 三、强化训练

下面是有关自我介绍的几个实例，请分析每种方式的特点并予以命名。

1. 我叫李晓霞，云霞的霞。身高只有1.55米。我性格开朗，喜欢留短发，喜欢学男孩，有极强的好胜心。我有一个优点，就是乐于助人。我愿意和同学们友好相处，共同进步。

2. 我叫张红梅，弓长张，梅花的梅。我父亲希望我像红梅一样不畏严寒，坚强刚毅，在各种环境中都能努力、上进。

3. 大家知道“鹤立鸡群”这个成语吧，我是人，更想出类拔萃，因此叫任丽群。我对书法、绘画情有独钟，我的作品多次在书画比赛上获奖。

4. 我叫李洁。我的名字多少反映出我的特点：爱好整齐、清洁。也许正因为这一点，我当上了生活委员。生活委员的日常工作是代同学们买饭票和组织值日、扫除。当我为同学们做了一点事的时候，我并不期望听到“李洁（理解）万岁”的欢呼；当我因做值日和同学们发生摩擦的时候，我衷心希望李洁能得到“理解”。

5. 我想先请同学们猜个谜，谜语是这样的："虽然已经发财，但是仍然夜夜想成才，要知他的名和姓，看谁动脑猜得快。"

6. 我叫高威武，身高1.63米，又干又瘦，实在是既不高也不威武，但是我身上206块傲骨一块也不缺，丝毫也不为自己的形象自卑。如果有谁坚持以貌取人，我倒愿意在围棋上同他较量较量，以证明我的大脑并无缺憾。

7. 我叫贾继兴。本人以记忆力超群而自豪，遗憾的是老记不住历史年代，于是乎同学们无意中就叫我"假记性"。不过我得提醒各位，谁要是说了我的坏话，我能记他一辈子。

**知识链接**

## 居中介绍

在社交场合，不仅要进行自我介绍，往往还要为不相识者彼此引见，这便是为他人做介绍，即居中介绍。

居中介绍是指处于主持人地位或充当中介人时，给互不相识的人做介绍。介绍别人也要说清双方的姓名、特长、工作单位及职务。要实事求是，掌握分寸，不能吹捧，以免使被介绍人处于难堪的境地。此外，还应注意如下问题。

**一、主持人或中介人**

在公务交往中，介绍人应由公关礼仪人员、秘书担任；在社交场合，介绍人则应由女主人或与被介绍的双方均有一定交情者充任。

**二、被介绍者的先后顺序**

尊者有权先了解情况，因此男士应被介绍给女士、晚辈应被介绍给长辈、下级应被介绍给上级、客人应被介绍给主人、迟到者应被介绍给先到者。

**三、介绍的内容**

为他人介绍的内容大体与自我介绍的内容相仿。作为第三者介绍他人相识时先向双方打一声招呼，让被介绍的双方都有所准备。

**四、介绍的形式**

由于实际需要的不同，为他人做介绍时介绍的形式也有所不同。

（1）简介式介绍。这适用于一般场合，内容只有双方姓名一项，甚至只提到双方姓氏即止。接下来，就由被介绍者见机行事。例如，"我来介绍一下，这位是张教授，你们认识一下吧"。

（2）标准式介绍。这适用于正式场合，内容以双方的姓名、单位、职务等为主。例如，"我来为两位引见一下。这位是天时音像公司公关部马菲小姐，这位是五彩云文化传播有限公司总经理林大力先生"。

（3）强调式介绍。其内容除被介绍者的姓名外，往往还会刻意强调一下其中一位被介绍者与介绍者之间的特殊关系，以便引起另一位被介绍者的重视。例如，"这位是我的女儿刘晓，请杨总多多关照"。

（4）引见式介绍。这适用于普通的场合，介绍者所要做的是将被介绍者双方引到一起即可。例如，在一次联谊会上，主人可以这样说："大家以前都是校友，但有的不在一个年级，请大家相互认识一下吧。"

（5）推荐式介绍。这适用于比较正规的场合，介绍者是经过精心准备而来的，目的是将某人举荐给某人，介绍时通常会对前者的优点加以重点介绍。例如，“这位是肖飞先生，他是一位出色的外观设计人才，对企业管理很有研究，还是经济学博士。杜总，你们细谈吧！”

## 情境二　解　说　词

### 学习目标

知识目标：了解解说词的特点，掌握解说词的写作方法。

能力目标：能自然有序、准确明白地解说事物的特点等相关内容。

素质目标：培养全面认识客观事物的能力。

### 情境描述

目前，电视宣传片很流行，大家所熟悉的《走遍中国》《舌尖上的中国》等以其形象生动的画面和恰当准确的解说被广大观众喜欢和接受。企事业单位也可以采用这种形式宣传自己或保存资料。请看下面素材。

××职业技术学校获得了国家级示范学校的称号。为了打造学校的品牌，提升学校的知名度，在校庆五十周年之际，打算制作一个电视宣传片。此项工作首先要写一份解说词，再配上音乐和视频等。写解说词的任务就交给了学校宣传部门的张秘书。

**想一想：**张秘书要如何撰写这份解说词呢？

### 知识点拨

#### 一、解说词的概念

解说词是根据选用的实物、照片、资料、影视新闻作品等，对事物、人物进行解释说明的一个应用文种。它包括电影、电视解说，文物、名胜、书画、人物生平等解说和展品解说等。

解说词属于事物介绍，使用极为广泛，在日常生活中随处可见。好的解说词，能帮助受众客观地欣赏作品，获得对实物或画面的深刻认识。

#### 二、解说词的特点

（1）真实性。解说词大多配合具体的事物、人物或画面做实际解说，不能凭空捏造，不着边际，要实事求是地用简洁的文字把实物介绍给受众。

（2）通俗性。解说词不仅要让人去看，更要让人去听，所以形式应该灵活多样，综合运用各种表达方式，朗朗上口，明白易懂。

（3）形象性。解说词不能是干巴巴地说教和背诵，一方面要通俗明白，让人一听就懂；另一方面要做到生动形象，用形象性的语言对事物进行描绘，富有文采，能够吸引和感染受众。

## 例文点评

【例文一】

### “中职学生礼仪规范”解说词

中国是礼仪之邦，讲究礼仪是中华民族的传统美德。中职学生具备良好的礼仪形象，能给人优雅、高尚、阳光、充满人格魅力的感觉。

一、坐姿

男生的坐姿，坐如钟。上身挺直，腿部适当张开，讲究挺拔、稳重。

女生的坐姿，坐如兰。上身挺直，双腿紧密收拢，讲究端正、娴静。

二、站姿

男生的站姿，立如松。挺胸收腹，呈立正姿态，或者双手相握，自然垂放置于下腹部，或者双手置于身后，精神抖擞。

女生的站姿，立如荷。挺胸收腹，呈立正姿态，或者双手相握，自然垂放置于下腹部或置于上腹部，亭亭玉立。

三、走姿

男生的走姿，走如风。头平挺胸收腹，脚步稳健有力，步伐以一个半脚板长度为宜，双手有力摆动，步态虎虎生风。

女生的走姿，走如柳。头平挺胸提臀，步伐以一个脚板长度为宜，双脚走在一条直线上，双手自然摆动，步态轻盈飘逸。

四、蹲姿

男生的蹲姿，呈单膝下跪姿态，上身尽量保持平直。

女生的蹲姿，呈双脚交叉下跪姿态，上身尽量保持平直。

五、笑姿

姿态分为两种。一种是含笑，嘴角上弯，脸部表情宽松，呈愉悦状态；另一种是微笑，嘴角张开，大约露出八颗牙齿，呈高兴状态。

六、问好

遇见老师、同学、访客，主动向对方问好。停步立正，鞠躬呈15°，高声问候。

七、发型

男生的发型，前不遮眉，侧不遮耳，后不遮领，干净清爽。

女生的发型，前不遮眼，后不垂肩，提倡短发，长发应扎起或盘起，清秀明媚。

八、服饰

男生的服饰，以西装为正装。在校穿校服或班服，在家穿休闲服或运动服。

女生的服饰，以西装套裙为正装。在校穿校服或班服，在家穿休闲服或运动服。

九、卫生

个人清洁方面，剪短指甲，衣服鞋袜不带污垢、异味。语言文明，拒绝脏话。

公共卫生方面，果皮、包装袋等废物应扔进垃圾桶。校园内见到垃圾，应主动捡起。

十、上课

预备铃响起，应预备上课资料，保持安静。老师宣布“上课”，班长喊“起立”，同学起立说“老师好”，老师说“同学们好”，班长喊“坐下”。

下课铃响起，老师宣布“下课”，班长喊“起立”，同学起立说“谢谢老师，老师再见”，老师说“同学们再见”。

良好的礼仪是每个中国公民应该具备的素质和修养。在未来的职场中，礼仪使人际关系融洽，赢得尊重，有助于和谐幸福、事业成功。

**点评**：这是一个“中职学生礼仪规范”光盘的解说词。标题点明解说词的内容。前言是总说，介绍礼仪的性质和意义。主体是分说，分十条写清楚中职学生礼仪规范的具体项目和内容要求，简洁准确。结语起到总结全文的作用，同时照应开头。

通过解说词，让学生在看光盘时，加强对文明礼仪规范的认识和记忆。整个解说词内容具体翔实，结构完整清晰，语言简练，多用短句，体现了口语化的特点。

【例文二】

## 运动会开幕式解说词

刘笑然（男） 陆颖（女）

男：乐曲阵阵，彩旗招展。

女：群情激昂，龙腾虎跃。

男：一片欢乐的海洋。

女：一方神奇的热土。

男：一张张灿烂的笑脸，一面面飞扬的旗帜。

女：一句句澎湃的口号，一颗颗火热的心灵。

合：一千六百多名师生欢聚大操场，让我们走进阳光般的庆典。

女：迎着凉爽的秋风，我们走进××职业学校2015年秋季田径运动会。

男：激情点燃了灰色的天空，这是我们中职生自己的体育盛会。

女：各位同学，充满青春旋律、激动人心的入场式现在开始了，走在前面的入场式引导队八名同学，高举鲜艳的五星红旗向我们走来了。鲜红的国旗庄严威武，金光灿烂。

男：紧跟在后面的是本届运动会会徽。我校高扬素质教育旗帜，积极践行国家级示范学校精神。学校体育工作生机勃勃，富有特色的校园体育活动广泛开展。

女：彩旗方队正向主席台走来。燃烧的火焰，迎风飘扬，显示出我校勃勃的生机；艳丽的彩云，预示着我校的明天将五彩斑斓、霞光满天。他们迈着矫健的步伐，集中展示了当代中职生面向21世纪蓬勃向上的精神面貌。

（各代表队上场）

瞧，迎面走来的是15级1班代表队，15级1班是一个团结有朝气的班集体，他们热爱学习，热爱生活，热爱运动，相信他们在这次运动会上一定能取得好的成绩。15级1班运动健儿们，永不放弃，坚持就是胜利。……

**点评**：这是某职业学校秋季运动会开幕式的解说词。标题直接点明解说词的主题；正文的前半部分介绍了运动会的背景和场面；主体部分描绘了运动开幕式的盛况，学生的精神面貌；详细解说各个班级代表队入场的情形。因为篇幅关系，仅以15级1班为例，后有省略。这篇解说词写法上灵活运用了多种表达方式，以说明为主，将议论、抒情和描写结合起来，感情充沛，激情洋溢，突出了青年人的朝气。语言体现通俗化、口语化的特点。

【例文三】

扫一扫

## 写法指导

### 一、解说词的格式与写法

解说词一般包括标题、前言、主体和结语四部分。

（1）标题，点明事物的名称和主要特征。例如，"黄果树大瀑布""'宁夏红'枸杞酒专题片解说词"。

（2）前言，介绍事物的概况。在这一部分中要让受众对事物的全貌有个清晰完整的概念，并且留有联想的余地。（总说）

（3）主体，是对事物进行深入细致的说明和介绍，包括事物的历史概况、性质特点和发展现状等，在解说时可根据对象的不同而有所侧重。（分说）

（4）结语，是对上文的总结和对前言的呼应，可以不写。常有表示祝福、感谢的内容。

### 二、解说词的写作要求

（1）灵活运用多种表达方式，以说明为主，兼有议论、抒情和描写。

（3）全面了解被解说对象，说明中要倾注真挚的感情。

（3）语言通俗化、口语化，简明扼要。

## 技能训练

### 一、病文修改

这是兴泰公司办公室主任为公司成立十周年制作的宣传片撰写的解说词，请指出这篇解说词存在的问题。

**兴泰公司解说词**

××兴泰实业有限公司位于××市江阳南路兴泰大厦，是××唯一的一家以汽车修理为主，兼营汽车运营、汽车修理、油品供给、园林建筑、旅游开发为一体的多元化民营企业。这是一支年轻的民营企业，她创始于一九九五年，是当年二汽贸因经营不善而岌岌可危时，兴泰人力挽狂澜，从小到大发展起来的。经过七年多时间艰苦卓绝不懈地努力，公司高速成长，业绩斐然。如今的兴泰公司资产总额已达二千五百多万元，被××市列为民营企业前三十强。获得××市政府颁发的"重合同、守信用企业"的称号，而且"兴泰"商标还被评为知名商标。

### 二、情境写作

以小组为单位，以情境描述为素材，写一份优美的解说词。

### 三、强化训练

班级文化是隐形的课程资源，通过班级文化建设，对引导学生形成正确的价值观，培养学生高雅的志趣和良好的生活学习习惯，具有强大的教育作用。××职业学校为推进这项工作，特举办班级文化建设展示活动，请你拟写一份解说词向全校师生介绍你们班的班级文化。

**知识链接**

## 导　游　词

### 一、导游词的概念

导游词，也称景点导游词，是导游人员在引导游客观光游览时对景观、风土人情、文物等进行口头讲演所用的书面文字材料。

它是导游员同游客交流思想、向游客传播文化知识的工具。导游员通过导游词导引旅游活动，间接达到推动旅游市场的作用。

### 二、导游词的特点

1. 口语化、通俗化

导游词是通过导游员的口向游客讲出来的，口语化、通俗化是导游词最大的特点。因此，在词汇、语法、修辞等方面都应当平易近人、轻松活泼，且便于游客理解。

2. 知识性、趣味性

导游词是信息和知识的载体，通过导游员把与景点相关的知识传递给游客，使游客在旅游过程中开阔视野、丰富知识。

3. 灵活多样性

导游词的写法灵活多样，根据游客不同的审美情趣、旅游点不同的美学特征，以及不同的季节、气候、场合而富于变化。

### 三、导游词的格式及写法

导游词由引言、主体和结语三部分构成。

1. 引言

引言就是开场白，包括欢迎词和景点概述两部分。

（1）欢迎词。欢迎词是导游员表示欢迎的简短用语，包括表示欢迎，介绍自己和旅行社，介绍司机和车型、车号，介绍旅游时间、地点和行程安排，预祝成功几个要素。

（2）景点概述。景点概述是导游员向游客介绍景观的基本情况，是对整条路线景点的预告，起到纲举目张的作用，并引起游览兴趣，犹如“未成曲调先有情”。

2. 主体

主体部分是导游词的核心，是向游客详细介绍景点的具体内容。这一部分大都是以游踪为线索，按景点顺序用分述的方式一一解说。同时，提醒旅游者注意人身安全，并保管好自己随身携带的物品。这是导游词最重要的组成部分。

3. 结语

结语是简单的送别词，包含表示惜别、感谢合作、小结旅游、征求意见、期盼重逢等意思。

**四、导游词的写作要求**

1. 抓住游客心理

游客都有强烈的好奇心，都想了解关于景点“是什么”和“为什么”的问题。因此，导游词必须抓住游客所想，给他们一个圆满的解释和答案。

2. 突出景观特点

写导游词不能空谈、“千人一面，万人一腔”，而要突出介绍景观特色，突出“这一个”。只有这样，游客才感到不虚此行。

3. 采用多种修辞手法

导游词虽然属于应用文，但由于内容与要求的独特性，撰写时可以像文学作品那样运用描写、抒情等表达方式，还可以运用比喻、象征、夸张、排比、反复、双关、对比等积极的修辞手法。

4. 语气亲切感人

导游向游客介绍景点、传播知识，应始终突出服务意识，并以朋友的身份与其交流，以增加亲切感。

**【例文一】**

**黄果树大瀑布**

女士们、先生们：

今天我们游览的风景点是黄果树瀑布。黄果树瀑布是中国第一大瀑布，也是世界上著名的大瀑布。1982年11月，经中华人民共和国国务院审定，黄果树瀑布已被列为国家重点风景名胜区。

黄果树瀑布高68米，加上瀑6米，总高74米，宽81米。夏秋洪水暴涨，瀑布如黄河倒倾，峭壁震颤，谷底轰雷，十里开外，也能听到它的咆哮。由于水流的强大冲击力，溅起的水雾可弥漫数百米以上，使坐落在瀑布左侧崖顶上的寨子和街市常常被溅起的水雾所笼罩，游人谓之“银雨洒金街”。冬春水小，瀑布便分成三五绺从岸顶上挂下来，远远望去，那洁白的水帘飘然而下，洋洋洒洒，如绸缎飘舞，如仙袂飘飞，如西子浣纱……

这个瀑布为什么起名黄果树瀑布？据民间传说，是因为瀑布边上有一棵高大的黄桷树，按当地的口音，“桷”与“果”读音相同，所以人们就习惯称之为黄果树，这是一种说法。还有一种说法是传说很久以前瀑布附近的农民都喜欢种黄果，瀑布边上就有一大片黄果园，因此就把这个瀑布称为黄果树瀑布了。

女士们、先生们，今天我们游览的路线是先观赏“水帘洞”，再游“犀牛潭”。

（水帘洞前）水帘洞已经到了。这个水帘洞全长134米，由6个洞窗、6个洞厅、3股洞泉和6个通道所组成，主要景观有倒挂仙人掌、古榕悬根、藤帘、袖珍花园、鼓风口、水晶宫、摸瀑台、壁上长廊等。根据中国神话故事改编的大型电视连续剧《西游记》中“水帘洞”一场戏，就是在这里拍摄的。来到这里，仿佛当年孙悟空那精明灵巧的形象以及它的猴子猴孙们那活蹦乱跳的情景就在眼前。身临其境，可以体会一下中国神话故事中孙悟空的花果山水帘洞。

这是第一洞窗。它的位置最低，离犀牛潭水面仅40米，但洞窗则最宽大，有十几米宽，位于第一、二个瀑布中间，水大时两个瀑布就连成水帘，将洞窗全部封住；水小时则次第拉开，从几米到十几米不等，就像可以随意开合的窗帘。你们看，洞窗外有一组悬挂在空中的钙华岩，这就是前边提到的“袖珍花园”。岩石上长满了茂盛的喜水植物，还开着绚丽多彩的小花。它们长年累月地沐浴在瀑布中，一任瀑布任意冲刷。如果没有坚忍不拔的精神，是无论如何也生存不下来的，更不能开出小花来。我们人不也应该具有这种精神和品格吗?

这是第二洞窗。它离第一洞窗仅4米。这是一个静谧的世界，号称水晶宫。它是水帘洞的心脏部分，长11米，高9米，宽3米。路旁有一股泉水，清澈明净，长年保持在一个水位。洞顶悬挂着许多钟乳石，大的如悬钟，细的如麦秆；有的雪白晶亮，有的呈淡赭色。在麦秆状钟乳石上还有名贵的卷曲石。洞壁上还悬着数不清的石幔、石帘，给水帘洞增色不少。

这是第三洞窗。它向外突出，很像阳台。这个洞窗有1米高，3米长，外面围有护栏。游人站在护栏后面，可以伸手摸到瀑布。因此，人们把这里称为“摸瀑台”。

自第五洞窗拾级而下，来到一个长10米、宽2米、高6米的大厅，这是第六洞窗。它与出口处相连，全部被瀑布封闭。如果水小时，从这个洞窗望出去，黄果树小街的石头房和新建的宾馆时隐时现，给人一种海市蜃楼的幻觉。每当晴天上午和下午5时左右，从洞窗口俯视瀑布下坠的深潭，瀑布在碧绿的潭中冲涌，犹如滚动着万斛珍珠。喷涌的水沫折射阳光，可见一虹一霓，相映成趣；而在夕阳西下时，透过窗口外的水帘，落日就像一轮彩环徐徐下坠。此乃黄果树瀑布的又一奇观。

**点评：**第一自然段是引言。第二、第三自然段是总说。先对黄果树大瀑布作总体介绍，然后说明黄果树大瀑布命名的缘由。第四自然段是过渡段，引出下面两个景点的分说。第五到第九自然段是分说，具体介绍了水帘洞的景观特色。全文采用拟人、比喻等多种修辞手法，给游客以想象、回味的余地。

这篇导游解说词层次清楚，语言流畅，文字简练。

【例文二】 扫一扫

【例文三】 扫一扫

## 任务二　书信类应用文

### 书信概述

书信是个人与个人、个人与组织、组织与组织之间运用文字交流思想感情、沟通情况、研究问题、商讨事情、互通信息的一个应用文种。现代汉语的“信”，在古代汉语中写作“书”，故称作“书信”。它一般都有特定的格式，通过邮寄、传送等方式传递给对方。

根据用途，书信大体上可以分为一般书信、专用书信和公务书信三种类型。一般书信是私人之间的往来信件，小学已经学过其格式写法，这里不再赘述。公务书信在日常生活中使用较少，在“公务类应用文”部分将介绍其中的一个——函。本书重点介绍专用书信的写法。

专用书信是指用于某种特定场合、针对某种特定事务所写的书信。专用书信有许多不同的种类，如介绍信、证明信、感谢信、表扬信、贺信、慰问信、推荐信、公开信等。

# 情境一　申　请　书

## 学习目标

知识目标：了解申请书的特点，掌握申请书的格式和写法。

能力目标：能够规范书写不同类型的申请书。

素质目标：培养务实严谨、态度诚恳的思想作风。

## 情境描述

在日常学习、生活和工作中，经常会遇到向有关方面有所请求的情况，比较正式的请求需要递交相关书面材料，请看下面素材。

刘某系某职业技术学校财会专业10级学生，该学生来自偏远的农村，家庭经济状况非常贫困，全家五口人仅靠年迈的父亲耕种几亩薄田的收入来维持生活，爷爷瘫痪，奶奶患病需要常年治疗，弟弟还在读书。为减轻父母负担，他在校期间勤工俭学，节假日到某公司打工，为了能够顺利完成学业，拟向学校申请助学贷款。

**想一想：**助学申请是申请书的一种，那么刘同学该如何写申请书才能获得助学贷款呢？

## 知识点拨

### 一、申请书的概念

申请书是单位或个人因某种需要向有关部门、组织、社会团体说明情况、提出书面请求的专用文书。有些申请书要经过有关部门批准，才能有效。

申请书的使用范围十分广泛，包括思想政治方面的，如入党、入团申请；工作、学习方面的，如在职进修申请、工作调动申请等；日常生活方面的，如开业申请、困难补助申请等。

### 二、申请书的特点

（1）单一性。申请书是一种专用书信，要求一事一议、主题明确、内容单纯，即一份申请书只提出一个请求。

（2）请求性。申请书是为做好某项工作、解决某一个问题或某一方面的困难而提出的相应的申请，语言必须符合请求的特性，语气谦逊平和，申述理由，表明态度诚恳而有分寸。

（3）规范性。作为专用书信，申请书必须按照书信的格式来行文，应符合书信体格式的基本规范。

## 例文点评

【例文一】

**补办学生证申请**

学生处：

我是涉外会计专业2013级学生，暑假回家时不慎将学生证丢失，经多方寻找，仍无下落，学生证的丢失给我的学习和生活带来一定的影响。所以，提出补办学生证的申请，敬请批准。

此致

敬礼

申请人：李某某

2014年9月

**点评**：例文标题由“事由+文种名称”组成，之后另起一行顶格写明接受申请书的组织。正文中，向组织提出申请事项——补办学生证，并写明补办的理由。最后是致敬语、署名和日期。

【例文二】

**转正申请书**

尊敬的总经理：

本人×××，2013年6月进入公司，被分配到公司前台工作。

不知不觉，来到公司已经一个多月了。在这一个多月里，我一边认真学习，一边努力工作。在部门经理和同事的帮助下，我顺利地开展了岗位工作。试用期间，我始终坚持端正严谨的工作态度，严格执行公司安排的工作任务，并积极配合部门同事的工作，与各部门的同事建立了良好和谐的工作关系。

在这期间，我开展的工作主要有：

（一）接待工作。截止到2013年7月1日，共记录、联系××个。

（二）网上查询工作。共查询了××，为公司提供了×××。

（三）协助合同签订工作。签订××份。

（四）认真执行部门经理安排的其他工作。例如，起草部分文书等工作。

经过一多个月的学习，我对公司的各项制度越来越了解，对公司的各种业务越来越熟悉，我的业务能力得到了很大的锻炼，业务水平也有了相应的提高。这一点也得到了领导和同事的认同。经一个多月的朝夕相处，我与同事们建立了融洽的工作关系。因此，我迫不及待地想成为公司正式的一员，所以，我向领导提出转正申请，希望领导能根据我的工作能力、态度及表现做出合格评价。

转正之后，我会更加努力工作，将自己的工作做得越来越好，以实际的工作成绩来报答公司。

此致

敬礼

申请人：×××

2013年7月10日

**点评：**该申请书的标题由“事由+文种名称”组成，之后另起一行顶格写明接受申请书的有关领导。正文中主要陈述试用期间的工作情况，表明已经具备了转正的条件，提出转正申请，结尾处表明申请人的要求、态度和决心。最后是致敬语、署名和日期。

【例文三】

扫一扫

## 写法指导

### 一、申请书的格式与写法

申请书由标题、称谓、正文、结语和落款五部分构成。

**1. 标题**

申请书的标题有以下两种形式。

（1）直接用文种名称“申请书”作标题。

（2）由“申请事项＋文种名称”组成，如“入团申请书”“补助申请书”等。

**2. 称谓**

在标题下另起一行，顶格加冒号，写明接受申请书的组织、机关、团体的名称或有关负责人的姓名，如“××团支部：”“系总支领导同志：”“××市工商局：”等。

**3. 正文**

正文在称谓的下一行空两格处写起，应包括以下三项内容。

（1）申请事项。开篇就要写清向领导、组织提出什么申请。要开门见山，直截了当，不可含糊其词。

（2）申请理由。申请理由主要有两部分内容：一是申请的理由；二是列举自身条件，尽力说明符合申请的要求。

（3）申请态度。最后进一步表明自己的决心、态度和要求。

**4. 结语**

申请书可以有结语，也可以没有。结语一般是表示敬意的话，如“此致”“敬礼”等，也可写表示感谢和希望的话，如“请组织考验”“请审查”“望领导批准”“敬祈核准”等。

**5. 落款**

正文的右下方，写上申请人姓名或申请部门名称 (要盖章)，并在下面一行注明年、月、日。如果申请者是个人，一般要在姓名前加上“申请人”三个字。

### 二、申请书的写作要求

（1）申请应一事一书，切忌一书数事。
（2）内容明确具体，理由充分，就事论事，不过分雕琢。
（3）篇幅适中，有话则长，无话则短，明了即可。
（4）语言朴实准确，简洁明了。
（5）态度诚恳而有分寸。

## 技能训练

### 一、病文修改

以小组为单位，找出下面申请书中不正确的地方。

**申　请　书**

××领导：

我想申请参加下半年的成人大专夜大招生考试，以求得继续深造的机会。希望领导批准我的这一申请。

此致

敬礼

申请人：王××
2014年6月9日

### 二、情境写作

以小组为单位，以情境描述为素材，替刘同学写一份助学申请书。

### 三、强化训练

你所在的学校一定有许多学生社团，如文学社、话剧社、记者团、摄影协会、篮球队、健美操队、舞蹈队等，你一定非常想加入其中某个社团。请根据自己的爱好和特长，并结合所在学校的实际情况，拟写一份申请加入某个社团的申请书。

**知识链接**

## 倡　议　书

### 一、倡议书的概念

倡议书是个人或集体提出建议，并公开发起倡导某种行为、某种道德风尚的兴起或希望共同完成某项任务或开展某项公益活动所运用的一种专用书信。

倡议书是把重要的、有创造性的建议或有关组织、部门的号召变为群众的自觉行动的重要途径。倡议书有的发自个人，有的发自集体，也有的发自一次会议或一个单位、一个部门，使人们在轻松倡导之中受到深刻的教育。

### 二、倡议书的特点

1. 对象的广泛性

不论是个人发起的倡议还是集体发起的倡议，都不是对一个人、一个集体发出的，而是面向群众、面向社会，具有广泛的群众性。

2. 发布的公开性

倡议书要“广而告知”，可以在公共场所张贴，可以在电台、电视台播放，可以在报刊上登载，可以在网络上传播等。

3. 内容的号召性

发起倡议的目的是号召并希望他人能够响应和支持倡议者的建议，但是不具有强制性和约束力。

**三、倡议书的基本格式与写法**

倡议书一般由标题、称呼、正文、结尾和落款五部分组成。

1. 标题

（1）只标示文种名称，即在第一行居中用较大字体书写“倡议书”三个字。

（2）由“倡议者＋倡议事项＋文种名称”组成，如“校学生会‘告别陋习，握手文明’行动倡议书”。

（3）由“倡议事项＋文种名称”组成，如“向洪战辉同学学习倡议书”。

（4）由“倡议对象＋文种名称”组成，如“致全校师生的倡议书”。

（5）由“正题＋副题”组成，即正题概括倡议书的主旨，副题交代倡议者、倡议对象、倡议事项、文种名称等，如“为了那片希望的田野——希望工程捐款倡议书”。

2. 称呼

倡议书的称呼可依据倡议的对象选用适当的称呼，如“同学们”“广大青少年朋友们”等。如果对象是广泛的，也可不用称呼，而是在正文中指出。

3. 正文

倡议书须包括以下两个方面的内容。

（1）写倡议书的背景原因和目的。写明在什么情况下，为了什么目的，发出什么倡议，倡议有哪些意义、作用。

（2）倡议的具体事项。这是正文的重点部分。倡议的内容一定要具体化。一般要分条列项地写明怎样开展活动、倡议做哪些事情、具体要求及价值和意义等。

4. 结尾

结尾要表示倡议者的决心和希望，或者写出某种建议。倡议书一般不在结尾写表示敬意或祝愿的话。

5. 落款

落款即在右下方写明倡议者单位、集体或个人的名称或姓名，署上发出倡议的日期。

**四、倡议书写作的基本要求**

（1）倡议书的内容要有时代感，充分体现时代精神，紧密结合当前形势和党的政策，与时俱进，紧跟时代潮流。

（2）倡议的内容要具有一定的先进性和相当的普遍性，才能引起更多人的响应和积极参与。但又不能要求过高，强人所难，导致“曲高和寡”。

（3）倡议的事项要清楚，理由要充分，经得起推敲，切实可行。

（4）倡议书的行文应本着团结友爱、谦虚谨慎、热情鼓励的态度，语言朴实精练，富有亲和感染力，充分表达倡导者的真挚情感，为倡议的对象乐于接受、理解和参与。

（5）倡议书的写作应简明扼要，篇幅不宜太长。

（6）倡议者是带头发起者，也是积极参与者，他与倡议的对象是平等的，行文中避免出现命令式的语气。

【例文一】

## 共创文明校园倡议书

尊敬的老师们、亲爱的同学们：

创建全国文明城市，是××市委、市政府做出的一项重大决策，是一件符合市情民意、惠及千家万户的实事。“人人参与创建，人人享受文明”是××创建全国文明城市的宗旨，作为××市民，我们既是城市文明的受益者，更是城市文明的创造者，我们有责任、有义务为城市文明建设多做贡献。在此，谨向全体老师和同学们发出如下倡议：

一、积极参与从我做起。××是我们每个人共同的家园，建设文明××需要每一位热心市民的积极参与和共同努力。我们每个人都有责任、有义务通过自己的文明行为，来为我们的城市增添亮色。我们要主动参与，从我做起，从今天做起，从举止言谈的细微之处做起，全力推进城市文明建设。

二、遵纪守法从我做起。严格要求自己，切实遵守法律和各项行为守则，敢于同不文明行为做斗争，自觉维护城市公共秩序，理直气壮地抵制乱搭滥建、乱摆摊点、占道经营、当街打牌赌博等严重损害城市形象的各种违法违纪行为，争做一名守法诚信的好市民，全力打造社会安定有序、环境舒适优美、家庭温馨和睦、邻里团结友善的和谐家园。

三、告别陋习从我做起。自觉遵守和实践公民基本道德规范，讲文明语言、行文明礼仪、养文明习惯、树文明形象，争做文明市民，告别各种不文明行为。做到“不乱扔垃圾，不乱贴乱画，不闯红灯，不乱穿马路，不乱停乱放，不随地吐痰，不损坏公共设施，不损害花草树木，不讲粗话脏话，不在公共场所喧哗，不在公共场所吸烟”。

文明是什么？文明是路上相遇时的微笑，是同学有难时的热情帮助，是平时与人的和谐相处，是见到师长时的一声问候，是不小心撞到对方时的一声对不起，是自觉将垃圾放入垃圾桶的举动，是看到有人随地吐痰时的主动制止……文明是一种品质，文明是一种修养，文明是一种受人尊敬并被大家广泛推崇的行为。

人们常说，“言为心声”“形为内现”。做文明之人，就要会用文明语，做文明事。简而言之，就是懂礼貌，明事理。中国素有“礼仪之邦”之称，礼貌待人是中华民族的传统美德。生活在幸福时代的我们，如果不能继承和发扬这种优良传统，就不能真正做一个快乐的人。“良言入耳三冬暖，恶语伤人六月寒”，文明礼貌是做人做事的基本要求，是生活中的基本常识，是智慧和学问的重要表现。

亲爱的老师们和同学们，创建全国文明城市的号角已经吹响，校园文明要靠你我一起精心装扮。优美的环境，整洁的仪表，暖人的话语，文明的行为，这是很和谐的画面，让我们共同祝愿，我们的校园处处开满文明之花！

××学校团委（公章）

2014年3月

**点评**：例文标题由“事由+文种名称”组成，之后另起一行顶格写明倡议对象。正文部分，首先写明共创文明校园倡议书的背景原因和目的；其次写明共创文明校园倡议的具体内容和要求，这是正文的重点部分。结尾提出倡议者的希望和建议。最后是署名（加盖公章）和日期。

【例文二】

扫一扫

# 情境二　证　明　信

## 学习目标

知识目标：掌握证明信的写作规范与技巧。

能力目标：能根据特定的写作情境，按正确的格式书写证明信。

素质目标：养成实事求是、慎重严谨的工作态度。

## 情境描述

工作生活中需要证明的地方很多，出国考察需要单位开证明；身份证丢失，需要到公安机关开证明；调换工作也需要单位开证明。请看以下素材。

陈凯是一个中职学校的毕业生，在找到了一家企业工作后，要到人才市场转出人事关系。开档案时需要一个单位证明，证明他是该单位的员工。

**想一想：**陈凯需要的这份证明信怎样写才符合要求呢？

## 知识点拨

### 一、证明信的概念

证明信是为证明一个人的身份、经历或一件事情的真实情况，向国家机关、企事业单位、人民团体或个人所写的专用书信，通常称为证明或证明书。

### 二、证明信的适用范围

（1）入党、入团，组织调查时，需要原单位或有关人员出具证明信。

（2）有些真相模糊不清的历史事实或事件，由于被人歪曲，需要当时亲身经历的人出具证明。

（3）公安机关寻求某些案件的目击者时，需要当时在场的群众出具证明信。

（4）个人在为单位办理某些事项，或者个人由于具体情况而必须向单位做出解释说明时，也可以请有关人员出具证明。

## 例文点评

【例文一】

**证　明　信**

××市旅游局：

贵公司刘民同志，2013年9月至2014年9月曾在我校旅游专业管理班学习。在校期间，学习刻苦，成绩优良，被评为2013—2014学年度优秀学员。

特此证明

××省第一旅游学校（公章）

2015年3月5日

**点评**：例文直接以文种名称作为标题。然后，另起一行顶格写需要证明的单位名称。正文中，具体证明了刘民在校所学专业、学习态度、学习成绩及所获得的荣誉，内容完备，起到了有效的证明作用。以惯用语结尾。最后是单位（公章）和日期。

【例文二】

证　明　信

兹有我公司工程师周文重同志（男，42岁）、技术员宋为国同志（男，30岁），前往江西、湖南、福建、广东等省检查并重点修理我厂生产的××牌空调。希有关单位给予帮助。

特此证明

××省××市空调厂（公章）

2015年5月8日

**点评**：此例文是作为证件用的证明信。语言十分准确并且实事求是、严肃认真地证明周文重、宋为国两位同志的身份，篇幅短小精悍，寥寥数语便把所要证明的事梳理清晰了，值得借鉴。

【例文三】

扫一扫

## 写法指导

### 一、证明信的格式与写法

证明信一般都由标题、称呼、正文和落款构成。

**1. 标题**

证明信的标题通常有以下两种形式。

（1）单独用文种名称作标题。首行居中，并冠以“证明信”“证明”字样。

（2）由“文种名称和事由”共同构成，如“关于×××同志××情况(或问题)的证明”。

**2. 称呼**

第二行顶格写上需要证明的单位的名称，之后加冒号，一般不需要敬语。

有些供有关人员外出活动证明身份的证明信因没有固定的受文者，开头可以不写受文者称呼，而是在正文前用公文引导词“兹”引起正文内容。

**3. 正文**

正文是证明信的主体部分。另起一行，空两格写明被证明事项的全部事实，要针对对方所要求的要点写，只写需要证明的问题，其他无关的不写。

正文写完后，要另起一行空两格，用“特此证明”四字作结束语，也可直接在正文结尾处写出。不写祝愿、勉励之类的话。

**4. 落款**

要在正文的右下方写上证明单位或个人的名称和成文日期，加盖公章或签名、盖私章，以示负责，否则证明无效。

### 二、证明信的写作要求

（1）实事求是，严肃认真，言之有据。

（2）对于随身携带的证明信，一般要求在证明信的结尾注明有效时限，过期无效。

（3）语言要准确，文字书写要清晰、工整，字迹清楚不潦草。

（4）不能用铅笔、红色笔书写；如果有涂改，必须在涂改处加盖公章。

## 技能训练

### 一、病文修改

以小组为单位，找出下面证明信的不当之处。

**证明信**

××市服务委：

你单位张洪敏同志，大约在2007年左右，曾在我校市场营销专业培训班学习。在校期间，成绩和鉴定因为时间较长，材料已丢失。

××市财经学校（公章）

2015年3月15日

### 二、情境写作

以小组为单位，以情境描述为素材，实事求是地出具一份证明信。

### 三、强化训练

请根据以下内容拟写一份证明信。

王芳是滨海职业学校2014年的毕业生。在校期间，她政治上要求进步；担任班长，工作认真负责；学习勤奋，成绩优良；技能扎实，多次在市级技能竞赛中获奖。王芳走上工作岗位后，表现依然优秀。根据她的申请和表现，××公司准备发展她加入中国共产党。××公司组织科派两位同志到滨海职业学校了解王芳的在校学习情况，要求学校开出有关证明。请代为拟写该证明信。

## 知识链接

### 推　荐　信

#### 一、推荐信的概念

推荐信是单位、团体或个人向其他单位、团体或个人推荐人或物，以便对方采纳的专用书信。

推荐信用以表达推荐方的意见和愿望，是提请对方作为参考和调查研究的一种依据。因此，写作时必须写清推荐理由，实事求是地反映所荐人或物的具体情况和长处，决不能隐瞒实情和虚夸。

推荐信一般是第三者写的，也有自荐的。

自荐的推荐信称为自荐信，它是用书信的形式向招聘单位所做的自我介绍。自荐人一方面要根据用人单位的需求把自己的特长及主要成绩写清楚，另一方面应表示自己的真诚态度，语言要谦恭有礼而不失自尊自信，书写也要工整清楚，切忌潦草马虎，力求给对方留下良好的印象。

**二、推荐信的格式与写法**

推荐信一般由标题、称呼、正文、结束语、落款组成。

（1）标题。第一行居中可写“推荐信”或“自荐信”三字。

（2）称呼。第二行顶格写收信单位的名称或个人姓名。

（3）正文。这是推荐信的主要部分，一定要具体陈述被推荐者的基本情况和值得推荐的理由。

（4）结束语。这是指推荐信末尾的祝颂语。

（5）落款。在结束语的下一行右下方署名，写上推荐者的名称 (单位、团体)或姓名(个人)，推荐者为个人的，一般还应写明职务。署名下面写上发信的年、月、日。

自荐信的格式与推荐信相同，只是在写法上略有差别，如正文中须以第一人称写，署名是自荐者本人。自荐信最后一般应写上附件的名称和件数，如学历证书、获奖证书等。

**三、推荐信的写作要求**

（1）尊重事实，客观推荐。写推荐信要本着对自己、对用人单位、对被推荐人负责的态度，客观、公正地向用人单位提供被推荐人的真实情况。自荐信所列的个人材料也要真实、具体，既表现出自己胜任某项工作的信心，同时也应态度诚恳、谦虚。

（2）详略得当，礼节周全。介绍被推荐人时，不要面面俱到，只需把他具有能胜任某一工作的才能说清楚即可。

（3）推荐信里面一般包含了请求的意思，写推荐信的人的目的在于能推荐成功，所以篇幅宜短小精悍，语言要简洁明快，语气宜谦逊有礼，不可以命令、指示等语气讲话，以免于事无益。

**【例文一】**

**推 荐 信**

××先生：

××同志一九九八年毕业于复旦大学中文系文学专业。在校学习期间各科成绩优秀，曾先后发表过小说《××》、剧本《××》等十多部作品，还翻译过外国电影文学剧本《×××》。

××同志有较强的研究能力，社会知识比较丰富，富有钻研精神。近闻贵厂公开招人参加系列片的编写工作，我深信他是可以胜任的。请尽力给予他应聘机会，如蒙允诺，不胜感谢。

顺致

近安

复旦大学中文系教授××

×年×月×日

**点评**：这是教授个人出具的推荐信，首先实事求是地反映被推荐人的具体情况和长处，然后证明其能胜任被推荐的职务，最后提出请求，盼望对方能录用。推荐的语言简洁，理由充分。

【例文二】

**自　荐　信**

××进出口公司：

我叫徐××，××大学×××学院国际贸易系2010届本科毕业生，中共党员。四年大学苦读，我在德智体各方面都取得了较全面的发展，学习成绩一直在年级前三名，综合测评专业排名第一。2007年通过云南省计算机二级等级考试，2009年通过全国大学英语六级考试，具有良好的英语写作与会话能力。连续四年获得“省优秀学生”称号。

大学四年来，我先后担任国际贸易06级1班班长、系学生会主席、校《学生通讯》主编，承办“校园十大青年歌手”“月光书会”等多项校园活动，业余时间特别注重计算机能力培养，选修、自学了各类计算机课程。能熟练运用C++语言、FORTRAN语言、VFP 5.0数据库语言、Windows XP等操作。

2009年暑假实习期间，参与××公司对俄罗斯畜产品贸易谈判工作，获得实习单位的好评。

贵公司从事国际贸易，正是我向往的工作单位，如果能到贵公司工作，我相信我的工作能力一定不会让你们失望，我一定会珍惜这一难得的机会，努力做出自己的贡献。

此致

敬礼！

自荐人：徐××

×年×月

附个人履历1份（略）

**点评**：例文以文种名称为题，另起一行顶格写明收信单位名称。正文部分，首先介绍了自己的政治面貌、所学专业及在校苦读获得的成绩。其次介绍了自己的特长及各种能力，如组织能力、实践能力等。最后提出该公司是自己向往的工作单位，并信心十足地表明愿为公司做出自己的贡献，表达了希望为公司效力的强烈愿望。最后还在文末附上相关材料。

【例文三】

扫一扫

## 情境三　感　谢　信

### 学习目标

知识目标：掌握感谢信写作规范与技巧。

能力目标：能根据实际需要规范拟写感谢信。

素质目标：培养知恩图报的情感，学会懂得感恩。

## 情境描述

生活中值得我们感动的事情很多，他人的关心和帮助会令我们终生难忘。下面的李同学就想把他的感动和感谢表达出来。

某职业学校2014级某专业学生李同学，来自偏远山区，家庭生活比较贫困，家人为了让他完成学业，不仅把家里所有值钱的东西变卖，而且还欠了许多的外债。全校师生了解到李同学的情况之后，大家都积极主动地为他捐款。李同学也在大家的支持和鼓励下顺利完成了学业。如今，李同学即将走上工作岗位，回想自己的求学之路，他无法一一回报那些曾经给予过他帮助的好心人，因此，他决定写一份公开感谢信，以此表达自己的一份真情。

**想一想：**面对如此厚重的情意，李同学应该怎样写这封感谢信才能够把自己的感激之情表达出来呢？

## 知识点拨

### 一、感谢信的概念

感谢信是对支援、帮助、关心过自己的党政机关、企事业单位、社会团体或个人表示感谢的专用书信。

感谢信有感谢和表扬双重意思，既要表达出真切的谢意，又要起到表扬先进、弘扬正气的作用。它广泛应用于个人与个人之间、个人与组织之间、组织与组织之间。

### 二、感谢信的特点

（1）感谢对象明确。感谢信都有确切的感谢对象，以便让大家清楚是在感谢谁。

（2）表述事实具体。感谢信都是有具体的事由的，否则就会显得抽象空洞，缺乏真实性和说服力。

（3）感情色彩鲜明。感动和致谢的色彩强烈鲜明，言语里充满感激之情。

## 例文点评

【例文一】

**感　谢　信**

信达公司并李达总经理：

首先让我们向您致以衷心的感谢。

日前，在我们“中美贸易和投资洽谈会”南京分团正着急为赴美选带什么礼品之时，是总经理您毅然伸出友谊的手，信达公司的姑娘们昼夜加班，赶制出一份丰厚独特的礼品。我们深深感到，信达公司的花边美，礼品更美；信达公司的姑娘们手巧，心灵更美。

让我们再次感谢总经理和信达公司姑娘们的支持和诚挚友情。

此致

敬礼！

“中美贸易和投资洽谈会”南京分团

20××年8月10日

**点评：**例文清楚地交代了事件发生的经过及感谢的原因，语言朴实自然，措辞亲切中肯，是一种真情实感的自然流露。最后还表达了对信达公司的感激之情，并热情赞美了信达公司。

【例文二】

**感　谢　信**

尊敬的领导：

您好！

我叫田××，是×月×日53位面试者中来自××职业技术学院××专业的应届毕业生。

感谢××公司给了我一次面试的机会。这次面试，开阔了我的视野，增长了我的见识，也相信您对我各方面综合能力的肯定一定能增强我的竞争优势，让我在求职的路上更加坚定自己的信心。感谢公司对我的关爱，感谢公司给予我的这次毕生难忘的经历！

无论这次我是否被公司录用，我都坚信——选择××公司是明智之举。无论今后我会在哪个单位上班，我都将尽心尽责做一位具有强烈责任感、与单位荣辱与共的员工，一位扎根于单位、立志为社会创造最大价值的攀登者，一位积极进取、脚踏实地而又极具创新意识的新型人才。

大千世界，芸芸众生，如我者甚众，胜我者恒多。虽然现在还很平凡，但我将勤奋进取永不服输。如蒙不弃，惠予录用，必将竭尽才智，为公司鞠躬尽瘁！

感谢的同时，祝贵单位事业蒸蒸日上，一帆风顺！

此致

敬礼！

田××

20××年×月×日

**点评：**这是一封求职者感谢用人单位为其提供面试机会的感谢信，事情虽然不大，但足见求职者的感恩情怀，从这一点看，有可能为他的求职增加砝码。例文首先自我介绍，引起面试领导的注意和回忆。其次写感谢的事由及对求职者带来的帮助和产生的意义。最后向用人单位表示决心和祝贺。感谢信的内容具体，格式规范，层次清晰，态度真诚，语言精练，富有强烈的感情色彩。

【例文三】

扫一扫

## 写法指导

### 一、感谢信的写作格式

感谢信通常由标题、称谓、正文、结尾和落款五部分构成。

**1. 标题**

感谢信的标题通常有以下几种形式。

（1）单独由文种名称组成，如感谢信。

（2）由“感谢对象+文种名称”组成，如“致××医院的感谢信”。

（3）由“感谢双方+文种名称”组成，如“××街道致××医院的感谢信”。

**2. 称谓**

在开头顶格处，要求写明被感谢的机关、单位、团体或个人的名称或姓名，然后加上冒号。

**3. 正文**

感谢信的正文从称呼下移一行，空两格开始写，要求分段写出感谢的事由和感谢的心情两个主要部分。

（1）感谢的事由。精练地叙述事情的前因后果，叙述对方的好品德、好作风。叙述时务必交代清楚人物、事件、时间、地点、原因和结果，尤其重点叙述关键时刻对方的关心和支持。

（2）感谢的心情。在叙事的基础上，指出对方的关心、支持和帮助对整个事情成功的重要性及体现出的可贵精神，同时表示向对方学习的态度和决心。

**4. 结尾**

结尾要写上表示敬意、感谢的话，如“此致”“敬礼”“致以诚挚的敬意”等。

**5. 落款**

感谢信的落款要署上发文单位名称或发文者的姓名，并且署上成文日期。

### 二、感谢信的写作要求

（1）叙述事件时，要准确无误地叙述时间、地点，发生事件的其他详细情况。

（2）内容要真实，评誉要恰当。感谢信的内容必须真实，确有其事，不可夸大溢美。评誉对方时要恰当，不能过于拔高，以免给人一种失真的印象。

（3）感谢信以感谢为主，兼有表扬，所以表达谢意时要真诚。

（4）用语要适度、精练。感谢信的内容以主要事迹为主，详略得当，篇幅不能太长。语言要精练、简洁，不可过分雕饰。

## 技能训练

### 一、病文修改

以小组为单位，找出下面感谢信中存在的问题。

**感　谢　信**

××电视台编辑同志：

我丈夫×××是××省××市××集团公司的员工。因为有吸烟恶习患上了支气管癌症，现在广州市××医院胸科××病区治疗。这个病需要动手术，我很希望有几位专家能参与手术，确保我丈夫的生命安全。

我费尽九牛二虎之力，终于得知了医院胸科专家××教授的住址，便筹备了3 000元钱和几瓶马爹利、几盒西洋参、几斤名贵水果和几盒点心，登门拜访××教授。当我见到××教授时，先试探着刚拿出礼品来，当即遭到××教授的断然拒绝。

他板着脸孔说："快把东西拿回去！你这样做是看不起我，对我人格的侮辱。"

我只好怀着忐忑不安的心情离开了。

一路上我在想："3 000元虽然不多，可也不是小数啊！是不是嫌我送轻了呢？"

手术开始了，据悉××医院院方很重视这次手术，除了派出××教授之外，还有著名的××教授等专家参加。手术结束后，我见到××教授匆匆忙忙地从手术室走出来，浑身是汗，嘴唇也发紫了。

见到这种情景，我激动得流出了眼泪。可是××教授却显得一脸轻松，笑着对我说："做好了，我保证你丈夫的手术绝对没问题，你放心吧。"

当时，我的心激动得直跳，无法平静下来，原来我是多么庸俗啊。我实实在在是误解了××教授的人格，我实在是太媚俗了。

为了感谢这几位品德高尚的医生，我千方百计地打听他们的住址，以便登门叩谢，但他们都不肯告诉我，我实在无法表示诚挚的谢意。

敬爱的编辑同志，这几位医学教授的高风亮节，使我深受感动。恳求借助贵电视台宝贵的几分钟，表达一下我们的感激之情。

××集团公司　黄××

×年×月×日

## 二、情境写作

以小组为单位，以情境描述为素材，写一份感情真挚的感谢信。

## 三、强化训练

某职业学校2012级电气专业学生李良同学，来自偏远山区，没有父亲，只靠母亲务农维持生计，家庭生活非常贫困。为了让他完成学业，家里已经把所有值钱的东西都变卖，还欠了许多外债。全校师生了解到李良同学的这种情况之后，大家都积极主动地为李良同学捐款，李良同学也在大家的支持和鼓励下顺利完成了学业。李良同学在即将走上工作岗位时，回想自己的求学之路，他无法回报那些给了他帮助的学校、老师和同学们，因此，他决定写一份感谢信，来表达自己的感恩之情。

**知识链接**

### 慰　问　信

**一、慰问信的概念**

慰问信是以组织或个人的名义向在某方面做出特殊贡献或遇到意外损失、遭遇巨大灾难或人物去世的集体或个人表示关切、问候及同情的一种书信。

**二、慰问信的特点**

1. 发文的公开性

慰问信可以直接寄给本人，但大多是以张贴、登报，在电台、电视上播放的形式出现的。公开性是慰问信的一个特点。

2. 情感的沟通性

慰问一是对有突出贡献者的赞扬，表达崇敬之情；二是对遭遇困难者的同情，表达关切之意；三是为某一群体而设的节日慰问，通过这些方式达成情感交流和相互理解。

3. 书信体的格式

慰问信一般采用书信体格式。

**三、慰问信的格式与写法**

慰问信通常由标题、称谓、正文、结尾、落款五部分构成。

1. 标题

慰问信的标题一般在第一行正中位置，通常由以下三种方式构成。

（1）单独由文种名称组成，如“慰问信”。

（2）由“慰问对象+文种名称”组成，如“给抗洪部队的慰问信”。

（3）由“慰问双方+文种名称”组成，如“朱德致抗美援朝将士的慰问信”。

2. 称谓

慰问信的开头要顶格写上受文者的名称或姓名称呼。如果是写给个人的，应在姓名之后加上“同志”“先生”等字样，后加冒号，如“鲁迅先生:”。

3. 正文

正文要另起一行，空两格写慰问的内容。慰问的正文一般由发文目的、慰问的缘由、或慰问事项等几部分构成。

（1）发文目的。写清楚发此信的目的是代表何人向何对象表示慰问。

（2）慰问缘由或慰问事项。概括地叙述对方的先进思想、先进事迹或战胜困难、舍己为人、不怕牺牲的可贵品德和高尚风格；或者简要叙述对方所遭受的困难和损失，以示发信方对此关切的程度。要表现出发信方的钦佩或同情之情。

4. 结尾

表示共同的愿望和决心，接着写祝愿的话。

5. 落款

慰问信的落款要署上发文单位或发文个人的名称，并在署名右下方署上成文日期。如果是单位发出的慰问信，就应加盖公章，以示郑重。

**四、写慰问信的注意事项**

（1）要根据所慰问对象的不同确定信的内容。对在工作中有贡献的集体和个人，应侧重于赞颂他们的巨大成绩，语气要亲切热情；对于坚守在岗位上工作的人，应侧重于肯定他们工作的意义及对他们的感谢与激励，语气要积极乐观；对遭到暂时困难的集体和个人，则应侧重于向他们表示关怀和支持，语气要诚恳深切。如果有随信附上的钱物等，可以另起一段做附加说明。

（2）字里行间要洋溢着同志间的深厚感情，要充分体现组织的关心和温暖，使受慰问者在精神上得到安慰和鼓励，增强克服困难的勇气和继续前进的信心。

（3）抒情性要强，语言要亲切、生动。

【例文一】

**致北京奥运服务师生的慰问信**

参加北京奥运餐饮服务的全体师生：

大家辛苦了！

你们带着全校师生的重托，来到伟大祖国的首都北京，参加奥运餐饮服务工作。在此，谨向你们致以最亲切的问候和最诚挚的敬意！

百年奥运，百年梦想，一个世纪的期盼在此刻凝聚。为奥运服务，是难得的荣誉，也是难得的锻炼机会。你们来到北京后，身在餐厅，胸怀祖国，充分发扬了“奉献、爱岗、敬业”的精神，克服诸多困难，默默忙碌在自己的岗位上。虽然你们不能像运动员们那样在赛场上奋进拼搏、为国家争金夺银，意义却是一样的重大。你们尽自己的能力，用自己的双手为奥运奉献，给每一位奥运参与者调配营养、补充能量，以美味、安全的饮食确保奥运顺利开展，是奥运盛会不可或缺的组成部分。你们的每一言、每一行都与奥运相连，都与祖国相连，都只为了一个目的：让服务品质更高、服务效率更快、服务质量更优，为祖国争光，为奥运添彩。从你们身上，我们看到了当代青年甘于奉献、锐意进取、奋发有为的可贵品质，全校师生因你们的精神而鼓舞，我们为你们感到无比的骄傲与自豪。八月的北京不仅是国人关注的焦点，更为世界所瞩目。两百多个国家和地区的数万名奥运参与者都将齐聚于此。当前正是奥运筹备最为紧张和关键的时刻，你们肩负的使命无上光荣。你们要坚持奥林匹克精神，听从奥组委的统一安排和组织协调，搞好与兄弟院校师生的团结，发扬特别能战斗、特别能吃苦、敢打硬仗、敢克难关的作风，主动配合，进一步增强责任感和使命感，充分认识到工作的艰巨性和重要性，以更加积极务实的姿态投入到奥运服务工作之中。学校始终与你们心连心，始终关注你们在北京的表现，始终为你们的工作提供支持和帮助。

我们相信，你们一定会圆满完成此次任务，载誉归来。衷心希望你们保重身体、注意安全、平安顺利！

××职业学校

2008年7月18日

**点评**：例文以“慰问对象+文种名称”为标题，另起一行写明慰问对象。正文部分写清发此信的目的，阐明慰问的缘由，概括地叙述全体师生“奉献、爱岗、敬业”的可贵精神，赞扬他们为国争光、锐意进取、奋发有为的高尚品质，鼓励他们戒骄戒躁，继续前进。在结尾处提出希望。最后是落款。

【例文二】

扫一扫

# 任务三　礼仪类应用文

## 情境一　邀　请　函

### 学习目标

知识目标：掌握邀请函写作的基本格式和写法。

能力目标：能根据实际需要，写出较为规范的邀请函。

素质目标：遵守礼仪规范，提高礼仪修养，处理好人际关系。

### 情境描述

生活和工作当中，经常会有一些活动需邀请领导、合作伙伴、朋友等出席，需要有比较正式的书面材料发出邀请。请看下面素材。

××职业学校即将迎来建校50周年华诞。学校从1958年发展到现在，建筑面积不断扩大，教师规模不断壮大，教学水平不断提高，深受社会好评。为继承和弘扬学校的优良传统，共谋发展大计，学校定于20××年××月××日上午××点在学校礼堂举行隆重的庆典仪式。现在学校将要在媒体上发表一封致广大校友的校庆邀请函。

**想一想：**这份邀请函怎样写才能符合写作要求呢？

### 知识点拨

邀请函，又称邀请书、邀请信，是邀请亲朋好友或知名人士、专家等参加某项活动时所发的请约性书信。

邀请函同请柬一样，都是邀约性的礼仪文书，但邀请函的应用范围要比请柬广泛，几乎所有方面都可以使用，而且邀请函的内容要比请柬复杂，写法上也比较灵活，像交易会、洽谈会、研讨会、联谊会等活动都需要使用邀请函。

### 例文点评

【例文一】

**邀　请　函**

尊敬的×××教授：

我们学会决定于×年×月×日在省城××宾馆举办民间文学理论报告会。恭请您就有关民间文学的现状与发展发表高见。务请拨冗出席。

顺祝

健康！

××省文学研究会

联系人：×××

×年×月×日

**点评**：例文以文种名称为标题，在称谓上使用“敬语+统称”。正文部分写明活动的时间、地点、内容及要求。结尾处使用邀请语、祝颂语。最后落款为活动主办单位和成文日期。

【例文二】

**××职业学校2015届毕业生校园招聘会邀请函**

尊敬的用人单位：

首先感谢贵单位长期以来对××职业学校就业工作的大力支持和帮助。

我校是一所具有50多年历史的国家级示范中等职业学校，开设了计算机信息管理、交通管理、图形图像制作、会展策划与管理、旅游英语、物流管理、旅游管理、酒店管理等多个专业，现有在校生3 000余人。在教学中，我们一贯重视学生的素质培养，视教学质量为生命线，视毕业生为我们的“产品”，代表学校的品牌。我们愿与用人单位建立长久的合作关系，尽一切努力为贵单位选才服务。

我校有2015届应届毕业生1000余人，定于2015年4月25日举办“××职业学校2015届毕业生校园招聘会”，诚邀贵单位莅临参加，具体事项安排如下。

一、时间：2015年4月25日(周三)上午9：00—16：00，会期一天。

二、地点：××市××路××号（××职业学校校本部）。

三、其他有关事宜：

1.首次来校招聘的单位请携带工商营业执照(副本)及相关证明材料。

2.因学校需要提前安排展位，请参会单位将招聘的相关信息及参会代表名单于2015年4月10日前告知我校招生就业安置办。

3.我们将免费为每个用人单位提供一个展位，并免费提供工作午餐。

4.联系人及方式：

联系人：×××

联系电话：××××××(传真)

××职业学校

2015年4月4日

**点评**：此邀请函首先感谢用人单位，表达诚意。然后介绍学校的开设专业、办学规模、教学特点及育人特色，接着写明邀请参加活动的内容、时间、地点、联系方式等，态度真诚，用语准确、简明。

【例文三】

扫一扫

## 写法指导

### 一、邀请函的格式与写法

一般由标题、称谓、正文、结尾和落款组成。

（1）标题。在封面或第一行居中写“邀请函”。

（2）称谓。邀请函的称谓使用统称，并在统称前加敬语，如“尊敬的×××先生/女士”或“尊敬的×××总经理（局长）”。

（3）正文。邀请函的正文是指活动主办方正式告知被邀请方举办活动的缘由、目的、事项及要求，写明活动的日程安排、时间、地点，并对被邀请方发出得体、诚挚的邀请。结尾一般要写常用的邀请惯用语，如“敬请光临”“欢迎光临”等。

（4）落款。落款要写明活动主办单位的全称和成文日期。

### 二、邀请函写作的注意事项

（1）被邀请者的姓名应写全，不应写绰号或别名。

（2）在两个姓名之间应该写上“暨”或“和”，不用顿号或逗号。

（3）写明举办活动的具体日期（几月几日，星期几）。

（4）写明举办活动的地点。

## 技能训练

### 一、病文修改

以小组为单位，找出下面邀请函的不当之处。

**邀 请 函**

××公司业务部：

承蒙××服装进口公司的大力协助，我公司于2015年6月1日至2日，在××宾馆3号楼大厅，举办腈纶产品展览会。这次我方有幸得到日本有代表性的长毛绒及人造毛皮厂商的赞助，届时将大量展出使用日本依克丝兰牌腈纶制造的各种产品。

展出时间：2015年6月1日至2日

展出地点：××市××宾馆3号楼大厅

联系地址：××市××俱乐部××号房<br>××公司××办事处

电话：××××××

联系人：××、××

××公司

2015年5月20日

### 二、情境写作

以小组为单位，以情境描述为素材，写一份感情真挚的邀请函。

### 三、强化训练

××职业技术学院萌芽文学社将举办一次校园文学创作经验交流会，拟邀请本市其他几所职业院校文学社的同学前来参加。请代萌芽文学社拟写一份给其他几所职业院校文学社的邀请函，必要内容可以合理虚拟补充。

知识链接

## 请　　柬

**一、请柬的概念**

请柬，也称请帖、柬帖，是指机关、企事业单位、社会团体或个人为邀请宾客参加某些重要活动，如会议、庆典、宴请、聚会等所使用的一种礼仪类文书。

有些请柬还可以作为参加活动的入场券或到会的凭证。

**二、请柬的特点**

（1）邀请性。请柬，实际上就是为邀请个人参加某一活动而发出的书面通知书。

（2）礼仪性。采用请柬方式邀请客人，即使客人近在咫尺，也必须送至手中，以表示对客人的尊敬和显示邀请者的庄重礼仪和郑重态度。

（3）内容的单一性。

（4）文字的简明性。

**三、请柬的格式和写法**

请柬一般由标题、称呼、正文、结尾、落款五部分构成。

（1）标题。在封面上写的“请柬”二字就是标题，可用美术体字，色彩可以烫金等。通常，请柬已按照书信格式印制好，发文者只需填写正文即可，封面也直接印上了“请柬”或“请帖”字样。

（2）称呼。要顶格写出被邀请者（单位或个人）的姓名名称。

（3）正文。另起一行空两格。要写清活动内容，写明时间、地点、方式。

（4）结尾。要写上礼节性恭候语，如“届时敬请光临”“敬请莅临指导”“敬请光临”等期请语。

（5）落款。署上邀请者单位或个人的名称和发柬日期。

**四、请柬的写作要求**

（1）语言上要求简洁、明确，措辞文雅、大方和热情。

（2）务必写清活动的具体时间、地点及有关注意事项。掌握好发送的时间，避免太早和太晚。

（3）请柬在款式设计上，要注意艺术性。

**【例文一】、【例文二】**

**请　　柬**

周××教授：

兹定于20××年12月29日上午×时于×号多功能厅举办社会科学系20××年迎新联谊会。

敬请届时光临

××职业技术学院社会科学系

20××年12月25日

### 请柬

谨定于×月×日上午10:00在本市胜利路阳关饭店二层举办××与××结婚喜宴，恭请您及夫人届时拨冗光临！

此致

敬礼

××敬上

×年×月×日

**点评：**两则例文皆清楚地列出了邀请人、被邀请人，写明了活动地点、时间、内容，并表达出殷切希望对方接受邀请的心情。在文末署上发函单位名称或发函人姓名及发函日期。

**知识链接**

## 聘书

### 一、聘书的概念

聘书是聘请书、聘任书的简称，一般是指机关、团体、企事业单位用于聘请某些有专业特长或有名望的权威人士完成某项工作任务或担任某种职务时所使用的应用文书。

聘书适用于发给专业人才或有社会知名度的人，使受聘人与聘用方之间产生协约和纽带的作用，也能为受聘方提供一种荣誉证明。

### 二、聘书的特点

（1）广泛性。聘书应用范围非常广泛，党政机关、人民团体或企事业单位，在需要招揽人才时，都可以使用聘书。

（2）聘请性。聘用本单位或外单位的人担任某种职务或者承担某项工作时使用聘书，是一级组织对应聘人员的重视与起用，这就是聘请性。

（3）告知性。聘书上要明确地告诉受聘者，请他担任什么职务或者承担什么工作及聘任的起止时间。

（4）凭证性。聘书一经签发和被接受，就对双方开始产生行政约束力，双方都要信守聘书上写明的任职、任务和待遇等内容，不得随意失约和违约。

（5）简明性。聘书是一种特殊文书，这种特殊性决定了它篇幅短小、行文简洁、内容的概括性极强。

### 三、聘书的格式与写法

聘书一般由标题、称谓、正文、结尾和落款五部分构成。

1. 标题

聘书往往在正中写上“聘书”或“聘请书”字样，有的也可以不写标题。已印制好的聘书标题常用烫金或大写的“聘书”或“聘请书”字样。

2. 称谓

开头顶格写被聘者的姓名称呼，然后加冒号，也可以在正文中写明受聘人的姓名称呼。常见的印制好的聘书则大都在第一行空两格写“兹聘请××……”。

3. 正文

聘书的正文一般要求包括以下内容。

（1）交代聘请的原因和所承担的工作任务或所要担任的职务。

（2）写明聘任期限，如“聘期两年”“聘期自2010年2月20日至2015年2月20日”。

（3）聘任待遇，可直接写在聘书上，也可另附详尽的聘约或公函。

（4）正文还可写上对被聘者的希望。

4. 结尾

聘书的结尾一般写上表示敬意和祝颂的结束用语，如“此致 敬礼”“此聘”等。

5. 落款

落款要署上发文单位名称或单位领导的姓名、职务，并署上发文日期，同时要加盖公章。

**四、聘书写作的基本要求**

（1）聘书应在聘请者与受聘者之间事先充分协商并达成口头协议的前提下撰写。

（2）交代要清楚。对为什么聘请、聘请谁、聘去干什么、聘请期限、享受待遇等，一定要说清楚。

（3）聘用期限要写明确，要加盖公章，以示郑重并承担相应的法律责任。

（4）文字要简洁。只要能说明聘请的理由和聘去干什么就行了，不必详细叙述。

**【例文一】、【例文二】**

**聘　　书**

兹聘请李焕清先生为迅达电子集团公司开发部经理，年薪壹拾万元（100 000）整。期限二年（2013年1月1日—2014年12月31日）。此聘

迅达电子集团公司　总经理（章）

2012年12月22日（公章）

**聘　　书**

金祥锋先生：

兹聘请您担任麒麟机械设备有限公司技术总监，负责本公司新产品开发与工艺方面的事宜。期限一年（2012年1月1日至2013年1月1日）。此聘

麒麟机械设备有限公司　总经理（章）

2011年12月30日（公章）

**点评**：聘书标题居中，一般用大一号的黑体字，可以在正文中直接写明聘请的对象、职衔、待遇及聘期，如例文一；也可以在称谓处写聘请对象，正文处写明聘任的职衔、权限和任职期限等，如例文二。“此聘”为聘书的惯用语。落款加盖公司和法人代表的印章。全文内容简单，篇幅短小，语言简洁明了。

# 情境二 主 持 词

## 学习目标

知识目标：掌握主持词的写作要求与技法。
能力目标：能够根据实际需要拟写恰当的主持词。
素质目标：语言表达流利通畅，富于亲和力和感染力。

## 情境描述

同学们都非常喜欢看一些电视综艺节目，被节目主持人的激情所打动。生活中有很多机会可以让同学们锻炼自己的语言表达能力。请看下面素材。

××职业学校将于2013年12月30日在学校礼堂举办辞旧迎新联欢会。学校领导及全体师生届时参加。联欢会上将安排这些内容：各班表演的节目；各班代表大拜年；各班班主任寄语；师生活动。现在需要提前拟写一份这次联欢会的主持词。

**想一想：**主持词怎样写最能打动观众呢？

## 知识点拨

### 一、主持词的概念

主持词是在各种大型活动、大型集会或其他较为隆重的仪式上，主持人用于说明和提示活动主旨，引导和推动活动展开，串联和衔接前后内容，总结和概括活动情况的专用文稿。

### 二、主持词的特点

（1）个性化强。活动主题不同，参与人员不同，主持词所采用的形式和风格也不相同。有的大气磅礴，热情洋溢；有的哀婉低沉，情真意切。

（2）艺术性强。主持词讲究先声夺人，调动全场气氛，常借鉴诗词和散文诗等文艺作品的写作手法，可欣赏性强。

### 三、主持词的分类

（1）会议主持词。根据会议的安排，对有关内容和事项做出说明，对一些重要问题进行强调，对领导讲话做出简明扼要的评价，并对会后如何贯彻落实会议精神提出要求、布置任务，具有程式化的特点。

（2）赛事主持词。这包括朗诵、演讲、辩论等比赛主持词。撰写这类主持词要了解比赛的宗旨，熟悉活动程序，把握好时间及每个环节的进程，随时注意控制现场的气氛。

（3）文艺活动主持词。这包括文艺性演出及各种晚会、联欢会、产品促销活动的主持词等。这种活动比较轻松活泼，主持词的撰写比较灵活。既要有事先拟定的主持词，又要随机应变，幽默风趣。

（4）影视节目主持词。这包括各种综合性、专题性、专业性的板块节目主持词。撰写前要了解一些专业知识，抓住重点，反映热点、焦点问题，要把握时机，引导人们思考或参与，吸引听众或观众的注意力。

（5）婚礼主持词。这类主持词写起来比较灵活，活泼生动，幽默诙谐，自始至终都要热情洋溢，烘托出浓浓的喜庆气氛。

## 例文点评

【例文一】

### 演讲比赛主持词

尊敬的各位领导，亲爱的同事们：

大家下午好！

草木为了感激春的到来吐露新芽；鲜花为了感激夏的到来竞相开放；硕果为了感激秋的到来挂满枝头；雪花为了感激冬的到来把大地母亲银装素裹。自然界尚且如此感恩，人更应该具有感恩之心。

今天，让我们说出心头的感激，让这个世界，因为我们而感到无限美好。

首先为大家介绍今天比赛的评委，他们是……

爱是阳光，爱是雨露，我们在关爱的大地上自由奔跑，我们在关爱的天空下成功翱翔，感谢每一丝阳光，感谢每一缕清风，感谢生命中给我们关爱的一切一切！首先请听……的演讲……

一个人只有怀着感恩的心，才能体会到生活的幸福与乐趣，学会了感恩，就学会了生活。请听……

常怀一颗感恩之心是生命之舟的原动力，是补给能源的加油站，常怀一颗感恩之心，可以使我们活得更精彩。请听……

落叶在空中盘旋，谱写了一曲曲感恩的乐章，那是大树对滋养它的大地的感恩，白云在蔚蓝的天空中飘荡，描绘了一幅幅感人的画面，那是白云对哺育它的蓝天的感恩。请听……

没有阳光，就没有生活的温暖；没有雨露，就没有五谷的丰登；没有耕耘，就没有知识的收获；让我们怀着一颗感恩的心，学会付出，学会给予，学会把快乐带给你身边的每一个人，让他们怀着同样的一颗感恩的心去寻找幸福的真谛。

现在，请让我们用热烈的掌声欢迎……宣布比赛结果。

谢谢……

现在，请……给获奖的选手颁发荣誉证书。

请参赛选手上台领奖。让我们用热烈的掌声向获奖选手表示热烈的祝贺。

感恩主题演讲比赛到此结束。谢谢大家！

**点评**：该主持词的标题直入活动——演讲比赛。开场白采用情景交融的手法，点明感恩的主题。正文的衔接词将每一个参加比赛选手的演讲内容用简洁的语言串联起来，承启转合，既照应了前一个演讲者的内容，又引领了后一个演讲者，把整个活动连接成一个有机的整体。主持词写得层次清楚，内容突出主题，语言有较强的感染性和鼓动性。

【例文二】

**年会主持词**

朱朝阳（男）　李丹（女）

（男）尊敬的各位领导，

（女）亲爱的各位来宾，

（男）各位朋友，

（合）大家晚上好！

（男）在这辞旧岁，迎新春的美好时刻，我们迎来了BYS公司2014年联欢晚会。

（女）愿新年的炮声带给我们吉祥如意。

（男）我是主持人朱朝阳。

（女）我是主持人李丹。

（女）接下来有请总公司领导和各部门领导上台为我们祝酒，有请各位领导。

**（准备酒杯等开始祝酒，主持人致祝酒词，台下一起举杯）**

（男）这杯酒有三个祝愿：一是祝愿公司事业兴旺发达，财源广进。

（女）第二个愿望是祝我们远方的父母和亲人身体健康，万事如意。

（男）第三个愿望是祝我们每一位朋友来年行好运，心想事成，步步高升。朋友们，一起干杯。

**（干杯完后，领导回到席上）**

介绍晚会安排

（男）今晚的晚会分两部分进行，第一部分是吃团圆饭；第二部分是文娱表演和抽奖活动。文娱表演和抽奖会在12楼的卡拉OK音乐大厅进行。同时，提醒各位同事，在进入歌舞晚会现场时，记得将您手中奖券的副券投入抽奖箱，这样您才有机会中大奖，祝各位同事们好运。

（女）接下来的时间请各位尽情享用美酒佳肴。谢谢。

（男）谢谢大家。

**点评：**这是一个年会活动开场的主持词。标题直接点明活动的主题，随后写出主持人的姓名。先称呼后问候。正文的开场白开门见山，交代活动的主题——2014年联欢晚会；衔接词先写三个美好的祝愿，掀起晚会的高潮；然后介绍晚会的安排，起到了承上启下的作用，交代清楚。主持词形式灵活，分行呈现内容，语言充满激情，亲切，富有感染力。

【例文三】

扫一扫

## 写法指导

### 一、主持词的格式与写法

#### 1. 标题

一般常用以下两种格式。

（1）由“活动/会议名称+文种名称”组成，如“××文学社成立仪式主持词”。

（2）由“主持者+活动/会议名称+文种名称”组成，如“×××在20××级新生开学典礼上的主持词”。

**2. 署名**

另起一行居中写主持者的姓名，有的在主持者姓名前面署上其单位及职务或职称。如果有两位主持者，在姓名后标示“男”“女”性别，以便正文不必反复出现主持者姓名。如果标题中已出现主持者姓名，则不重复署名。在署名之下常常标注主持词使用的时间，一般用圆括号括起来。

**3. 称谓**

如果是一个主持人，可在署名下另起一行顶格写称呼，一般采用统称，如“各位领导、各位老师、同学们”，后写上冒号；如果是两人以上主持人，一般将称谓融入正文的开场白中。

**4. 正文**

主持词的写作没有固定的格式，富有个性是其最大的特点，必须针对不同的内容选择相适宜的形式与风格。正文一般由开场白、衔接词和结束语构成。

（1）开场白。一定要精彩，制造场景效应。根据情境灵活处理，或者开门见山，直接入题；或者情景交融，以情入题；或者委婉曲折，含蓄入题；或者幽默风趣，以笑入题。

（2）衔接词。既要观照前文、画龙点睛，又要引导后文、渲染蓄势，把整个活动连接成一个有机的整体。

（3）结束语。要巧于结尾，留下余韵。或者掀起高潮，给人以鼓舞和欢笑；或者波澜不惊，给人留下回味和思考。

## 二、主持词的写作要求

（1）认真准备，周密策划。写主持词要提前准备，尽早介入，潜心研究，精心创作。

（2）勇于创新，不拘一格。不同内容的活动和节目，主持词所采用的形式和风格不相同。例如，对于庄重严肃的活动，主持词要平稳、厚重；对于庆典、文艺等活动，主持词要欢快、亲切、活泼；对于大型联欢活动，主持词要亲切感人、激越明快、富有鼓动性。

（3）灵活机智，巧于应变。主持现场，与提前准备好的主持词容易出现脱节，主持人则要灵活机智，巧遇应变。

# 技能训练

## 一、病文修改

以小组为单位，找出以下主持词不正确的地方。

“我爱我的专业”演讲比赛主持词

女：尊敬的各位领导、各位来宾：

男：亲爱的老师、同学们：

合：你们好！

女：在寒冬将至的今天，我们迎来了“我爱我的专业”演讲比赛。

男：这次比赛得到了学校许多领导的关心与支持。

女：今天来到现场的领导有：某某职业技术学院院长张某某，副院长任某某，…….

男：今天我们还请到嘉宾评委：某某职业技术学院人文管理系教授王某某，学生处处长张某某，……。

合：让我们以热烈的掌声欢迎他们的到来！

女：下面我们掌声有请职业技术学院副院长讲话！（略）

男：今天的选手可谓是高手如云啊！

女：下面由我公布比赛规则和评分标准！（略）

男：比赛就要开始了，希望选手们不要紧张，争取取得最好的成绩。我宣布某某职业技术学院“我爱我的专业”演讲比赛正式开始！

女：请第一位选手陈某某上场，2号选手做准备，演讲题目是《我的专业如此美丽》。（略）

男：请评委为1号选手评分。

女：（报分略）最后得分为某某分。

男：下面请2号选手上场，3号选手准备。

……………

……………

女：下面请欣赏舞蹈《春暖花开》，记分组正在统计选手的最后得分。

男：下面公布结果：

一等奖：（略）

二等奖：（略）

三等奖：（略）

最佳风采奖：（略）

最佳口才奖：（略）

女：下面为获奖者颁奖。（略）

男：“我爱我的专业”演讲比赛到此结束。朋友们再见！

合：再见！

## 二、情境写作

以小组为单位，以情境描述为素材，写一篇联欢会的主持词。

## 三、强化训练

××职业学校将于×月×日举行新学年开学典礼。在开学典礼上，张××校长将向新同学致欢迎词，教师代表毕××、老生代表周××、新生代表李××先后发言。典礼上还要表彰上一学年度的三好学生、优秀学生干部和先进班级。典礼结束后，观看影片《××××》。请设计一下本次开学典礼的程序，并拟写一份完整、详尽的开学典礼主持词，必要内容可以合理虚拟补充。

**知识链接**

### 欢　迎　词

**一、欢迎词的概念**

欢迎词是行政机关、企事业单位、社会团体或个人在公共场合（如举行隆重庆典、大型集会、欢迎仪式或洗尘宴会上等），主人对友好团体或个人的来访表示欢迎的讲话稿。简言之，即企事业单位对来宾表示欢迎的讲话稿。

**二、欢迎词的特点**

1. 注意礼貌，感情真挚

一般的欢迎词都是一种礼节性的外交或公关辞令，遣词造句十分讲究礼貌，称呼使用尊称，表达致辞者的热情、友好的情感，感情真挚。

2. 注重口语性，体现欢愉性

欢迎词是社交礼仪演讲词的一种，语言生动简洁，具有较强的口语性。欢迎词又是对来宾表示欢迎和尊重，表达友好交往的讲话稿，具有欢愉性的特点，语言多亲切、赞美之词。

3. 篇幅短小，简洁精练

欢迎词一般都比较简短，言简意赅，短小精悍，旨在进一步增强双方的交流与合作，营造和强化友好和谐的社交气氛。

**三、欢迎词的格式与写法**

欢迎词一般由标题、称呼、正文、结语和落款五部分组成。

1. 标题

标题一般由致词场合、致词人和文种三个要素构成。标题写法一般有以下三种。

（1）只写文种名称，即“欢迎词”。

（2）由“欢迎场合+文种名称”组成，如“在×××学术讨论会上的欢迎词”。

（3）三要素齐备，即“×××校长在迎新会上的欢迎词”。

2. 称呼

另起一行顶格写上被欢迎宾客的名字，后加冒号。称呼有以下两种。

（1）尊称，即写明宾客个人姓名，在姓名后加上职务或头衔，如“×××总统阁下”。

（2）泛称，如“各位女士，各位先生，各位来宾”，也可在前面加表示亲切的修饰语，如“尊敬的”“敬爱的”“亲爱的”等。

3. 正文

在称呼的下一行空两格开始写。一般分为以下两部分。

（1）开头，写明事由，通常介绍来宾访问的背景情况，对客人的来访表示欢迎、问候或致意。

（2）主体，即欢迎词的主要内容：评价对方的业绩，阐明来访的意义、双方的交往友谊与合作的成就；表示对今后双方交往的意见与期望。

4. 结语

以简短话语再次表示欢迎，并进一步表达自己对今后合作的良好祝愿，如“再一次对你们的光临表示热烈欢迎”“祝你们的来访取得圆满成功”“祝你们访问期间过得愉快等”。

5. 落款

欢迎词的落款要署上致辞单位名称、致辞者的身份、姓名，并署上成文日期，也可酌情简化。

**四、欢迎词的写作要求**

1. 看对象说话

欢迎词多用于对外交往。在各社会组织的对外交往中，所迎接的宾客可能是多方面的，如上级领导、检查团、考察团等。来访目的不同，欢迎的情由也应不同。

2. 看场合说话

欢迎场合的仪式也是多种多样的，有隆重的欢迎大会、酒会、宴会、记者招待会，有一般的座谈会、展销会、订货会等。欢迎词要看场合说话，该严肃则严肃，该轻松则轻松。

3. 热情而不失分寸

欢迎应出于真心实意，热情、谦逊、有礼。语言亲切，饱含真情。注意分寸，不亢不卑。

4. 关于称呼

由于是用于对外交往，欢迎词更具有感情色彩，更需热情有礼。为表示尊重，要称呼全名。在姓名前或后面加上职衔或“先生”“女士”“亲爱的”“尊敬的”“敬爱的”等敬语表示亲切。

**【例文一】**

**欢 迎 词**

各位来宾、各位朋友：

“春来谁做韶华主，总领群英是牡丹。”在春风送暖、百花吐艳的时节，古都洛阳迎来了第27届牡丹花会，热情好客的古都人民，诚挚地欢迎外国朋友、港澳台同胞和来自祖国内地的客人光临洛阳。

花，是社会文明的标志，也是一个地方繁荣昌盛的象征，自古以来，我国人民就有养花、种花的优良传统。……

年年岁岁花相似，岁岁年年“会”不同。愿洛阳牡丹花会在中外友人的关注和全市人民的共同努力下越办越好！

祝各位来宾在洛阳期间精神愉快、身体健康！

×××

×年×月×日

**点评**：这则欢迎词热情洋溢，感情充沛，篇幅短小。标题点明文种，称呼是对到场的所有来宾的泛称。正文的开头部分用简短的语言向来宾的光临表示欢迎；主体部分，讲述花的作用，我国养花、种花的优良传统及洛阳举办牡丹花会的悠久历史；结尾是对牡丹花会未来的展望及对来宾表示的祝愿；落款处标明发表讲话的时间。文章短小精悍、情深意长，有文化内涵。

**【例文二】**

扫一扫

知识链接

## 答　谢　词

**一、答谢词的概念**

与欢迎词或欢送词相对应，答谢词是在专门仪式、宴会、招待会上，由宾客出面发表的对主人的热情接待表示感谢的讲话稿。答谢词也指客人在举行必要的答谢活动中所发表的感谢主人盛情款待的讲话。

**二、答谢词的特点**

（1）讲究客套、充满真情。在特定的礼仪场合，答谢词十分讲究必要的客套话的使用，对主人的热情款待和众多关照表示答礼、谢意，感激之情要热情洋溢、充满真情。

（2）注重照应、尊重习惯。答谢词是主人致欢迎、欢送词之后，因此其内容注重与欢迎、欢送词内容的照应。即使预先准备了答谢词，也要根据现场的特定环境做紧急修改补充，因情因境临场应变发挥。在异地做客，要了解当地的民情、风俗、尊重对方习惯，这体现了对主人的尊重。

（3）篇幅简短，气氛热烈。答谢词主要诚挚地表达对主人的谢意，营造和谐友好的现场气氛，篇幅短小精悍。

**三、答谢词的格式与写法**

答谢词一般由标题、称谓、正文、结语和落款五部分组成。

（1）标题。一般有这样三种写法。只写文种名称“答谢词”；写致辞场合和文种名称，如“在×××上的答谢词”；写致辞人、致辞场合和文种名称，如“×××在×××上的答谢词”。

（2）称谓。人名要用全名，前加敬辞，后加头衔或“先生”“女士”之类词语，如“尊敬的×××国×××总理阁下”，以突出被答谢的主人。

（3）正文。先向主人的热情接待表示由衷的感谢。再回顾欢聚的美好时光，对主人的盛情款待表示衷心的感谢，对取得的收获给予充分肯定，热忱真诚地向主人表示谢意。

（4）结语。再次表示衷心感谢和良好的祝愿，尽量使举行的仪式充满祥和友好的气氛。

（5）落款。写致辞者的职务、姓名和日期，一般在正文之后右下方，也可从略。

**四、答谢词的写作要求**

内容与结构要合乎规范；感情要真挚、坦诚而热烈；评价要适度，要恰如其分；篇幅要简短，语言要精练。

【例文】

扫一扫

# 情境三　祝　　词

## 学习目标

知识目标：了解祝词的特点和分类，掌握祝词的写法和要求。

能力目标：会写不同类型的祝词。

素质目标：注重真挚情感，培养人文情感和公关意识。

## 情境描述

通常人们在遇到一些喜庆的场合，如乔迁、升学、长寿或各种庆祝节日，都会对所关注的对象表达真诚的祝愿和美好的祝福。请看下面素材。

××职业学校升学班在2014年高考中取得了良好的成绩，有19名同学考上了本科学校。王晓明同学考上了辽宁工业大学，他曾经所在的中职班——11级模具2班的同学纷纷向他表示祝贺。班主任老师让班长代表全班同学写份祝词，祝贺他金榜题名。

**想一想：**这份祝词该怎样写呢?

## 知识点拨

### 一、祝词的概念

祝词，又称祝辞，是行政机关，企事业单位、社会团体和个人在欢庆佳节、迎送宾客等喜庆场合，或者举办其他隆重庆典时，对人对事表示良好祝愿与热烈祝贺的言辞或文书。

祝词是在公关礼仪场合常用的应用文种，是人际交往活动中重要的手段和工具。祝词不受行政级别、隶属关系和组织与个人的约束，上下级之间、同级单位之间、无隶属关系机关或单位之间及亲朋好友之间都可以致祝词。

### 二、祝词的特点

（1）内容的喜庆性。祝词是在喜庆或隆重的场合，对祝贺对象表达真诚的祝福和美好祝愿。因此，喜庆性是祝词的基本特点。

（2）对象的广泛性。以人为祝词的对象，长辈、平辈、晚辈，上级、平级、下级，男女老少都可以。以事为祝词的对象，生日聚会、开业典礼、朋友联欢、同学聚会等都可用。

（3）体裁的多样性。根据祝贺对象的不同，祝词既可以用一般的应用文体，也可以采用诗、词、对联等其他文体样式。

### 三、祝词的分类

**1. 从结构形式看，祝词可分为简约型和书面型**

（1）简约型祝词。这种类型的祝词多用一两句精粹的词语，把自己最美好的祝愿表达出来，有时也可以引用诗句、名人名言等来表达自己的心意，如商店贴的门联“生意兴隆通四海，财源广进达三江”，送老人的寿联“福如东海，寿比南山”，送老师的贺卡“桃李满天下”，贺友人“乔迁之喜”等。

（2）书面型祝词。它是一种文字型的祝词，全文由标题、称谓、正文和祝颂语等组成。

**2. 从祝愿的对象看，祝词可分为吉日喜庆祝词、寿诞祝词、事业祝词、祝酒词**

（1）吉日喜庆祝词。这主要包括节日祝词、结婚祝词及迎送宾客的祝词等。

（2）寿诞祝词。寿诞祝词的对象主要是老年人，表达晚辈对长辈的尊重和爱戴。

（3）事业祝词。这是常用的一种祝词，既可用于个人，如祝贺金榜题名，事业蒸蒸日上，也可用于单位或集体，如祝贺会议开幕、工程竣工、展览会剪彩、某社团创办等。

（4）祝酒词。祝酒现在已经成为招待宾客的一种礼仪。宴会开始前，主人和客人都要致祝酒词。好的祝酒词能给人启发和教益，增进情感。

## 例文点评

【例文一】

各位老师、同学们：

大家好！

走过了多年的风风雨雨，今天，在这里，我们又一次相聚！谨向在座的老师和同学，表示亲切的问候！向那些因事耽搁没能到场的同学，表达美好的祝愿！

芳草青青，杨柳依依，青山不老，绿水长流。曾经，我们这一群懵懂少年，在这所有着悠久历史的学校中相扶相携，把知识和友情一点点积累，也把自己的青涩的果实挂满枝头。如今没有了，没有了校园里单纯得像一首小诗的共读，没有了绿茵场上鼓噪的呐喊，没有了复习考试的匆忙，没有了空闲时同学的长谈。我们早就打起装满梦想的背包，真实地走进了生活。

那时候没有网络，没有短信，我们的友情却真诚而热烈；那时候没有情人节，没有玫瑰花，但彼此间真挚的关怀，却每每让自己感动。不管是哭是笑，都是我们的收获。而今，我们都有不同程度的沧桑感，今天所取得的所有成就，都得益于那时候留下的坚实脚印，那段季节将是我们一生中最美好、最真实的回忆！

今天，我们又一次相聚，面对当年熟悉的面容，依稀可辨当年的欢声笑语，让我们把回忆珍藏在心灵深处，不管走过的路有多么坎坷，久久地注视你的，依然是彼此真诚的目光！让我们把友情串成珠链挂在自己的胸膛，因为有了彼此的祝福，我们的笑容，会越来越灿烂！把祝福留给大家，祝大家身体康健，事业成功！愿母校更加美丽，愿我们友情长存！

**点评**：这是一篇老师与同学聚会的祝词，正文写明祝贺的缘由，回忆过去的美好时光及取得的成就，结尾再次把祝福送给大家。祝词虽然篇幅较短，但主旨鲜明、集中；结构完整；语言精练，感情真挚炽烈、热烈；散文化的语言，抒情性较强，富于感染性、启发性和鼓动性。

【例文二】 扫一扫

【例文三】 扫一扫

## 写法指导

### 一、祝词的基本格式与写法

祝词由标题、称呼、正文和落款四部分组成。

（1）标题。由致辞者、致辞场合和文种名称根据需要搭配组成，如“××校长新年祝酒词”“在张××先生和李××小姐婚礼上的祝词”。

（2）称呼。另起一行顶格写明祝贺对象的姓名。一般要在姓名后加上有关的称呼或职务头衔，以显示敬重，如“尊敬的王芳博士：”。

（3）正文。说明祝贺缘由，向受祝贺对象致意；概括评价受祝贺对象已取得的成就；展望未来美好前景，再次向受祝贺对象表示衷心的祝贺。正文结束后写一句祝贺语结尾，如“预祝会议取得圆满成功”“祝开业大吉，生意兴隆”“祝相亲相爱，白头偕老”“祝节日愉快”“预祝工程早日竣工”等。祝酒词特有的结尾形式是“最后，我提议，为……，为……，为……，而干杯!”

（4）落款。在正文右下方署上致辞单位名称或致辞人的姓名，署名下方写上成文日期，也有的将署名和日期写在标题下。

### 二、祝词写作的注意事项

**1. 自然得体，恰如其分**

在颂扬和祝贺时，要做到真诚而实在，既礼貌又热情，又不使对方感到庸俗和虚浮。

**2. 用语得当，典雅大方**

祝词要求用词热情洋溢，充满激情，富有哲理和情趣，表达温文尔雅，恰到好处，切忌使用商榷、谈洽、辩论等语气和语句。

**3. 方式得当，有的放矢**

生辰寿诞类祝词，以喜庆为主；婚嫁类祝词，以祝愿为主；社交类祝词，以友情为重，礼貌待人，注重公关意识。

**4. 短小精悍，言简意赅**

祝词应力求简短、充实，控制在2～5分钟，切忌拖沓冗长。

## 技能训练

### 一、病文修改

以小组为单位，找出下面主持词不正确的地方。

××元旦晚会开场祝词

（女）金鸡拂晨，啼破骄阳，吐故纳新；申猴隐退，鼎故辞旧，万象更新。

（男）满天的雪花，是飞舞的音符，以思念谱成乐章，用祝福奏出所盼，带给你，欢欣快乐的一年！让我们一起静静地等待，未来、希望和光明就要敲响春天的钟。

（女）台历翻去最后一页，2006年已经成为历史。回首时光年轮上又一度春秋寒暑，我们不禁感慨万千。

（男）刚刚迈越的365个昼夜，仿佛是365个台阶，横亘在未及尘封的历史上。挫折，曾让我们心痛；喜悦，我们当然洋溢在胸中，春已归来，让我们打开蜂箱吧，那里有储存了一冬的甜蜜，今晚，就让我们踏着歌声的翅膀，向着成功飞翔!

（女）奔向成功××学院2007年元旦晚会现在开始!

### 二、情境写作

以小组为单位，以情境描述为素材，写一篇祝词。

### 三、强化训练

请根据以下内容拟写一份祝词。

在我们的学习生涯中，老师像家长一样关注着我们每一天的生活，老师给予了我们知识和能力，把他们无私的爱心奉献给了我们，但平时我们也许没有注意到老师的伟大。在教师节即将来临之际，让我们回想一下吧！回想一下老师对自己的谆谆教诲、精心的指导、亲切的关怀……在庆祝教师节主题班会上向老师表达我们诚挚的祝福。请以班长的身份拟写一篇祝词。

**知识链接**

## 贺　词

**一、贺词的概念**

贺词，也称贺辞，是指单位、团体或个人应邀参加喜庆活动或重大会议时，常常要即时发表讲话的言辞或文章，表示对主人的祝贺、感谢之意。

**二、贺词的特点**

（1）及时性。贺词一定要及时，注意篇幅的简短、文字的明快，做到及时快速。

（2）针对性。贺词无论是用于祝愿还是祝贺，都有明确的祝贺对象，称呼礼貌具体，态度诚恳地表达自己的良好祝愿。

（3）喜庆性。贺词是在喜庆的场合对祝贺对象表达一种真诚的祈颂祝福和良好心愿。贺词的语言热情洋溢，充满喜庆。

**三、贺词的格式与写法**

贺词由标题、称谓、正文、结尾、落款五部分构成。

（1）标题。由贺词人、事由、文种名称根据需要搭配组成，如中华人民共和国教育部给全国教师的贺信、联合国秘书长潘基文给北京2009年世界环境日的贺词等。

（2）称谓。另起一行顶格写祝贺对象名称。

（3）正文。另起一行，空两格起写贺信的内容。

开头用简练的语言写出祝贺的原因，常用“值此××之际，谨代表××向××表示热烈祝贺”。主体应写明祝贺事由，主要根据不同的祝贺对象，或者肯定工作成就，或者赞颂业绩、品德，还要表明祝贺对象的积极意义、作用和影响等。节日或某些特定活动的贺词，往往可以根据需要提出希望、祝愿或共勉之语。

（4）结尾。写上表示祝愿的话，如“祝大会圆满成功”“祝您健康长寿”等。

（5）落款。另起一行，在右下方写发信单位名称或个人姓名。署名下边写日期。

**四、贺词的写作要求**

（1）在文种的选用上，应区别不同祝贺对象（事情已果还是未果），决定用“贺词”还是“祝词”。

（2）篇幅不宜太长，用语要热情洋溢，感情要饱满、充沛，给人以鼓舞、力量；富有喜庆色彩，亲切诚恳，典雅大方，自然得体。

（3）语言要精练、明快、通俗流畅，不能堆砌华丽的词藻。

（4）贺信的内容要实事求是，评价成绩要恰如其分，表示决心要切实可行，不可言过其实。

【例文一】

**贺　电**

中国体育代表团：

我国体育健儿在举世瞩目的第28届奥运会上不畏强手，奋力拼搏，取得了前所未有的优异成绩，实现了我国竞技体育在奥运会上新的历史性突破，为祖国和人民赢得了荣誉。党中央、国务院向你们表示热烈的祝贺和亲切的慰问！

我国体育健儿在本届奥运会上表现出的精湛运动技术和良好体育道德，进一步弘扬了奥林匹克精神，极大地增强了我国成功举办2008年奥运会的信心。我国体育健儿的出色表现，再一次向全世界展示了中华民族自强不息、奋发有为的精神风貌，展示了新世纪中华儿女积极进取、蓬勃向上的朝气和活力，给正在为全面建设小康社会团结奋斗的全国各族人民带来巨大的鼓舞。祖国为你们骄傲，人民为你们自豪！

希望你们继续发扬胜不骄、败不馁的精神，增强斗志，再接再厉，不断提高自身素质和竞技水平，为促进奥林匹克事业的发展，为实现中华民族的伟大复兴做出新的更大贡献！

祖国和人民感谢你们，期待着你们胜利归来！

中共中央国务院

2008年8月29日

**点评**：这是中共中央国务院发给在第28届奥运会上取得优异成绩的中国体育代表团的一封贺电，首先高度赞扬了我国体育健儿不畏强手，奋力拼搏的精神，对他们所取得的成绩和赢得的荣誉表示热烈的祝贺和亲切的慰问。然后具体分析了我国体育健儿取得优异成绩的深远意义，并激励他们继续努力，做出新的更大的贡献。最后表达了对体育健儿们的衷心祝愿。

【例文二】

扫一扫

# 任务四　条据类应用文

## 条据概述

### 一、条据的概念和分类

条据是用来处理临时性事务，起到告知说明或凭证作用的一种篇幅短小、格式固定、使用便捷的条文式专用文书。

条，指便条；据，指单据；合起来称为条据。这两种常用的应用文种，都是以较少的文字、简便的形式，在工作、生产和生活中起着互通信息的作用，充当着办理事情的凭证和依据。

根据内容和功用的不同，条据分为说明性条据和证明性条据。通常把说明性条据称为便条，把证明性条据称为单据。

1. 便条的性质和分类

便条实际上是一种简便的书信，多在处理非常规性、临时性、偶然性事情时使用。

当人们在日常生活、学习或工作中有事要告诉对方，而对方不在或不便当面说明时，往往留下简短的字条给对方或托人转交，以达到省时、省力、提高办事效率的目的。最常用的有请假条、留言条、托事条等几种。

2. 单据的性质和分类

单据实际上是一种简便的凭证，是单位之间、个人之间或单位与个人之间发生财务等往来时，需要一方写给另一方的条据。这类单据有着凭证和证据的作用。最常用的有借条、收条、欠条、领条等。

## 二、条据的特点

（1）简便灵活，适用范围广泛。人们临时遇到一些简单的事情需要对人说，又无法当面谈或不方便打电话联系，或者是手续的需要，都可以写条据。

（2）对当事人具有一定的行为制约能力。特别是凭证性条据，具有法律效力。它可能影响到发生纠纷时是非曲直的判别。

## 三、条据写作的注意事项

（1）对外单位使用的条据，单位名称要写全称。

（2）款项、物件的数字必须有大写（如壹、贰、叁、肆），数字前不留空白，后面写上计量单位名称（如元、台、架等），然后写上“整”字，后面或另起一行写“此据”二字，以防添加或篡改。

（3）不可涂改，写错可以重写一张。如果不得不涂改，改后必须加盖图章或手印。

（4）文字简明。一般只写明事实即可，不用讲道理。

（5）书写时不要用铅笔、易褪色的墨水或红墨水，最好用钢笔或毛笔，字迹应工整、清楚，不要用草书，以防误认。

## 四、单据和便条的区别

（1）单据的作用主要在凭证性上面，如“收到”“借到”“获得”等需要留下一个凭证；而便条主要的用途是告知、知晓，如“留言”“转托”，相当于简单的书信。

（2）单据通常是双方当面开具的，你开我收，相当于契约；而便条则恰恰是双方不能见面而写的留言。

（3）单据具有法律的约束力；而便条则不受法律的约束。

# 情境一 请 假 条

## 学习目标

知识目标：掌握请假条的写作规范与技巧。

能力目标：能根据实际需要规范拟写请假条。

素质目标：培养组织纪律观念和诚信品质。

## 情境描述

日常生活、学习和工作中，因为意外情况，不能参加正常的学习、工作或某项活动，应向有关负责人提交一份文字材料，说明情况。请看下面素材。

会计专业的李××同学应邀参加全区组织的会计基本功技能大赛，历时五天，其中耽误3天课。根据学校规定，耽误上课一天以上（含一天）需向教务处王主任请假。请代她写一份请假条。

**想一想：**怎样才能用最简洁的语言写出最清楚的请假条呢？

## 知识点拨

请假条是请求领导或老师或其他有关负责人准假不参加某项工作、学习和活动的说明性文书，是一种常用的应用文种，分为请病假和请事假两种。

请假条的特点是开门见山、内容简短、用词通俗易懂。

请假条的三大要素：何人、何因、何时，即请假条必须写清楚谁请假、请假原因和请假时间。

## 例文点评

【例文一】

**请 假 条**

王老师：

我今天腹泻，四肢无力，经医生诊断，属于急性肠炎，需要休息二天（星期四、五）不能上课，特此请假，恳望批准！

附医生证明一张

此致

敬礼

学生：李××

2015年4月10日

**点评：**首行正中写明了便条的名称。然后，顶格写请假对象，便于主管人审批。正文写明请假理由和具体请假起止期限，提供了批假依据。用“特此请假，恳请批准”强调请假要求，并提交附件提高了获假率。结束语表现了学生的礼貌。最后写明了请假人姓名、时间

【例文二】

扫一扫

## 写法指导

### 一、请假条的格式与写法

请假条相当于公文中的“请示”，但比请示简便、灵活，格式可以不固定，也可以固定。请假条由标题、称谓、正文和落款四部分组成。

（1）标题。标题“请假条”应居中写，字体稍大。

（2）称谓。顶格写部门的名称或领导人的名字，并在后面加冒号。如果是向领导人请假，注意加上其职务，以示尊重。

（3）正文。空两格开始写正文，首先写明请假事由，其次写明请假时间，最后加上请假习惯用语“请批准”“请予批准”等。正文内容结束后，另起一行，空两格写礼貌用语（也可省略），一般用“此致”，然后起一行顶格写“敬礼”。

（4）落款。右对齐署名，在名称下落下请假日期（日期应正对在署名下方）。

### 二、请假条的写作要求

写作时，应注意以下五点。

（1）内容较少的，不用分段。

（2）语言应朴实，简单，不做无谓的修饰，把事情说得清楚简明就好。

（3）是否要写致敬语，应视格式、内容和交往对象而定，不可随便处理。

（4）有其他相关证明也可以附带上交，更有说服力，更容易得到批准。

（5）应用蓝黑钢笔或毛笔书写，一般不能用红色笔写。

## 技能训练

### 一、病文修改

以小组为单位，找出下面请假条的不当之处。

亲爱的王经理您好！

我是销售部员工李某。家里有事，特此向王经理请假。

此致

销售部员工　李某（签名）

2015年2月17日

### 二、情境写作

以小组为单位，以情境描述为素材，替李同学向王主任写一份请假条。

### 三、强化训练

因为程燕同学3月2日要参加一天的技能等级证考试，不能上学，请代她向班主任周老师拟写请假条。

知识链接

## 留 言 条

**一、留言条的概念**

留言条是指在日常生活中，有事情要通知对方，对方不在，却又没时间等候对方回来时，留给对方的便条。

留言条的种类很多，可分为约会、道歉、邀请和致谢等。

**二、留言条的格式与写法**

留言条的格式也分四部分，即标题、称呼、正文、落款。

（1）标题。要在第一行的正中间写上“留言条”三个字。

（2）称呼。要顶格写，条子留给谁就称呼谁。

（3）正文。在称呼下一行空两格写正文，简单明了地把要向对方说的事情写清楚。

（4）落款。在正文右下角写清楚谁留的条子，并写清日期。

**【例文一】**

小红：

今天上午10点半，你南京的同学刘××来电话，说“五一”时要到大连旅游，想顺便看望你。你下课后给她回个电话，她的电话号码是139××××××××。

20××年×月×日

**点评**：此留言条格式完整。正文内容把想要告诉对方的事情写得很清楚，没有疑义。

**【例文二】**

来福兄：

本月20日是家母60大寿，我们准备在家好好庆贺。届时无论如何请你赏光。时间下午6点。

此致

台安

弟水生

即日

**点评**：这是一则请客留言，用简便的语言，说明时间地点。

**知识链接**

## 托　事　条

**一、托事条的概念**

托事条，即委托他人帮忙办理某事时写的条据。由于托事条的目的往往是有求于人，因此在撰写时务必要委婉用语、礼貌用语。

托事条虽无须标题，但仍需详实说明所托之人、所托之事、具体要求及本人身份等。托事条往往由他人代为转交。

**二、托事条的格式与写法**

（1）委托谁。需要顶格写。

（2）办何事。正文中有数字时要使用汉字大写。

（3）敬语。

（4）署名。

（5）日期。

【例文三】

扫一扫

# 情境二　借　　条

## 学习目标

知识目标：掌握借条的写作规范与技巧。

能力目标：能根据实际需要规范拟写借条。

素质目标：培养办事严谨、诚实守信的作风。

## 情境描述

为了证明在生活工作中处理一些事务的真实情况，避免事后发生纠纷查无对证，使问题难以解决或无法处理，需要当事人在往来过程中留下凭证作为依据。请看以下素材。

学校将要召开秋季运动会，你作为班长想要领同学训练，向体育器材处借这些物品：接力棒1个、跑鞋3双、跳绳4根，开完运动会后归还。你需要在休育器材处留下字据。

**想一想**：作为一名学生怎样写借据才能保证语言表述准确，没有歧义，顺利借到这些东西?

## 知识点拨

借条，又称借据，是指借个人或公家的现金或物品时写给对方的一种凭证，以供对方保存查考。等所借钱或物品归还时，应收回或销毁原来所写的借条。它是一种凭证性文书。

## 例文点评

【例文一】

今借到

校学生会音响设备一套（包括主机、功放机各壹台，音响肆个），用于新老生联谊会。九月二十日之前送还。

此据

团委宣传部：刘云

2014年9月17日

**点评：**该借条开头直接写“今借到”，省略了标题。正文写清所借物品、借物原因、拟归还时间。“此据”独成一行起强调其证据作用。最后落款为署名和日期。

【例文二】

**借　　条**

今借到财务科人民币伍拾圆整，作回家探亲用。日后按规定报销，多退少补。

此据

借款人：李爱兵（签名盖章）

2015年1月20日

**点评：**这个借条写清了借什么、借多少，而数字用大写起到了防止涂改增减的作用。借公家钱物时一般还要写明用途，便于管理人员做出相应的财务安排。“此据”独成一行起强调其证据作用。落款写经手人姓名以明确责任。

【例文三】

扫一扫

## 写法指导

### 一、借条的格式与写法

（1）标题。借条的标题写在正文正上方，字体稍大。标题一般由两种方式组成。一种是直接由文种名称组成，即写上“借条”或“借据”字样；另一种是以正文内容的前三个字为标题，即以“今借到”作为标题。

（2）正文。正文另起一行空两格写起，这部分写明借条的内容。

首先，写明从哪里得到了什么东西，数量多少。要写出所借钱物的数目及物品的品种、型号、式样、规格等，也需写清楚借出方。从单位借出的钱物要写上所为何用。

其次，写明归还的具体日期或大致时间，有较为复杂的情况，则要写明具体归还的方法。

正文之后可以加“此据”二字。

（3）落款。要写上借条者的单位名称和经手人姓名或借方个人的姓名。必要时需加盖公（私）章，以示负责。单位、个人名称前一般写上“立据人”或“借款人”字样。在署名的下一行偏右写上借钱物的具体时间，年、月、日要写齐。

## 二、借条的写作要求

写作时应注意以下六点。

（1）借条中涉及钱物就要写明钱物的数量，数词要大写，末尾处加“整”字。

（2）书写时，行与行之间必须紧密，前后不留空白。

（3）借条中无祝颂语。

（4）借条在钱物归还后应将其收回或当面销毁。

（5）借条不允许涂改。数字写错了改正后应在改动处加盖印章或重写一张。

（6）写清楚借款人和贷款人的法定全名。

# 技能训练

## 一、病文修改

以小组为单位，找出下面借条的不当之处。

借　　条

今借到公司财务科900元。

刘××

20××年×月×日

## 二、情境写作

以小组为单位，以情境描述为素材，写一份准确无误的借条。

## 三、强化训练

××职业学校王洋老师要去北京出差，因为需要较大一笔钱，特向领导申请，领导批准他先去财务科请款2 000元。请你代王洋老师给财务科写一个借条。

## 知识链接

### 收　　条

**一、收条的概念**

收到单位或个人送来的钱或物品，应写张单据给对方作为凭证，这种单据叫作收条，也叫作收据。

如所收钱或物品本来是由甲方借出的，那么甲方应出示乙方写的借条，还给对方或当面撕毁。这时甲方不必写收条。如甲方不在，别人代收，代收人应写收条或代收条给乙方。

事件的当事人不在场，收到个人或单位的物品、钱财之后，由其他人出面代为收下转给当事人，作为说明情况的依据而专门写给对方的书面信息，这种字条就叫作代收条。

**二、收条的格式与写法**

1. 标题。标题写在正文上方中间位置，字体稍大。标题的写法有以下两种。

（1）直接由文种名称组成，即写上“收条”或“收据”字样。

（2）把正文的前三个字作为标题，如用“今收到”“现收到”“已收到”作标题。

2. 正文。正文一般是在第二行空两格处开始写，一般要写明这些内容，即写明收到的钱物的数量、物品的种类、规格等情况。

3. 落款。落款一般要求写上收到钱物的个人或单位的名称姓名，署上收到的具体日期，一般还要加盖公章。是某人经手的一般要在姓名前署上“经手人:”字样，是代别人收的，则要在姓名前加上“代收人:”字样。

【例文一】

**收　条**

今收到市“帮学助困基金会”资助我的学费人民币贰仟元整（¥2 000.00元）。

此据

××班学生×××

20××年×月×日

**点评：** 收条格式正确，内容简明，用惯用词“今收到”开头，人民币大写，后写“此据”，这个不能省。

【例文二】 扫一扫

【例文三】 扫一扫

知识链接

## 欠　条

### 一、欠条的概念

欠条是个人或单位在欠款、欠物时写给有关单位或个人的凭证性应用文，是日常生活中常见的为证明一方欠另一方财物而立下的字据欠条，也有人称作白条。

在两种情况下要写欠条，不能与借条混淆。借钱或物品，当时没写借条，过后补欠条；借钱或物品，到期不能全部归还。

### 二、欠条的写作格式与写法

欠条一般由标题、正文、落款三部分组成。

（1）标题。欠条的标题一般由文种名称组成，即在正文上方中间以较大字体写上“欠条”两字。也有的在此位置写上“暂欠”或“今欠”字样作为标题，但这种标题正文则在下一行顶格写。

（2）正文。欠条的正文要写清欠什么人或什么单位什么东西、数量多少，并要注明偿还的日期。

（3）落款。落款要署上欠方单位名称和经手人的亲笔签名，是个人出具的欠条则需署上欠方个人的姓名，并同时署上欠条的日期。单位的要加盖公章，个人的要加盖私章。

【例文一】

欠　　条

原借王华先生人民币壹万元整，现已经归还陆仟元整，准于一个月内还清。

此据

鸿发公司：哈利海

2014年5月3日

**点评：**开头居中写名称，正文写明所欠款项原因、数额（大写）、归还日期等。

【例文二】

扫一扫

知识链接

## 领　　条

**一、领条的概念**

个人（或单位）向另外的个人（或单位）领取钱款或物品后，留给发放个人（或单位）的留存单据就是领条。

**二、领条的格式与写法**

（1）标题。在正文上方，字体稍大。

（2）正文。另起一行空两格写起。正文的内容主要写明这些内容：从哪里领取，领取的东西都有什么，其数目有多少。有的领条还要写出所领物品具体的用途；若正文所发放的物品种类较多，则可单独列表表示。

（3）落款。在正文右下方写上单位、经手人的名称、姓名。个人领取的则写上个人的姓名，名下写上发文日期，落款处一般需加盖公章或私章；是代别人领的，则要在姓名前加上“代领人：”字样。

【例文一】、【例文二】

领　　条

今从图书馆王青云老师处领到《语文》（第一册）教材伍拾本。

此据

14级1班：张华

2014年8月30日

领　　条

今领到×××总公司总务处发给的办公用钢笔叁支，墨水贰瓶。

此据

经手人：向××

2015年5月26日

**点评**：例文一和例文二相同，标题写明文种名称“领条”；正文以“今……领到”开头，写清楚从何处领何物、领多少，数量用大写文字；落款具体。

【例文三】

**代领条**

今代基础教研室从总务处领到这些办公用品：办公桌贰张（五抽屉和三抽屉各壹张），文件柜（铁制中号）叁个，××立式饮水机壹台。

此据

代领人：××

20××年×月×日

**点评**：这是一个代领条，标题直接写明文种名称。正文交代得比较详细，代谁（基础教研室）从何处（总务处）领到何物（办公桌等）、数量、规格等，以“此据”结束。落款正确。

# 项目二

# 学业应用文

## 任务一　报告类应用文

### 情境一　实验报告

#### 学习目标

知识目标：掌握实验报告的写作规范与技法。

能力目标：培养动手操作能力。

素质目标：培养细致、周密思考的科学精神。

#### 情境描述

同学们在学习专业课时，实验和实训比较多，需要把实验、实训的目的、方法、过程、结果等记录下来，整理之后写成书面材料。请看下面素材。

李小东是某装备制造职业技术学校的学生。工科类专业课程实验很多，而且每次实验后老师都要求同学们撰写实验报告。一次课程实验结束后，李小东同学上交了实验报告，老师反馈的意见是实验报告撰写得不规范。李小东同学赶紧查阅相关资料，想认真看一看、学一学实验报告应该怎样撰写才是规范的。

**想一想：**什么是实验报告？李小东应该怎样撰写实验报告？

#### 知识点拨

##### 一、实验报告的概念

实验报告是指在科学研究活动或专业学习中，实验者在进行某项实验操作之后所撰写的记录实验过程、发表实验结论的书面材料。

实验报告兼有“实验”和“报告”两种性质，是实验全过程的总结。整理实验报告应以科学的态度、实事求是的精神，对所有实验数据及观察到的现象必须如实记录，不能凭臆想推测加以修改。

##### 二、实验报告的特点

（1）科学性。科学性是实验报告的基本特征，主要体现在实验者要以冷静客观的态度来进行整个实验工作，要以事实为依据，实验报告中的实验过程、实验结果、取得的数据要经得起验证。

（2）纪实性。实验报告是对实验过程和结果做客观、忠实的记录。必须排除一切主观因素，将实验中所积累的资料进行整理、归纳和分析，从而找出规律、得出结论，并报告给读者。

（3）表述的多样性。实验报告除采用叙述和说明的表达方式外，还可配以图表、公式及算式来表明事物内在的联系及规律，使复杂的实验过程和实验装置简约、明晰地展现出来。

## 例文点评

【例文一】

### 面包制作

**一、目的与要求**

加深理解面包生产的基本原理、一般过程和方法。

对于花色面包的制作进行探索性试验，观察成品质量。

**二、原料及用具**

原料：面包粉、酵母、改良剂、人造奶油、鸡蛋、白砂糖、盐、色拉油、奶粉、辅料等。

用具：调粉机、温度计、台称、天平、不锈钢切刀、烤模、饧发箱、烤箱等。

**三、实验及步骤**

（一）基本配方

面包粉100 kg，酵母0.8～1.5 kg，盐0.5～1.5 kg，奶粉0～10 kg，奶油3～10 kg，糖10～20 kg，鸡蛋0～10 kg，水50 kg。

（二）工艺流程

调粉→发酵→成型→饧发→烘烤→冷却→成品检验。

（三）操作要点

1.调粉

取全部的面粉、改良剂、盐、奶粉、鸡蛋等原料投入调粉机中，开动机器，慢速搅拌，慢慢加水，待形成面团时加糖，均匀后加入酵母，至15 min左右面筋完全析出时加入奶油或油脂，搅拌成面团后待用。

2.发酵

面团置于27～30℃，相对湿度为80%～95%的饧发箱中发酵，面团中心温度不超过32℃。

静止发酵2.5～4.5 h，观察发酵成熟即可取出。

3.成型

发酵好的面团按要求切成面坯，用手搓圆，挤压除去面团内的气体，按产品形状制成不同形式，装入涂有一层油脂的烤模中。

4.饧发

装有生坯的烤模，置于调温调湿箱内，箱内温度为35～38℃，相对湿度为90%～95%，进行饧发。饧发时间为45～60 min，观察生坯发起的最高点略高出烤模上口即饧发成熟，立即取出。

5. 烘烤

取出的生坯应立即置于烤盘上，推入炉温已预热至200℃左右的烤箱内烘烤，至面包烤熟立即取出。烘烤总时间一般为15～20 min，注意烘烤温度为180～220℃。

6. 冷却

出炉的面包待稍冷后脱出烤模，置于空气中自然冷却至室温。

**四、成品检验**

形态：听型面包应两头大小相同，外形饱满完整，表面光滑，不硬皮，无裂缝。

色泽：表面呈光滑性金黄色或棕黄色，四周底部呈黄色，不焦不浅，不发白。

内部组织：面包的断面呈细密均匀的海绵状组织，无大孔洞，富有弹性。

口味：口感松软，并具有产品的特有风味，鲜美可口、无酸味。

卫生：表面清洁，内部无杂质。

理化指标：酸度5°以下，水分为30%～40%。

**五、实验结果**

1. 制作面包对面粉原料有要求

要求面筋含量高且筋力大，α-淀粉酶含量较大，如不符合，可加氧化剂增强筋力，加生芽谷物粉来增大面包体积。

2. 糖、乳制品、蛋品等辅料对面包质量有很大影响

糖是酵母发酵的主要能量来源，可增加甜味、色泽及提高营养价值，改变面团的物理性质，增加柔软度，从而延长面包保存期。

乳制品能提高面团的吸水率、面团筋力和搅拌耐力，改善面包色泽，提高营养价值。

蛋品能提高面包的膨松度，形态饱满，口感松软。在面包表面涂上一层蛋液，经烘焙后将呈现美丽的红褐色。

盐的作用是增加风味，强化面筋，调节发酵速度，使面包心的色泽好看、组织细软。

**点评**：这是一个制作面包的实验报告。标题点明报告的名称。内容分项写出报告的目的与要求、原料及用具、实验及步骤、成品检验、实验结果，具体、详细地记录了实验步骤中的操作要点，这是报告的核心，需要实验者掌握。实验结论部分包括检验和结果，写得全面细致。报告的格式较规范，结构清楚，语言准确，通俗易懂。

【例文二】 扫一扫

【例文三】 扫一扫

## 写法指导

### 一、实验报告的格式与写法

**1. 实验名称**

实验名称一般直言实验项目即可，也可以采用“实验项目+文种名称”的形式。

**2. 实验日期、实验操作者（或者还有实验指导者）**

实验报告要将参与实验的人员姓名、单位，按照主次顺序一一写明。如有实验指导者，也要列出。

**3. 实验目的**

说明操作该实验是为了达到什么样的目的。

**4. 实验步骤**

实验报告中最为重要的环节要有条理、详细地记载实验操作的全过程。

1）写明实验依据的原理、定律或操作方法。

2）写明具体步骤。

3）画出实验流程图（实验装置的结构示意图），再配以相应的文字说明。

**5. 实验结果**

根据实验过程中所见到的现象和测得的数据得出结论。

对于实验结果的表述，一般有以下三种方法。

（1）文字叙述。用准确的专业术语客观地描述实验现象和结果，要有时间顺序及各项指标在时间上的关系。

（2）图表。用表格或坐标图的方式使实验结果突出、清晰，每一图表应有表目和计量单位，应说明一定的中心问题。

（3）曲线图。应用记录仪器描记出的曲线图，这些指标的变化趋势形象生动、直观明了。

## 二、实验报告的写作要求

写实验报告是一项非常严肃、认真的工作，要讲究科学性、准确性、求实性。

（1）观察细致，及时、准确、如实记录。

（2）说明准确，层次清晰。

（3）尽量采用专用术语来说明事物。

（4）使用统一规定的名词和符号。

# 技能训练

## 一、病文修改

以小组为单位，指出下面实验报告的不当之处。

物理实验：影响摩擦力大小的因素

实验准备

技能准备：弹簧测力计，长木板，棉布，毛巾，带钩长方体木块，砝码，刻度尺，秒表。

知识准备：

1.二力平衡的条件：作用在同一个物体上的两个力，如果大小相等，方向相反，并且在同一直线上，这两个力就平衡。

2.在平衡力的作用下，静止的物体保持静止状态，运动的物体保持匀速直线运动状态。

3.两个相互接触的物体，当它们做相对运动时或有相对运动的趋势时，在接触面上会产生一种阻碍相对运动的力，这种力就叫摩擦力。

4.弹簧测力计拉着木块在水平面上做匀速直线运动时，拉力的大小就等于摩擦力的大小，拉力的数值可从弹簧测力计上读出，这样就测出了木块与水平面之间的摩擦力。

实验问题：摩擦力大小与什么因素有关？

猜想1：摩擦力的大小可能与接触面所受的压力有关。

猜想2：摩擦力的大小可能与接触面的粗糙程度有关。

猜想3：摩擦力的大小可能与产生摩擦力的两种物体间接触面积的大小有关。

实验方案：

用弹簧测力计匀速拉动木块，使它沿长木板滑动，从而测出木块与长木板之间的摩擦力；改变放在木块上的砝码，从而改变木块与长木板之间的压力；把棉布铺在长木板上，从而改变接触面的粗糙程度；改变木块与长木板的接触面，从而改变接触面积。

实验过程：

（1）用弹簧测力计匀速拉动木块，测出此时木块与长木板之间的摩擦力为0.7 N。

（2）在木块上加50 g的砝码，测出此时木块与长木板之间的摩擦力为0.8 N。

（3）在木块上加200 g的砝码，测出此时木块与长木板之间的摩擦力为1.2 N。

（4）在木板上铺上棉布，测出此时木块与长木板之间的摩擦力为1.1 N。

（5）加快匀速拉动木块的速度，测出此时木块与长木板之间的摩擦力为0.7 N。

（6）将木块翻转，使另一个面积更小的面与长木板接触，测出此时木块与长木板之间的摩擦力为0.7 N。

实验结论：

（1）摩擦力的大小跟作用在物体表面的压力有关，表面受到的压力越大，摩擦力就越大。

（2）摩擦力的大小跟接触面粗糙程度有关，接触面越粗糙，摩擦力就越大。

（3）摩擦力的大小跟物体间接触面的面积大小无关。

（4）摩擦力的大小跟相对运动的速度无关。

## 二、情境写作

以小组为单位，选取所学专业的实验项目，完成一篇规范的实验报告。

## 三、强化训练

课下做一个有趣的小实验——会跳远的乒乓球。

思考：乒乓球放在高脚杯中，怎样吹气，球才会跳出杯子呢？

材料：高脚杯2个、乒乓球1个

操作：

1）把两个高脚杯并排放置。

2）将乒乓球放在第一个杯子中。

3）从不同角度吹气，看看乒乓球有什么状况：对着球的侧面吹气；对着球的上方吹气。

结论：

① 向球的侧面吹气，乒乓球不容易跳到第二个杯子里去（或跳出来）。

② 向球的上方吹气，上方压力变小，乒乓球会浮起来，继续吹，就跳入第二个杯子里去了。

实验结束，写一则实验报告。

知识链接

## 实训报告

**一、实训报告的概念**

实训报告是通过实训中的观察、分析和操作，如实地把实训的全过程和实训结果用文字形式记录下来的书面材料。

**二、实训报告的特点**

（1）可操作性。所记录的实训过程经过具体操作能够熟练技能。

（2）纪实性。对实训的过程和结果必须如实记录，常以图解帮助说明。

（3）格式固定。常使用专用的报告单。

**三、实训报告的格式与写法**

（1）实训名称。要用最简练的语言反映实训的内容，如“×××实训报告”。

（2）学生姓名、学号、合作者及指导教师。

（3）实训日期（年、月、日）和地点。

（4）实训目的。目的要明确，在理论上，获得更深刻和系统的理解；在实践上，掌握使用实验设备的技能技巧和程序的调试方法。

（5）实训原理。概述实训相关的主要原理。

（6）实训内容。这是实训报告极其重要的内容。要抓住重点，可以从理论和实践两个方面考虑，即实训所使用的设备和器材；实训所依据的原理、程序或操作方法等。

（7）实训步骤。只写主要操作步骤，不要照抄实习指导，要简明扼要。

（8）实训结果。描述实训现象和实训结果等。原始资料应附在本次实训主要操作者的实训报告上，同组的合作者要复制原始资料。

（9）实训总结。实训总结是对实训所采用的原则或理论及实训过程的简明总结，也可以对本次实训提出一些问题或建议等。

**【例文一】**

### 肥皂的制备

姓名：×××　　学号：

日期：12月4日　　实训室：生化实训室

所用材料：烧杯、蒸发皿、量筒、玻璃棒、酒精灯、石棉网、铁架台、三脚架

目的和要求：

1.通过实训过程，探索肥皂制备的条件。

2.掌握肥皂制备的原理和方法。

3.练习蒸发皿等仪器的使用方法，掌握加热、搅拌、盐析的操作。

过程、结果及分析：

1.确定实训过程中各种原料的比例，观察各自实训中的现象。

2.用量筒分别取植物油、乙醇、氢氧化钠溶液倒入同一干燥的蒸发皿中。

3.把蒸发皿放在铁架台上加热，并用玻璃棒不断搅拌，充分皂化，使混合物变稠。

4.将油脂和碱反应生成的稠状物进行搅拌，并加入饱和的氯化钠溶液。

5. 用纱布将盐析后的混合液过滤，并将纱布上的固体混合液挤干，晾干即可。

6. 记录实训现象与原料用量，描述实训的关键操作和注意事项。

总结和体会：

化学实训周，我们在老师的带领下，学习如何来制造肥皂。在这次实训中，我们不仅要学习并掌握肥皂制作的原理和方法，也要熟练使用蒸发皿等仪器。

在制皂的过程中，一定要正确地计算各种原料的比例，在加入氢氧化钠时一定要不断持续搅拌。持续加热后要注意用玻璃棒在水中轻点一下，看是否还有油滴，以此判断皂化反应是否完全。如果不完全继续加热，直至没有油滴为止。停止加热待冷却后，一定要加入饱和的氯化钠，否则不会凝固。分离肥皂和甘油时一般用氯化钠进行盐析，用量要适中，用多会影响肥皂的固化。这次实训周我们非常开心，学到了知识也体验到了自己动手制作的快乐！

**点评**：这是一个制备肥皂的实训报告。标题点明报告的内容。正文先写报告的基本情况。然后写报告的步骤和方法，重点突出。最后写报告的总结和体会，这是实训报告的难点，也是实训的结果，实训强调的是动手操作能力，把实践转化为能力时，自然会生成体会。报告的结构完整，层次清晰。语言准确简明，通俗易懂。

【例文二】

扫一扫

## 情境二　实习报告

### 学习目标

知识目标：了解实习报告的特点，掌握实习报告的写作格式。

能力目标：能正确、规范地写出实习报告。

素质目标：培养理论联系实际的科学态度，善于从实践中总结经验。

### 情境描述

专业实习是指中学生在校期间由学校组织或个人联系到实习单位的具体岗位上参与实践工作的过程。它是中职学校各专业教学计划的一项重要内容，是让学生将所学的专业知识、专业技能实践化的必要措施。按照教学计划的要求，学生在完成某些专业课程或全部专业课程后，都要进行相应的实习。实习结束后，撰写实习报告可以帮助自己理性地检视自己的专业学习情况。其中，毕业前的顶岗实习更是学生走上工作岗位前的“实战式演习”，各学校都高度重视学生的顶岗实习。请看下面素材。

小刘同学是某职业技术学校数控技术专业的三年级学生，于今年初开始到某机械制造公司进行了为期半年的顶岗实习，收获颇多。现在实习结束，按照学校要求，要提交一份实习报告。不过由于以前不太重视应用写作的学习，现在要写实习报告小刘还真有点不知从何下手了。

**想一想**：怎样才能写出优秀的实习报告呢？

## 知识点拨

### 一、实习报告的概念

实习报告是在实习结束后，如实把实习目标、实习时间、实习过程和结果及体会进行综合、分析和概括，用简练流畅的文字表达出来的书面材料。

### 二、实习报告的特点

（1）感受性。实习报告的重点是写出参加实习后自身经历过什么，收获了什么，感受到什么。将理论应用到实践中并有所收获和感受，这是实习的目的和意义。

（2）主观性。实习过程是一个独立完成的过程，每个人所进行的实习活动的内容是不相同的，因此，实习报告有主观性。即使两个人在同一时间、同一地点进行实习活动，但是因为实习主体的不同，所形成的实习报告可能也是完全不同的，因为获得的经验及实习的心得体会绝对是因人而异的。

（3）客观性。写作实习报告时，实习时间地点、实习方式内容必须如实记录，做了什么事就记录什么事，做到真实可靠，不凭空捏造，这是对自己负责任的做法。

（4）概括性。实习报告要记录实习的过程，但不是事无巨细，有事必录，而是有目的、有重点地记录，是用概括的方式总结实习过程的点点滴滴，反映出将知识化为能力的过程。

## 例文点评

【例文一】

**超市防损员实习报告**

实习时间：2014年1月21日至2014年3月31日

实习地点：×××××超市

实习目的：

1.锻炼自己的工作能力，丰富自己的工作经历。

2.检验自己适应社会的能力和自我管理能力。

3.坚定自己的职业素养和态度。

公司简介：

×××××超市是×××超市连锁店中的一家。×××超市是一家大型连锁超市机构，自2004年创办以来，相继开办了××市×××商行、×××××超市等8家连锁超市，先后被××市相关部门评为“优化经济发展环境测评点”“食品安全示范店”“质量诚信单位”等荣誉称号。企业永远秉承“赛马不相马”“你有多大能量，就给你多大舞台”的用人机制，为员工提供施展的平台。

×××××超市于去年9月27日盛装开业，位于开发区办公楼旁，环境一流，装修典雅；产品多样，种类齐全；物美价廉，讲究诚信，给人家一般的感觉。

实习内容：

1. 卖场部分

卖场是整个超市的核心，其经营模式与文化理念在这里体现无遗。

（1）卖场巡察

超市卖场面积有近一千平方米，商品种类繁多，营业员数量不足。因此，防损员的防损工作尤显重要。尤其是在销售黄金时间段，卖场顾客众多，商品的安全以及部分货架上商品排面的整洁就需要我们防损员尽职尽责地工作，敏锐的观察、踏实的作风、灵活的应变，这些都是必不可少的。

我在超市卖场主要是负责调味品、膨化食品、日常百货等区域的货物安全与整理，这对我来说也是一个小挑战。调味品尽是些瓶瓶罐罐，需要轻拿轻放；膨化食品销售速度极快，需要及时上货；日常百货货品繁多，不易打理。这些问题是我在经过一段时间的工作后总结发现的，不过，只要脚踏实地地用心去做，是用不了多少工夫的。

（2）打堆头

堆头是商家为了展示自己的商品或公司形象而推出的一种商品陈列方式，有时是一个品牌产品单独陈列，有时是几个品牌的组合堆头，一般都需要放在打底物上，或将箱式产品直接堆码在地上。在超市，堆头的位置、堆头摆放的货物都是要随时更换的，以保证提供给顾客最新的信息，并给顾客焕然一新的感觉。

打堆头需要注意两个细节，一个是堆头的高度；另一个是堆头的打底物。以我的身高为标准的话，堆头的高度以在我大腿根部为宜，方便顾容选购。堆头打底物的选择非常重要，它决定了打出来的堆头是否美观、是否整齐，不管是什么打底物，最主要都是要够结实、够牢靠。

（3）做营业员

因为超市的营业员较少，加之又正值春节时间段，所以，在卖场人满为患的时候，我们防损员除了做好本职工作之外还要兼做营业员，也就是为顾客提供面对面的服务：推荐商品、讲解商品、推销商品。我发现，在推销讲解商品的时候除了口才、态度要好外，还需要对商品有一个大概的了解，这又为仓库的工作积累了知识。

2. 仓库部分

仓库是在计划好的空间环境里供储存物品之用的建筑。对于一个超市来说，仓库相当于是灵魂，有了仓库，超市才可以正常运转；有了仓库，超市的供需体系才会平衡。

（1）理货/仓管

理货也是一门艺术，怎么样让一个仓库的空间得到最大化利用，这就需要对货物进行合理的、有规划的摆放。在我们那个超市没有专门的仓管，仓库的商品整理与安排就得靠我们这些个防损员了。为了提高寻找商品的效率，我们需要把关联商品放在相邻位置上，这就需要对商品有一定的了解，之前的营业员工作就帮到大忙了。

（2）收货/退货

随着工作能力的提升、经验的积累，主管开始让我去收货和退货。收货的时候最主要的还是考验细心，货物的数量、条码、价格等重要信息的核对绝不容半点含糊。退货主要退的是那些有质量问题或接近保质期的商品。把每个供应商的商品归类放到一起，在同一供应商中，把相同种类或同种价格的商品计算好数量和价格，等到有一定数量的库存再一次性退货。填写退货单时，条码抄写一定要做到100%的正确率。

实习心得：

通过这次在×××××超市的实习，我对零售业有了一个初步的、大概的了解，同时，也进一步加深了对课堂所学知识的理解，让理论在实习中得到了运用。

我之前一直都很担心，不知道怎样去与同事进行沟通，并成为朋友。现在发现，其实这与同学之间的关系处理是差不多的，不用刻意去安排演练。

作为一名物流管理专业的学生，通过这次实习，也让我更加坚信物流在国内的发展前景。因为从各个方面来看，现在的各行各业都离不开物流，并且物流也是越来越被重视。学习是无止境的。我们永远都要带着一颗求知的心，在社会闯荡；一直用踏实的脚步，走自己的人生。

**点评：**例文首先介绍了基本情况：实习时间、地点、目的及公司简介。然后，汇报了实习任务的完成情况，比较详细地交代完成了哪些具体的实习任务、取得了什么成绩、还存在什么差距等。最后写了此次实习的收获和体会及今后努力的方向。

【例文二】 扫一扫

【例文三】 扫一扫

## 写法指导

### 一、实习报告的基本格式与写法

**1. 标题**

（1）只标示文种名称，即在第一行居中用较大字体书写“实习报告”四个字。

（2）由“实习内容+文种名称”组成，如“商务秘书专业实习报告”“律师事务所实习报告”等，实习内容包括专业名称、课程名称、实习单位名称、实习岗位名称、实习内容概括等。

（3）由“正题+副题”组成，正题用一句话概括实习报告的主要观点或主要思想，副题标示实习内容、文种名称等，如正题“走进社会大课堂，勤于实践得真知”，副题“××××公司实习报告”。

**2. 署名**

在标题之下另起一行居中书写作者的姓名，姓名前应当标示所在系别、专业、班级等信息，也可以将署名放到正文之后右下方的落款处。

**3. 正文**

正文因为实习的内容和过程的不同而呈现不同的面貌。论文式实习报告一般包括概述、实习项目简介、实习内容综合分析、实习总结和结语等几部分。一般性实习报告的构成则宜略不宜繁，常包括以下几个方面。

（1）概介基本情况。一般概要介绍实习的单位、时间、任务等基本情况。基本情况可以采用概述方式，也可以分项列出。

（2）说明实习的完成情况。一般要比较详细地交代完成了哪些具体的实习任务、取得了什么成绩、还存在什么差距等。

（3）说明实习的心得体会。一般结合实习过程中的具体事例说明自己有何收获，学到了哪些课堂上、学校里学不到的东西。

（4）点出实习意义。一般简洁地点出实习的积极意义和今后的努力方向。

**4. 落款**

如果标题之下没有署名，则在正文的右下方署上作者的姓名，姓名前标示所在的系别、专业、班级等信息。在署名的下方写上写作实习报告的准确日期。如果标题之下已经署名，这里则只写日期。

### 二、实习报告的写作要求

（1）广泛收集材料。主要收集的资料有专业知识在工作中的灵活运用；周围同事处理问题、解决矛盾的方式；实习单位的工作作风和部门职能发挥等。

（2）找好写作角度。实习报告要根据个人的实际情况选择好报告的角度和内容，可全面记录实习情况，也可着重记录某一方面的具体情况。

（3）突出重点。实习报告不等于工作日记，不能事无巨细，遇事即录，必须对所做过的工作、所见所闻进行有目的的筛选，围绕报告的主旨，突出重点。

## 技能训练

### 一、病文修改

以小组为单位，找出下面实习报告的不当之处。

**金工实习报告**

2008年，正值奥运年，元旦归来的我们，在第一个月的前半段，7号到18号，按课表，来到××理工大学进行了为期两周的金工实习！

金工实习又叫金属加工工艺实习，他是培养学生实践能力的有效途径。在十天的实习中，我们Nx组进行了汽车、钳工、CAD快速成形、加工中心、工业控制、表面处理、磨工齿轮、锻压、焊接和铸造十个课程的实习。在十天走出教室，来到车间的实习中，我们通过实际操作，培养了动手能力，增强了劳动意识，让我们意识到了自己作为一名祖国未来的建设者肩上所承担的重任！

1月7日7：55，实习第一天，我们坐上小车，前往××理工大学。

时间：2008-01-07　8：20—16：00

实习项目：汽车

内容：

汽车是人们的主要交通工具之一，上午，在机加工车间，老师为我们详细讲解了汽车的内燃机原理及其一般故障排除方法、离合器工作原理及其一般故障排除方法、变速器内部结构等之前从来都没接触过的知识。下午，老师则出了些题目，让我们巩固上午所学的知识。经过今天的实习，让我们了解到了平时经常见到的汽车的内部结构和工作原理。而老师也在放学前进行了知识考核。

## 二、情境写作

以小组为单位，根据本专业的实际情况，选取一段实习经历，完成一篇实习报告。

## 三、强化训练

大多数同学都有勤工俭学的经历，有的在商场做过促销员，有的在大街上发过传单，有的在酒店做过服务生……这些工作经历，人人体会深刻，有在专业技能上精进迅速的，有在劳动态度上感受颇深的，还有在为人处世上备受启发的，请拟写一份实习报告。

**知识链接**

### 自我鉴定

**一、自我鉴定的概念**

自我鉴定是对自己在一个时期或一个阶段内的政治思想、工作业务、学习生活等方面的情况进行自我评价而形成的书面文字。

**二、自我鉴定的特点**

篇幅短小，语言概括、简洁、扼要，具有评语和结论性质。

**三、自我鉴定的基本格式和写法**

自我鉴定的结构由标题、正文和落款三部分组成。

1. 标题

自我鉴定的标题有以下两种形式。

（1）由“性质内容+文种名称”组成，如“实习自我鉴定”。

（2）用文种名称“自我鉴定”作标题。

如果是填写自我鉴定表格，则不写标题。

2. 正文

正文由前言、优点、缺点、今后的打算四部分组成。

（1）前言。它概括全文，常用“本学年个人优缺点如下:”“本学期实习结束，特自我鉴定如下:”等习惯用语引出正文主要内容。

（2）优点。一般习惯按政治思想表现、业务工作、学习等方面的内容逐一写出自己的成绩和长处。

（3）缺点。一般习惯从主要缺点写到次要问题或只写主要的，次要的一笔带过。

（4）今后的打算。用简洁明了的语言概括今后的打算，表明态度，如“今后我一定×××，争取进步”等。

自我鉴定的正文行文，可用一段式，也可用多段式。要实事求是，条理清晰，用语准确。

3. 落款

在右下方署明鉴定人姓名，并在下面注明日期。

【例文一】

**毕业自我鉴定**

三年的中职学习结束了，在这三年中，我经过良师的精心指导和自己的刻苦努力，顺利完成了学业。对于这三年的成长，在此做一个鉴定。

在思想方面，我从一名普通学生成长为一名共青团员，思想觉悟有了很大的提高。能用科学发展观来认识世界，认识社会，能清醒地意识到自己所担负的社会责任，对个人的人生理想和发展目标，有了相对成熟的认识和定位。

在学习方面，通过扎实学习基础会计、财务会计、会计电算化、会计基本技能、财务管理等各门课程，我系统地掌握了本专业所必需的基本理论、基本知识、技能和方法，在此基础上，结合专业特点加强了会计、计算机应用能力的锻炼，利用课余时间学习了计算机专业知识，能轻松操作各种网络和办公软件，为将来更好地从事财务工作打下了坚实的基础。

在工作方面，担任班级宣传委员期间，工作踏实，任劳任怨，责任心强，多次出色地完成班级和教学部的各项宣传活动。由于工作积极努力，成绩突出，得到了老师和同学们的一致好评。连续两年被学校评为“优秀干部”。

在生活方面，为人处世和善热情，和同学关系融洽。根据自身爱好和能力，参与了一些业余活动，为个人综合素质的全面发展打下了基础。

当然，我也存在一些缺点。在学习上，刻苦钻研精神还较欠缺，有时会对自己放松要求。对这些不足之处，我一定努力改正，在今后的日子里尽力提升自己。

以上是我在即将毕业之际，对自己三年来的表现做的个自我鉴定。我自信凭自己的能力和学识在以后的工作和生活中能够克服各种困难，不断实现自身的人生价值和追求的目标。

何××

×年×月×日

**点评**：这是一份对中职三年工作生活的自我鉴定。标题由“性质内容+文种名称”组成。正文的前言高度概括，引出下面内容；重点是写对个人优点的评述，又分层从思想、学习、工作和生活方面具体写，缺点部分概括写；最后写今后的打算，表明态度。整个鉴定篇幅简短，内容完整，层次清楚，语言朴实简练。

【例文二】

扫一扫

# 任务二　传播类应用文

## 传播应用文概述

### 一、传播应用文的概念

传播是指为扩大政府、公司、单位、人物、商品或某一事件的影响，向公众有目的地进行宣传的各种方式和手段的总和。传播应用文就是这种有目的宣传的专用文种。

二、传播应用文的特点

1. 内容的真实性

真实性是传播应用文的生命。失去了真实性，传播应用文也就失去了可信性。

2. 手法的艺术性

为了达到传播的最大效应，在遵循某种文体规律的前提下，增强艺术的表现手法。

3. 信息的共享性

传播应用文是通过公众媒体来向人们传递信息的，人们在有意和无意之间就能接受或利用这些信息。

4. 影响的感染性

传播应用文新颖、独特的内容和形式富有感染力，能抓住人们的心。

三、传播应用文的分类

传播应用文的种类很多，有消息、通讯、广播稿、启事、海报、演讲稿等。

## 情境一　启　　事

### 学习目标

知识目标：掌握启事的适用范围和写法。

能力目标：能根据实际需要拟写规范的启事。

素质目标：培养灵活的思维方式和与人合作的意识。

### 情境描述

同学们经常在媒体或公共场所能看到各种向公众发布的信息，如招聘、招生、迁址、开业、寻物等告示，传播广泛，手段多样。请看下面素材。

又是一年毕业季，正值老生即将离校之时，在回顾中职生活的同时，对中职生活一点一滴的回忆，也将是学生时代生活最真实、最完美的展示。××职业学校学生会文学社拟开展一次关于中职生活记忆的专题征文，并拟出版一期专刊，展示毕业生们更多的中职生活故事。文学社现在需要准备一份征稿启事，记者李××承担了拟写这份征稿启事的任务。

**想一想：**拟写启事要注意哪些问题呢？李××应该怎样写这份征稿启事呢？

### 知识点拨

一、启事的概念

启事是国家机关、企事业单位、人民组织或公民个人公开申明某件事情，希望有关人员知晓、参与或协助办理而使用的告知性应用文。

“启”含有陈述的意思，“事”即事情，“启事”就是公开陈述事情。凡需要公众或有关方面配合的事项均可使用启事。机关、团体、企事业单位和个人都可以使用。

二、启事的特点

（1）公开性。启事通过各种传播途径向社会广泛发布，希望更多的人知晓。

（2）知照性。启事公开发布，传播的范围广，希望得到更多人的关注和协助，以期达到预期的目的。

### 三、启事的种类

启事的种类繁多，大体上可以归为三大类。

（1）招寻类启事，即因丢失物品、资料，或因有人走失、下落不明所写的启事，如寻人启事、寻物启事等。

（2）征求类启事，即出于某些需要，请求别人帮助、关照时所发的启事，如征订启事、征婚启事、征集启事、征地启事、征稿启事、招商启事、招聘启事等。

（3）告知类启事，即因有事要向社会宣布或告知，并希望引起人们注意所发的启事，如开业启事、停业启事、迁址启事、更名启事、出租启事等。

## 例文点评

【例文一】

**招聘启事**

校园广播站部分工作人员即将升学或毕业，经学生会研究，决定在全校学生中公开招聘记者6名、编辑2名。要求：有较强的写作能力，善于交际，发表过作品或有过相关工作经历者优先。有意应聘者请于6月10日前到学生会填写报名表，每天下午的课外活动时间有专人恭迎您的光临。诚请有志者加入我们的行列。

校学生会

校园广播站

×年×月×日

**点评**：这则启示以招聘缘由开场。正文中将招聘条件、岗位职责和报名期限说得很清晰，表现出了与众不同的招聘特色。

【例文二】

**寻物启事**

本人不慎于11月25日上午10点左右在学校操场上体育课时，将一个黑色钱包遗失，内有身份证、银行卡和少量现金。有拾到者请与××专业×××联系，谢谢。

电话：×××××××

启事人：×××

×年×月×日

**点评**：这则寻物启事写明丢失物品的名称、颜色、内装物品和丢失的时间、地点；注明发文者的详细地址、联络方式及表示谢意的话。

【例文三】 扫一扫

【例文四】 扫一扫

【例文五】 扫一扫

## 写法指导

### 一、启事的格式与写法

**1. 标题**

一般有以下五种形式。

（1）“文种”式，“文种”即文章的种类，此处的文种就是“启事”。

（2）“内容+文种名称”式，如“搬迁启事”“寻人启事”等。

（3）“单位名称+内容+文种名称”式，如“江南公信资产评估公司成立启事”“长寿保健品公司聘请法律顾问的启事”。

（4）“公文”式，采用“关于××的启事”的形式，如“关于举办摄影爱好者学习班的启事”。

（5）“简略”式，即标题直接概括启事内容，如“寻求合租者”。

有的启事还在标题前加上修饰语，如“重要启事”。

**2. 正文**

写想要启告的事情。

（1）开头，首先写发出启事的目的、原因。

（2）主体，写清要求，即希望别人做什么，怎么做，必要时可分段写明。

（3）结尾，写告启人的希望、要求及某些承诺。

**3. 落款**

写明告启者的名称、地址和联系方式等。

### 二、启事写作的注意事项

（1）标题醒目，使公众通过标题就能了解启事的主要内容与性质。

（2）语言简练准确，对原因的陈述不宜过详，一两句话带过即可，而对特征、要求等重点内容则应写得准确清楚。

（3）单位的启事一般要署名，而个体的启事大多不署名。

（4）启事有的可以贴在路边布告栏等公共场所（如寻人、寻物启事），有的可以根据需要贴在特定地点（如迁址启事可以贴在原址、招领启事可以贴在失物招领处），但大多数启事必须刊登于报刊上（如遗失启事、征稿启事等）。

（5）用语讲究礼貌，不可使用命令式语气。

## 技能训练

### 一、病文修改

以小组为单位，找出下面启事的不当之处。

**谁丢钱夹了**

本人拾到一黑色皮质××牌钱夹，内装现金200元，招商银行一卡通一张，卡号××××××××××××××××。请丢失者到教学楼308教室找张×××。

## 二、情境写作

以小组为单位，以情境描述为素材，拟写一份征稿启事。

## 三、强化训练

请根据下面内容拟写一份寻物启事。

本月16日中午，××职业学校汽修二（3）班赵聪同学在学校操场打篮球时，不慎遗失一部银色的三星牌手机。他希望拾到者送交学校政教处，并深表谢意。请代为拟写该寻物启事。

## 知识链接

### 海　报

**一、海报的概念**

海报是向公众传播文化、娱乐、体育活动及学术报告等消息时所使用的招贴性文书。

海报这一名称，最早起源于上海。旧时，上海人通常把职业性的戏剧演出称为“海”，而把从事职业性戏剧的表演称为“下海”。因此，人们便把作为公布剧目演出信息的具有宣传性的张贴物叫作“海报”。海报属于一种宣传广告，大多在放映或表演场所、公共场所张贴，一般不在报刊上发表。

**二、海报的特点**

1. 内容和作用的告启性

海报和广告有相近的内容和作用，既要向公众告知有关事项，又有吸引招徕之意。

2. 形式的灵活性

海报不像公文那样有严格的形式，要求、字体、排版等都可以追求新颖、美观、巧妙，还可图文并茂；用语不强求庄重性和规范化，可带有文采和鼓动性；正文结构也相对灵活。

**三、海报的种类**

海报的种类从不同的角度有不同的划分。根据内容的不同，可分为戏剧海报、联欢晚会海报、电影海报、体育赛事海报、报告会海报等。

**四、海报的格式与写法**

海报的格式一般不特别固定，许多都配有图片、插图等。在文字上，一般都由标题、正文和落款三部分组成。

1. 标题

海报的标题写法较多，大体有这样几种形式：单独由文种名称构成，即在第一行中间写上“海报”字样；直接由活动的内容构成，如“舞讯”“影讯”“球讯”等；可以是一些描述性的文字，如“×××再显风采”。

2. 正文

海报的正文要求写清楚这些内容：活动的目的和意义；活动的主要项目、时间、地点等；参加的具体方法及一些必要的注意事项等。

有时为了制造新闻效应，吸引更多观众，可在海报正文或正文末尾加上煽动性语句，如“售完为止，勿失良机”“绝对精彩，切莫错过”等。

3. 落款

要求署上主办单位的名称及海报的发文日期。如正文已经写清楚，可以不设落款。

**五、海报写作的注意事项**

（1）标题要醒目、新颖、简洁，最好是一下就把人的兴趣和注意力紧紧抓住。标题的字要写得大且显眼，大到可以占整幅海报的一半空间，可以而且大多都使用美术体。

（2）文字要精练、简洁。让看海报的人一眼就知道内容。海报的版式可以做艺术性的处理，加入美术设计元素，以吸引观众。

（3）活动的时间、地点要具体、准确，如“本月10日（星期日）上午8点整”“院图书馆二楼阅览室”。

（4）内容介绍上必须真实，不可虚假、夸张。

【例文一】

**影　讯**

2010贺岁片　　让子弹飞　　三大影帝　　三大要素

紧张的节奏　　幽默的对白　　丰富的想象力

上映时间：2011年3月12日　　19：00

上映地点：学院俱乐部

票价：30元

联系电话：×××××××××××

**点评**：这则海报写明了影片名、放映时间、地点、票价、联系电话等，尤其突出了这部电影的特色及演员的强大阵容，版式上也做了艺术性的处理，吸引观众。

【例文二】

**青春诗会**

这是诗歌的擂台

这是青春的精彩

这是激情的盛会

这是热情的澎湃

文采　口才　素质

浪漫　激情　比拼

时间：20××年12月9日下午2点

地点：多功能厅

欢迎参加

文学社

20××年11月29日

**点评**：这则海报标题新颖、醒目，直接点明海报的主旨；正文用简洁的文字将内容交代清楚，结构独特，采用诗歌的形式，美化了文面；结尾写清主办单位和日期。语言生动形象，充满激情，吸引观众参与。

# 情境二　消息

## 学习目标

知识目标：掌握消息的写作规范与技法。

能力目标：能够根据实际需要规范拟写消息。

素质目标：培养善于发现问题，快速反应的能力。

## 情境描述

随着互联网技术的发展，我们每天都能接收大量的信息。我们可以在最短的时间内从网络和电视上看到记者们报道国内外发生的有意义、有影响的事件。请看发生在我们身边的素材。

刘××同学是××职业学校广播站的记者，站长把报道学校第三届中职技能大赛胜利闭幕的任务交给了她。具体情况是这样的：本次技能大赛持续了1周的时间，共有五项技能比赛，之后开展了专家专项讲座、技能高手展示等相关活动，在校园内掀起了熟练技术的热潮。5月5日，在学校礼堂101教室举行了隆重的闭幕式。

**想一想：**刘××同学该怎样报道呢？怎样才能写出新颖、简短、引人注意的消息？

## 知识点拨

### 一、消息的概念

消息是以最直接的方式、最简练的文字，及时迅速地告诉读者国内外新近发生的有报道价值的事实的文种。它是新闻报道中最常用的一种新闻样式，是新闻报道的主角，在世界上各大通讯社每天播发的众多新闻报道中，消息占一半以上。

### 二、消息的特点

（1）时效性。消息讲究一个“快”字，延迟了发布的时间，就失去了价值。

（2）真实性。消息讲究一个“实”字，真实是新闻的生命。

（3）新鲜性。消息讲究一个“新”字，人云亦云，缺少发现和敏锐的新闻直觉是写不出好消息的。

（4）简明性。消息讲究一个“短”字，就是让人们在尽量短的时间里获得大容量的信息。

## 例文点评

【例文一】

**中国速度震惊世界**

刘翔夺得奥运会男子110米栏冠军

12秒91：破奥运纪录，平世界纪录

（网易体育8月28日电）我国选手刘翔在奥运会男子110米栏决赛中，凭借凌厉的起跑、流畅的过栏技术和最后阶段强有力的冲刺，以12秒91的成绩夺得冠军。

一声枪响！刘翔第一个弹出，美国选手特拉梅尔紧随其后，刘翔率先跨过第一个栏，但第一赛道的阿伦和第六赛道的特拉梅尔几乎与他并驾齐驱。赛程进入一半后，刘翔已开始带前，紧随其后的是卫冕冠军加西亚和特拉梅尔。在跨倒数第四个栏的时候，刘翔的大腿碰了一下栏杆，但这没有影响刘翔的过栏节奏和速度。在进入最后三个栏，刘翔开始加速，凭借流畅的过栏，刘翔的速度越来越快，相反其他选手的冲刺明显要弱于刘翔，刘翔与后面选手的距离开始越拉越远，最终刘翔以较大优势第一个冲过终点！

本项目的世界纪录是由英国选手科林·约翰逊在1993年8月20日创下的12秒91，奥运会纪录是12秒95。刘翔不但刷新了奥运纪录，还平了世界纪录——刘翔创造的这个奇迹，是我国乃至亚洲田径短跑项目上的重大突破！

**点评：**这则消息的标题由引题、主题和副题构成。第一段是导语，用简明生动的文字，概括消息中最新、最激动人心的事——刘翔夺冠，揭示了消息的主题。第二段是主体，具体展开事实的报道，详尽地叙述了刘翔夺冠的过程，细致观察，按照时间顺序，从第一个栏写到最后冲过终点，中心突出。第三段介绍新闻背景，交代该项目的原纪录情况，突出刘翔破此项纪录的意义，深化了消息的主题。

【例文二】

**王岐山会见美国客人**

据新华社北京5月31日电　国务院副总理王岐山31日在中南海紫光阁会见美国国会众议院“美中工作小组”共同主席拉森、柯克一行。

《人民日报》（2009年6月1日04版）

**点评：**这是一篇短讯，又称为简明新闻。一句话把一个事件形象地展现在读者的面前，很适合当前人们的快餐式阅读习惯。

【例文三】

扫一扫

## 写法指导

### 一、消息的基本格式与写法

写作消息要设想并回答读者问的问题，这些问题就构成了新闻五要素，即when（何时）、where（何地）、who（何人）、what（何事）、why（何故）。有的新闻学上补充了一个要素how（如何）。在五个W和一个H中，最主要的是what（何事）、who（何人）。写作时要认真写好这几方面的内容。

消息的写作最有特色的是它的结构，而其中的导语又能够体现消息的特色。消息的结构由标题、导语、主体、结尾和背景五部分构成，人称倒金字塔结构。言外之意是将分量最重的放在前边，次之的放在后边。这其中的背景和结尾要根据实际需要而确定是否有无。

（1）标题。消息的标题必须简明、准确地概括消息内容，帮助读者理解报道的事实。消息标题有主题（正题）、引题（眉题）、副题（次题）三种。

（2）导语。导语是指一篇消息的第一自然段或第一句话。它用简明生动的文字写出消息中最主要、最新鲜的事实，鲜明地提示消息的主题思想。

（3）主体。这是消息的主干部分。它紧接导语之后，对导语做具体全面的阐述，具体展开事实或进一步突出中心，从而写出导语所概括的内容，表现全篇消息的主题思想。应按“时间顺序”或“逻辑顺序”写作，但仍然要先写主要的，再写次要的。

（4）背景。新闻背景是指事件的历史背景、周围环境及与其他方面的联系等。写新闻有时要交代背景，目的在于帮助读者深刻理解新闻的内容和价值，起到衬托、深化主题的作用，也就是回答五个“W”中的why（为什么）。

（5）结尾。消息的结尾承接主体，是对全文的简单总结，有时可以不写结尾，事实叙述完毕就自然结尾了。

### 二、消息写作的基本要求

（1）标题新颖独特，揭示新闻主题。
（2）导语洗练精彩，展示核心内容。
（3）主体内容充实，叙述有条有理。

## 技能训练

### 一、病文修改

以小组为单位，找出下面消息写得不合适的地方。

**充满希望的人文系**

为了适应社会发展的需要，××职业技术学院将原有的文史系和基础部整合为人文社会科学系，简称人文系。新年伊始，人文系以崭新的风貌迎接着春天的到来。这里，为了让大家更加了解人文系，现将人文系的相关信息告之于下。

（1）整合后的班级对照

……

（2）今年的主题活动

……

### 二、情境写作

以小组为单位，以情境描述为素材，报道这则消息。

### 三、强化训练

给下面消息正文添加双行标题和导语。

近日记者在××市一些农贸市场、超市了解到，黄瓜、西红柿的产销增幅较大。据了解，夏日水果的口感不佳、价格偏高是市民选择黄瓜、西红柿的主要原因。一位从事水果经营多年的商贩告诉记者，从今年年初至今，各种水果价格一直居高不下。虽然现在西瓜、哈密瓜等甜瓜上市量不小，但价格降幅很小。西瓜价格每千克为2.4～3元，刚上市不久的杨梅价格在每千克8～10元，而樱桃的价格每千克高达30～48元。因此，价格便宜、口感清爽的黄瓜、西红柿成了市民日常水果的替代品。

知识链接

# 通　　讯

## 一、通讯的概念

通讯是综合运用多种表达方式，详细、深入而又生动形象地报道新近发生的事实的新闻体裁。

## 二、通讯的特点

（1）新闻性。所报道的对象必须具有比较大的新闻价值，具有典型性和指导性，要及时、迅速、敏锐地反映现实，具有时代气息。

（2）形象性。通讯要用形象说话，要综合运用多种多样的形象化表现手法，以增强通讯的表现力和感染力。

（3）论理性。通讯不仅要写人记事介绍事件和人物的基本情况，而且为了突出典型性和指导性，还要适当引入一些说明和议论，以表明作者的见解和态度。

## 三、通讯与消息的区别

（1）从报道内容上看，消息一般写得比较简洁，篇幅短小；通讯则写得更为详尽，篇幅较长，且不仅内容写得具体，还可直接抒发作者的感受，具有较强的形象性和感染力。

（2）从时效性上看，通讯由于写作篇幅较长，写作时间较长，时效性相对弱一点。相比之下，消息的时效性要强些。

（3）从报道要求上看，消息主要满足受众“想早知道”的心理需求；通讯旨在满足受众“想多知道一点”的心理需求。

（4）从表现手法上看，消息以叙述事实为主，兼用议论、说明报道新人新事、新成就、新气象和新经验，很少用描写和抒情的写作手法；通讯可以用多种表现形式，在不违背真实性的原则下，适当借鉴文学作品的表现手法深化主题，增加信息，给人启迪。

（5）从结构形式上看，消息的结构形式比较规范，通讯的结构方式比较灵活，可根据内容的需要灵活变化，因此比消息更具体、更详细、更生动，也更感人。

## 四、通讯的格式与写法

通讯的写作比较灵活多样，往往没有固定的模式，但总的来讲，还是由标题、开头、主体、结尾四部分组成。

（1）标题。一般采用单行式标题，有的也用引题或副题。

（2）开头。通讯的开头多姿多彩，不拘一格，可以开门见山直述其人其事，直接抒发感情或直接发表见解，也可以利用铺垫的方法，源源说起，娓娓道来，然后进入正题。

（3）主体。主体是通讯的主干部分，是继开头之后对事件或事实报道的核心。从通讯的内容来看，叙述单一事实的，多采用时序结构，而综合性通讯多采用逻辑结构。

（4）结尾。通讯的结尾形式多样，常见的有自然收束、发人深省、卒章显志等。

## 五、通讯的写作要求

（1）选好典型，确立主题。

（2）写好人物。

（3）安排好结构。

【例文一】

**弧光闪映下的焊接新兵**

**——来自大连船舶重工的通讯**

清明时节，我市知名重工业企业——大连船舶重工有限公司开阔的厂房车间，弧灯闪闪，人头攒动，该公司的青年技工焊接技能比武大赛正在紧张进行中。其中一群有点陌生的面孔引起了人们的关注。他们操作规范而娴熟，焊件美观而优质，博得了在场领导及群众的夸赞。经专家评定，他们其中五人分获一、二、三等奖。他们是谁？他们来自哪里？

他们是刚入厂不足一个月的焊接新兵：他们共20人，均来自大连市经济贸易学校。

获奖的姜春阳、隋义志、张万国、李俊、苗立瑞，应该是有些老师和同学熟悉的名字，他们是08级7班电焊专业的毕业生。该班共22名学生。在校期间，经过系统的专业理论学习和操作技术实习训练，经中国船级社考测评定，均以优良成绩获取了II类$CO_2$和3F$CO_2$焊接技术等级证书；又经用人单位考核测试，参加测试的20名毕业生于今年3月15日，均被大连船舶重工有限公司录用为正式职工。

这是一所我市知名的重工企业，工资和各种福利待遇比较优越。这20名学生刚入厂不久，便以他们敬业守纪的思想作风、合格的技能和谦虚礼貌的品格受到公司领导及师傅们的好评。他们居住的公寓式的宿舍，舍室的清洁、整齐成为整个宿舍的样板。该公司领导在校领导交谈中不无感慨地说："我们也录用过其他学校的毕业生，但你们学校是最棒的，综合素质比较高，这样的毕业生，你们有多少我们要多少。"

"有多少要多少"，这看似平常的语句，其中蕴含着企业对专业技术人才的渴求。何谓"人才"？"合格的技工"便是人才。我们不是"天才"，但我们个人都可成为人才，08级7班这20名技工就是当之无愧的人才。他们的成才之路说来也简单——努力学好自己的专业，能够胜任本职工作，做一个爱岗敬业的好职员，好工人。

**点评：**这篇通讯采用了双行标题，由正题和副题组成。开头开门见山直述其人其事，交代大连船舶青年技工焊接技能比武大赛一事，点出人物，用问句设置悬念，导入正题。

第二至第四段是通讯的正文部分，是事件报道的核心。翔实具体地介绍了这20名新面孔的成绩和思想行为表现，赞扬了中职毕业生较高的综合素质和专业技能。最后一段用抒情和议论的表达方式，升华了主题，给读者深刻的启发和教育。

【例文二】

扫一扫

## 情境三　演　讲　稿

### 学习目标

知识目标：掌握演讲稿的写作规范与技法。

能力目标：学会按照要求撰写生动具体的演讲稿。

素质目标：培养语言的感召力和积极向上的人生态度。

## 情境描述

在现代社会中，口语交际能力是一个人能力的重要体现，请看下面素材。

时间都去哪儿了，还没好好感受年轻就老了，生儿养女一辈子，满脑子都是孩子哭了笑了；时间都去哪儿了，还没好好看看你眼睛就花了，柴米油盐半辈子，转眼就只剩下满脸的皱纹了……一首《时间都去哪儿了》表达出了父母为我们付出的所有，也表达出了天下儿女对父母的至亲至爱。现如今很多人都忙于自己事业，无暇顾及自己的父母，基于这种情况，××职业学校开展了以“感恩父母”为主题的演讲比赛。李××同学准备参加这次演讲比赛，现在开始着手拟写自己的演讲稿。

**想一想：** 演讲要促进演讲者的成长，不断自我完善，对别人要有一定的鼓励，李同学应怎样写出一篇慷慨激昂的演讲稿呢？

## 知识点拨

### 一、演讲稿的概念

演讲稿，又称演说词，是在公开场合发表个人的观点、见解和主张的讲话文稿。

### 二、演讲稿的特点

**1. 针对性**

演讲是一种社会活动，是用于公众场合的宣传形式。它提出的问题必须是听众所关心的问题，能为听众所接受并心悦诚服；写作时要根据不同场合和不同对象为听众设计不同的演讲内容。

**2. 口语性**

口语性是演讲稿区别于其他书面表达文章的重要方面。它有较多的即兴发挥，不可能事先印好讲稿发给听众。为此，演讲稿必须讲起来通达流利，听起来顺畅。

**3. 鼓动性**

好的演讲具有一种激发听众情绪、赢得好感的鼓动性。因此，演讲稿要思想内容丰富、深刻，见解精辟，有独到之处，发人深思，语言表达要形象、生动，富有感染力。

**4. 临场性**

演讲活动是演讲者与听众面对面的一种交流和沟通。听众会对演讲内容及时做出反应，写作时要考虑演讲的临场性和可能出现的种种问题，以及应付各种情况的对策。

## 例文点评

【例文一】

### 人格是最高的学位

**白岩松**

很多年前，有一位学大提琴的年轻人向20世纪最伟大的大提琴家卡萨尔斯讨教：我怎样才能成为一名优秀的大提琴家？卡萨尔斯面对雄心勃勃的年轻人，意味深长地回答：先成为优秀而大写的人，然后成为一名优秀而大写的音乐人，再然后就会成为一名优秀的大提琴家。

听到这个故事的时候我还年少，对老人回答中所透露出的含意理解不多。然而，在以后的工作生涯中，随着采访接触的人越来越多，这个回答在我脑海中便越印越深。

在采访北大教授季羡林的时候，我听到一个关于他的真实故事。有一年秋天，北大新学期开学，一个外地来的学子背着大包小包走进了校园，实在太累了，就把包放在了路边。这时正好一位老人走来，年轻学子就拜托老人替自己看一下包，自己则轻装去办理手续。老人爽快地答应了。近一个小时过去，学子归来，老人还在尽职尽责地看守着。学子谢过老人，两人分别。几日后北大举行开学典礼，这位年轻的学子惊讶地发现，主席台上就座的北大副校长季羡林，正是那一天替自己看行李的老人。

我不知道这位学子当时是一种怎样的心情，但我听过这个故事之后却强烈地感觉到：人格才是最高的学位。后来，我又在医院采访了世纪老人冰心。我问她：您现在最关心的是什么？老人的回答简单而感人：是老年病人的状况。

当时的冰心已接近自己人生的终点，而这位在“五四运动”中走上文学之路的老人，对芸芸众生的关爱之情历经80年的岁月而仍然未老。这又该是怎样的一种传统！

冰心的身躯并不强壮，然而她这一生却用自己当笔，拿岁月当稿纸，写下了一篇关于爱是一种力量的文章，在离去之后给我们留下了一个伟大的背影。

当你有机会和经过“五四运动”或受过“五四运动”影响的老人接触时，你就会知道，历史和传统其实一直离我们很近。这些世纪老人身上所独具的人格魅力是不是也该作为一种传统被我们延续下去呢？

不久前，我在北大又听到一个有关季先生的清新而感人的新故事。一批刚刚走进校园的年轻人，相约去看季羡林先生，走到门口，却开始犹豫，他们怕冒失地打扰了先生，最后决定每人用竹子在季老家门口的地上留下问候的话语，然后才满意地离去。

这该是怎样美丽的一幅画面！在季老家不远，是北大的伯雅塔在未名湖中留下的投影，而在季老家门口的问候语中，是不是也有先生的人格魅力在学子心中留下的投影呢？

听多了这样的故事，便常常觉得自己像只气球，仿佛飞得很高，仔细一看却是被浮云托着；外表看上去也还饱满，但肚子里却是空空。这样想着就不免有些担心：这样怎么能走更长的路呢？于是，“渴望老年”四个字，对于我就不再是幻想中的白发苍苍或身份证上改成60岁，而是如何在自己还年轻的时候，能吸取优秀老人身上所具有的种种优秀品质。于是，我也更加知道了卡萨尔斯回答中所具有的深意。怎样才能成为一个优秀的主持人呢？心中有个声音在回答：先成为一个优秀的人，然后成为一个优秀的新闻人，再然后就会成为一名优秀的节目主持人。

**点评**：白岩松，中央电视台的著名主持人，演讲风格质朴、机智、深刻、幽默。

本文2004年荣获“演讲与口才杯”全国新闻界“做人与做文”演讲比赛的特等奖。

演讲词的开头（1～2自然段），用卡萨尔斯的故事引出论题。

主体（3～9自然段），用季羡林、冰心的三个故事证明论点。

结尾（第10自然段），作者联系自身实际，呼应论点。这篇演讲词没有空泛的说教，而是采用以事明理的方式，列举了几位名人的平凡小事，寓意深长、感人至深，使我们深刻感受到：人格是最高的学位。

【例文二】扫一扫

【例文三】扫一扫

## 写法指导

### 一、演讲稿的格式与写法

演讲稿的结构可分为开头、主体、结尾三个部分。

**1. 开头**

演讲的开头，也称开场白。它在演讲稿的结构中处于显要的地位，具有特殊的作用。演讲稿的开头，通常有以下几种方式。

（1）开门见山，揭示主题。

（2）说明情况，介绍背景。

（3）提出问题，引起关注。

**2. 主体**

主体是演讲的正文和核心部分，也是演讲稿的高潮所在。

（1）确定结构形式，要求内容突出、问题说透、层次清晰。

（2）认真组织好材料，保证例证的真实性、典型性。

（3）构筑演讲高潮，运用各种手段，升华思想感情，与听众产生共鸣。

**3. 结尾**

演讲稿的结尾没有固定的格式，或者对整个演讲全文要点进行简单小结，或者以号召性、鼓动性的话收尾，或者以诗文名言及幽默俏皮的话结尾。一般原则是要给听众留下深刻的印象。

### 二、演讲词写作的注意事项

（1）弄清楚演讲的目的，就是为什么而讲。

（2）弄清楚听众，就是要弄清对什么人讲。

（3）内容要新鲜，材料要充实。

（4）结构要清晰，逻辑性要强。

（5）语言要口语化，生动、流畅而有节奏。

## 技能训练

### 一、病文修改

以小组为单位，指出下面演讲稿的不当之处。

**我自豪，做一个中国人**

当雄壮的国歌奏响时，凝视着冉冉上升的五星红旗。我自豪，做一个中国人！当雅典奥运会上，我体育健儿争金夺银，一展强健体魄。我自豪，做一个中国人！当美国故意轰炸我驻南联盟大使馆，挑衅我领海领空时，全国人民同仇敌忾、愤怒声讨。我自豪，做一个中国人！当“神舟”飞船驶向广阔的天宇，当“克隆技术”被我国科学家驾轻就熟，当信息产业成为我国发展最为迅速的支柱产业时，当国人喊出“振兴中华、实现四化”时，我是多么的自豪——做一个中国人！

然而，回首百年来的中国近代史，我的心却变得无比沉重了。那是一幅幅怎样的图画呀！清朝政府腐败无能，人民生活在水深火热之中。英帝国主义凭借坚船利炮，仅40艘舰船、4 000个士兵就横扫了所谓的“大清帝国”，悍然发动了鸦片战争，签署了《南京条约》《马关条约》等一系列不平等条约。中国成了任人宰割的羔羊，中国人民成了受人欺凌的囚奴。那时的中国，土地在呐喊、人民在呻吟、母亲在流血……

从1840年到1921年，百余年的血泪，百余年的抗争，漫漫长夜盼望东方的曙光；在帝国主义、封建主义、官僚资本主义三座大山的重压下，中国人民企盼心中的红太阳。1921年7月南湖的那艘小船上，中国共产党轰轰烈烈地诞生了，中国现代历史从此掀开了崭新的一页。这是一个多么伟大的时刻，这是一件开天辟地的大事情。从此，中国共产党带领着中国人民，开始了走向光明的万里征程。

经过血雨腥风的洗礼、经过枪林弹雨的较量、经过28年的艰难历程，在以毛泽东同志为代表的中国共产党的领导下，伟大的中国人民终于推翻了反动统治、驱逐了帝国主义、建立了自己的政权——随着毛主席在天安门城楼上的那一挥手：“中华人民共和国成立了！”从此，中国人民站起来了。

改革开放20年，以邓小平同志为代表的中国共产党人，领导着中华儿女走出了一条建设有中国特色的社会主义新道路。祖国发生了翻天覆地的变化，经济得到了迅猛腾飞。一排排高楼大厦如雨后春笋，一个个城市日新月异，一件件家用电器满目琳琅。航天飞机探索宇宙的奥秘，电子计算机奏出美妙乐章，移动通信从无到有，从款爷桌上的“大哥大”到百姓腰间的小手机，谁不惊叹这世界变化太快！当紫荆花旗和荷花旗竞相绽放在香港和澳门时，亿万国人、海外赤子、炎黄子孙，谁不真真切切地感觉到祖国的强大并充满生机。我们的国家从来没有像今天这样欢乐祥和、蒸蒸日上，我们的人民从来没有像今天这样意气风发、神采飞扬，对中国的前程满怀信心。

今天，我们已经步入21世纪，随着全球经济一体化进程的加快，信息产业已成为世界高科技竞争的热点之一。党中央及时提出了加快信息产业建设以改造传统产业、带动工业化发展的思路，提出了“科教兴国、以德治国”的口号。全国上下以“三个代表”为指导，尊重人才、鼓励创新、报效祖国的号召深入人心。

我们，作为新世纪的主人，享受着前人鲜血浇铸的雨露鲜花；享受着先贤鲜血开创的和平年代；享受着前辈鲜血凝成的幸福时光。我们没有理由不为祖国的强盛而刻苦钻研、辛勤劳作、奋发图强，我们没有理由不为祖国的强盛而承前启后、开拓创新、勇往直前。

我们，作为当代中国移动的热血职员，兴旺企业是我们的目标，爱岗敬业是我们的美德，无私奉献是我们的操守，爱国爱党是我们前进的动力。中国加入WTO，所面临的全球化竞争是对我们又一次严峻的挑战，提升企业核心竞争力、实现××移动跨越式大发展责无旁贷。尽管前进路上坎坷不平，尽管实现世界一流通信企业还有一定的差距，但我们愿意，在平凡的岗位上做好每一件事情，在平凡的岗位上做出不平凡的业绩；我们愿意，为祖国、为人民、为工作中的每一件事情流尽最后一滴汗、最后一滴血！

回首百年历史、展望美好未来，壮志在胸图伟业、豪情满怀向未来。站在新世纪的前沿，我想再一次大声说：我自豪，做一个中国人！我自豪！做一个新世纪的××移动人！

## 二、情境写作

以小组为单位，以情境描述为素材，替李××同学写一篇慷慨激昂的演讲稿。

## 三、强化训练

请根据下面内容拟写一篇演讲稿参加演讲大赛。

时光匆匆，岁月无情，我们转眼进校已一年（或两年、或三年）了。我们在各自的校园里快乐地生活。你了解自己的学校吗？

××学校创办于1956年，是国家级中等专业示范学校，滨海市文明单位，滨海市职业教育先进集体。学校坚持以创建现代化、国际化的品牌职业学校为目标，坚持以学生为中心，为学生提供完美教学、管理、服务的理念，坚持“勤奋求学、诚信做人”的校训，为国家培养了大批应用型人才，在社会上形成了较高的知名度和美誉度。学校毕业生就业率高达98%。其中，许多毕业生已成为企业骨干。

学校拥有一支实力雄厚的的师资队伍，名师荟萃。高级职称教师占30%，中级职称教师占60%，还拥有相当数量的双师型教师和双语教师。

学校教学设施完善，有现代化的教学大楼，有先进的多媒体阶梯教室、语音室、电子阅览室、现代化的滨海市中职示范性图书馆、名扬中职学校的大型室内体育馆、可容纳2 000人就餐的一流餐厅。学校还建有5 000余平方米的塑胶操场，拥有10多个设施一流的实训室。

在你心目中更为重要的也许是学校可爱的同学和发生在身边有趣的事情……

校团委将举办“我爱我的校园”大型演讲比赛活动，请大家做好演讲的准备吧！

**知识链接**

### 广　播　稿

**一、广播稿的概念**

广播稿是以口语形式报道新闻的一个应用文种，讲究具体形象，通俗易懂。广播稿不是指一种体裁，而是指广播媒体中经常使用的各种新闻类文体的统称，主要包括广播中播出的消息、通讯、专访、录音报道等。

**二、广播稿的特点**

（1）可听性。广播稿主要靠声音来传播信息，影响听众，进行有目的的宣传。

（2）快捷性。广播稿靠电波传播声音，速度比任何报刊都要快，时效性更强。

（3）群众性。广播不受时间和文化知识的限制，听众多，范围广，比报刊具有更广泛的群众性。

**三、广播稿的格式与写法**

广播稿的结构一般由标题、导语、正文和结束语组成。

（1）标题。广播稿的标题不同于新闻，没有引题和副题，只有正题。力求简短，直接点明广播稿的主题。

（2）导语，即开场白，是对广播稿报道主要内容的一个简要介绍。

（3）正文。正文部分是广播稿的主体，主线单一，一篇稿件只围绕一个中心来写，或者用对话的形式，或者用散文的形式，要突出事实材料的作用，层次分明，过渡自然，使听众听完全文后对主要内容了然于胸。

（4）结束语。结束语要简练精短，写法灵活，与开头相照应。

**四、广播稿的写作要求**

（1）篇幅要短小精悍。广播稿的篇幅要比报刊上的新闻报道短小。要主题集中，选材精当，组材详略得当。

（2）结构要严谨而清晰。为了增强可听性，广播稿大多采用时间顺序结构或逻辑结构。

（3）语言表达必须通俗易懂。广播稿的语言应通俗化、口语化，力求做到念起来顺口，听起来顺耳。

**【例文一】**

**校园之声广播稿**

各位老师，各位同学：

大家好！

欢迎大家准时收听本期的《校园之声》节目，我是施笑容，我是黄佳佳。

新年的脚步渐行渐远，经过一个寒假的休整，如今，我们带着希望，又踏上了新的征程。正如雄鸡的鸣叫，新一天带着微笑和清新在大地上降临。坐在课桌前，我想大家一定是斗志昂扬，因为我们的心中怀有一份美好的憧憬。

前几天读到一篇文章，这里，与大家分享（见《上帝咬过的苹果》）。是啊，生活赋予了我们每个人不同的财富，关键是如何把握自己拥有的那一份。如此，你才能赢得属于自己的那一份生命芬芳。

同学们，也许，你昨天曾拥有辉煌，但那已成为枕边一段甜蜜的回味；也许，你昨日曾遭受挫折，但那已成为腮边几滴苦涩的泪痕。忘记以前的成功与失败，我们只需要把经验和教训铭刻于心。

时常听别人哼唱，自己也时常哼唱着姜育恒的那首《再回首》，唯独对“曾经在幽幽暗暗反反复复中追寻，才知道平平淡淡从从容容是最真”这一句不愿认同。“孤独王子”唱得未免太超然了——一生反复追寻，就只得出了平淡是真的结论。

生活得最好的人，不是寿命最长的人，而是最能感受生活的人。除了你没有走进理想的大学，除了你没有把握住一次几乎成功的爱情，除了你心中那份虚荣与倨傲，你对生活究竟有多少正确的感受？生活究竟给过你多少真正的重荷与不平呢？没有！只因为在当代的中国，在我们这个文盲、半文盲数以亿计的国度里，大学生既被社会过高的期待，也过高地期待着社会，只因为我们不能正确地估计自己，也不能正确认识社会。那种求平淡的心态，仍是不思进取的借口。于是，你曾经也想要有所作为，却不知道从何做起，跟着感觉走，在各种诱惑面前远离本真状态，被泥沙俱下的时代大潮裹挟着四处漂流。当你疲倦地走过无数个三百六十五里，你才发现留在身后的除了那份平淡什么也没有。

最欣赏把撒哈拉沙漠变成人们心中的绿洲的三毛，也最欣赏她一句话：即使不成功，也不至于成为空白。成功女神并不垂青所有的人，但所有参与、尝试过的人，即使没有成功，他们的世界却不是一份平淡，不是一片空白。记得有一天和班上几个新近参加美术班学习的女生谈起了她们学习美术以后的感觉和收获。她们告诉我：并没有什么大飞跃，但确实已学会了怎样用心去观察一个事物。也许她们永远成为不了画家，但是我赞叹她们的这份参与意识和尝试勇气。我想告诉她们：即使你们不成功，你们也没有成为空白。

说到这里有人会说：我的确平凡得很，无一技之长，不会唱不会跳，更不会吟诗作画，注定这四年就这么平淡了。世上不过只有一个天才贝多芬，也不过是只有一个神童莫扎特，更多的人是通过尝试，通过毅力化平淡为辉煌的。毅力在效果上有时能同天才相比。有一句俗语说，能登上金字塔的生物只有两种：鹰和蜗牛。虽然我们不能人人都像雄鹰一样一飞冲天，但我们至少可以像蜗牛那样凭着自己的耐力默默前行。

不要再为落叶伤感，为春雨掉泪；也不要满不在乎地挥退夏日的艳阳，让残冬的雪来装饰自己的面纱；岁月可使皮肤起皱，而失去热情，则使灵魂起皱。

**点评**：这是一篇校园之声的广播稿，标题简洁，直接点明稿件的主题——新学期，带着希望，憧憬未来。广播稿的内容比较丰富，围绕人生的成功与失败的话题展开，列举实例进行议论和抒情，为同学们加油鼓劲，让同学们怀着希望，踏上新学期的征程。结尾从反方面深化主题。该广播稿的写法比较灵活，用散文的形式，选取了吸引人的例子，突出了材料的可读性，语言优美，口语化较强。

【例文二】

扫一扫

# 任务三　求职类应用文

## 求职应用文概述

### 一、求职应用文的概念

求职应用文是指个人在求职、竞聘时使用的一类应用文书，包括个人简历、求职信、竞聘辞、就职演说等。

社会的发展对于求职者有着不同的求职要求及职业标准，特别是在当今就业竞争十分激烈的情况下，了解和学习求职应用文的写作十分必要。求职应用文能够对求职中的个人能力起到重要的评价作用，求职应用文的写作是个人才华和形象的书面表达，是职业生涯中的必备技能。

### 二、求职应用文的特点

（1）自荐性。求职应用文是为了谋求职位而进行的个人写作。写作时必须根据用人单位的需求向用人单位推荐自己。把自己最有能力、最突出的地方写出来，使用人单位在“众里寻他”中发现自己。

（2）针对性。求职应用文写作的针对性比较强，往往要针对应聘单位所需要的条件介绍自己的情况，要实事求是，正确定位，而任何夸大其词、答非所问的写作都是不可取的。

（3）目的性。求职应用文的写作就是为了求职或竞聘，所以写作的目的性很强。在写作中，观点要鲜明，表达要准确，语言要简练。

## 情境一　求　职　信

### 学习目标

知识目标：了解求职信的特点和内容要素；掌握求职信的写作步骤和格式要求。

能力目标：能够写出一份恰当的求职信，提高求职成功率。

素质目标：树立正确的价值观念，培养诚实守信的职业素养。

### 情境描述

同学们都会面临毕业求职问题。求职有很多途径，其中之一就是寻找用人单位的招聘信息，投递简历和求职信实现就业。请看下面素材。

**酒店前台招聘信息**

因发展需要，本酒店拟招聘前台3人。

招聘要求如下。

1.高中/中职以上学历、身高1.6 m以上。

2.身体健康、品貌端正、身材匀称、五官端庄、普通话标准。

3.熟练操作办公软件。

4.反应灵活、工作热情、有耐心。

5.具有良好的服务意识和团队意识。

6.具有良好的沟通协调能力及服务意识、反应灵敏、举止文雅。

7.敬业乐业，具有较强的责任心和吃苦耐劳的职业素养。

工资待遇：

中职：基本工资2 000元/月。

高职：基本工资2 300元/月。

福利：“五险一金”，伙食补贴，交通补贴，“五一”“中秋”“国庆”等国家传统节日额外增发奖金。

工作时间/假期：1天8小时制、每月轮休6天。

前来应聘的人员请带身份证、户口本及毕业证。同时，也请广大师生积极举荐合适人选！

报名时间：12月15日—12月30日

联系电话：×××

联系地点：××酒店办公室

联系人：ZZ

20××年12月15日

**想一想：**面对如此诱人的职业，我们怎能不心动？那么，我们应该怎样做呢？如果你很想去应聘这个职业，那么，你的求职信该如何写，才能吸引用人单位、顺利签订用工合同呢？

## 知识点拨

### 一、求职信的概念

求职信，又称自荐信或自荐书，是社会上一些失业、待业、停薪留职等人员向用人单位或有关领导介绍自己的学识、才能、潜力，希望能让对方了解自己、相信自己、录用自己，进行自我推销以获得职位的一种专用性文书。

从求职的要求看，求职信可以分为两种：一是不知用人单位是否需要聘人或哪个岗位需要人时的自荐求职，比较适合高中职毕业生求职时向所有单位投寄；二是在获知用人单位公开招聘职位的自荐求职，这种求职信要求针对对方提出的任职条件突出自己的优势，又称为应聘信。

### 二、求职信的特点

（1）自荐性。介绍自己的个人情况，简述自己能够胜任此项工作的理由，以实现求职的目的。

（2）针对性。针对求职者的实际情况，并针对用人单位和领导的心理情况。

（3）竞争性。自用人单位收到求职信时起，无硝烟的战争就已经打响了。

（4）独特性。内容上充分展示自我才华，形式上讲究独具匠心。

（5）简洁性。内容要简明扼要、简洁生动，篇幅要短小精悍。

## 例文点评

【例文一】

**求　职　信**

尊敬的领导：

您好！我叫××，是一名刚刚从××大学毕业的学生，我的专业是计算机。我写这封信的目的是应聘贵公司的市场部。

首先，我想说明的是我为什么想要加入贵公司。前一段时间，我参加了贵公司的校园招聘推介会，正像贵公司宣讲人员所说的一样，当我们选择自己的职业和应聘公司时，首先要考虑的是这个企业的价值观是否与自身相吻合。我很尊重并赞同贵公司的企业文化，我认为善、真诚、诚信是一个人最应该珍重的品质，也是一个企业所应尊重的道德底线。我有志加入其中并为这样的企业的发展努力贡献自己的力量。

其次，我想说明为什么我是加入贵公司的合适人选。我想申请贵公司的市场部，虽然我的专业与所应聘的职位不对口，但是我认为我的学习能力很强，只要给我一个机会，我会利用这个机会迅速成长，成熟起来。

大学期间，我曾做过多份兼职工作，如电话卡推销员、洗衣机推销员、笔译人员、英语培训班的助教等。无论是哪一份工作，我都很认真地投入进去并且取得了不错的工作成果。这些工作本身的意义并不是很大，但是通过这些工作，我认识到了自己的长处和不足。我有很好的口才和感染力——这是作为市场部人员所应具备的最基本的素质；我有激情，做事主动——这是我能够作出业绩最重要的保证；我不怕吃苦肯脚踏实地工作——这是我对企业和个人负责的表现；同时，我能很快地融入工作中，利用尽可能短的时间熟悉、了解工作内容并迅速展开工作——这是我能够为企业创造价值的关键。

当然我也有弱点，比如说我比较容易多愁善感，但是这一点的另一个好处就是让我有了较强的同情心；我做事可能有时候会冲动一些，但在工作中我会尽量克制。

作为一名刚踏入社会的大学生，我多多少少地也会感觉到迷茫，但是我觉得选择贵公司会让我的潜力得到最好的发挥。我是一个自信、积极且有同理心、有勇气的女孩，我有团队合作意识，并且会努力认真工作。因此，我希望您能够给我一个机会把这些证明给您看，我一定不会让您失望的。

期盼您的答复！随函奉上成绩单及个人简历表，敬请收阅。

联系电话：139××××××××

此致

敬礼

自荐人：××

×年×月×日

**点评**：这封求职信开头自我介绍并说明目的，简练清晰。第二段根据对公司信息的了解，强调自己的价值观和公司合拍的地方，应聘动机符合对方要求。第三段从看似对自己不利的条件入手，打消对方疑虑，化弱势为优势。第四段根据应聘职位的需求，组织阐述自己的相关经历及从中获得的经验，针对性极强。第五段坦诚提及自己的缺点，表现出对自己客观、理性的认识。第六段总结前文，再次提出自己的要求。最后，留下联系电话。求职目的明确，有针对性，内容简洁生动。

【例文二】

## 求职信

尊敬的领导：

您好！感谢您在百忙之中阅读我的求职信，相信您在给我机会的同时，也会因此找到一名优秀的员工。

我叫刘××，是××职业技术学院07届商务秘书专业应届毕业生。在临近毕业之际，我希望能得到贵单位的赏识与栽培，为使自己的才能得到更好的发挥，特向贵单位自荐。

自2012年进入学校以来，我系统地学习了秘书学、秘书写作、公共关系学、办公自动化、文书与档案管理、企业文化、社交礼仪、电子商务、市场营销、速记速录等课程。通过学习，自己掌握了相关的专业知识与技能，同时，我也注重理论与实践的结合。三年间，我积极参加学校组织的各种实践活动，先后在××公司、学院建筑工程系、图书馆及班级管理和青年志愿站等处参加社会实践活动。在实践中，不仅使书本知识得到印证，而且增加了自己的社会经验，提高了自己的社会实践能力。

通过三年的学习，我先后获得了商务秘书资格证书、普通话等级证书、计算机等级证书等各项资格证书，基本具备了从事秘书工作的基础职业道德和职业技能。

如果贵公司能给我一个平台，我会好好珍惜，并全力以赴，在实现公司发展的同时，为实践自己的人生理想而努力奋斗。

最后，再次感谢您阅读这份自荐信！

祝贵公司事业欣欣向荣，业绩蒸蒸日上，也祝您身体健康、万事如意！

此致

敬礼

自荐人：刘××

2014年12月10日

联系电话：139××××××××

附件：各种证书复印件。

**点评**：这是一篇典型的应届毕业生求职信，作者不知道即将应聘的公司情况，也不知道有什么职位在等待着她，只是将自己的基本情况做了简要的介绍，但是已经很清楚地知道，作者擅长的是文秘类的职业，希望在这方面能有所发展。求职信诚恳且自信，语言平实，有礼貌且谦逊。

【例文三】

扫一扫

## 写法指导

### 一、求职信的格式与写法

**1. 标题**

在信封第一行正中间位置，用较大字体写上“求职信”三个字。

**2. 称呼**

求职信的阅读对象写在第一行的顶格处。单位名称后可加“负责同志：”，个人姓名后可加“先生：”“女士：”“同志：”。

**3. 正文**

（1）已知应聘岗位的写法。首先简介自己的基本信息，包括姓名、性别、年龄、毕业学校、专业、学位、职称等，尤其是要点明应聘的岗位。

其次针对所应聘岗位的职业要求以简要的文字阐述为什么要应聘该职位，而且能够胜任该职位，而不能只是列举能力而没有具体的证明，如取得了哪些成绩（证书）、获得了哪些专业资格（证书）等。

此外，可以写一点自己的特长，应注意，特长不是兴趣爱好，而是一技之长，最好也有相应证书证明。

再次以诚挚的心情表态愿意为公司的发展做出贡献，在公司发展的前提下实现自身的价值。最后是致敬语。

（2）未知应聘岗位的写法。第一段基本信息与前文已知应聘岗位的写法一样，只是没有应聘岗位。

主体部分介绍在校学习情况，主要是专业学习和社会实践情况。专业学习包括专业思想、专业知识、专业能力，即学习了哪些课程，树立了什么专业思想，掌握了哪些专业技能和能力；社会实践包括在学校担任了什么职务、在哪些地方进行过实践、实习等。最重要的是要突出自己的专业特长，也可以介绍一些其他突出的特长。

最后也是表态，表示自己希望对方能给自己一个平台展示才能，以回报对方的信任。写作求职信要有自信，用“我能行”的口吻打动对方。

**4. 落款**

署名和日期写在求职信的右下方，且署名在上，日期在下。

**5. 联系方式**

在日期的下一行空两格处写清楚自己的联系地址和联系方式，包括电话、E-mail。

**6. 附件**

通常情况下还要在求职信的最后附言说明：随此求职信奉上学历、学位证书、职称证书、获奖证书、身份证、户口户籍复印件一份，敬请查收。

## 二、求职信的写作要求

**1. 态度诚恳，适度推销**

求职者要推销自己，强调自己的成就和自己对所选单位的价值，做到自谦而不自卑，自信而不自大。

**2. 内容明确，言简意赅**

求职信要开门见山，简明扼要，条理清晰，内容充实，切忌长篇大论，华而不实。

**3. 目标明确，实事求是**

求职者应该准确定位自己，确定一个比较合理的目标，这样，其求职信才能有的放矢，提高成功率。

**4. 重点突出，有针对性**

求职者一定要了解所选择的单位，根据单位需要介绍自己的专业知识、工作经验、业务能力、自身特长和个性特点。

**5. 彰显个性，不落俗套**

求职者要打破陈规，标新立异，用自己独特的多元化的思维，去体现自己的与众不同。

**6. 字迹工整，文字通顺**

流畅的文章、工整漂亮的字迹是进入职场的入场券。同时，也让用人单位看到了其性格特征、工作态度和精神面貌。

好的求职信具有鲜明的个性、简洁的文风，不要求全面详细介绍，应着重突出自我优势、特长、技能，切忌成为个人简历的翻版。

## 技能训练

### 一、病文修改

伟大的科学家钱学森曾说过："正确的结果，是从大量错误中得出来的；没有大量错误做台阶，也就登不上最后正确结果的高座。"因此，同学们要想更好地把握求职信的相关知识，就应该能发现错误、分析错误、解决错误。请各小组在15分钟的时间内指出下面求职信中的错误，并将之改正。

**求　职　信**

尊敬的领导：

您好！

我是一名即将于××年毕业的××大学××学院学生，所学专业是计算机。

在校期间，本人严格遵守学校规章制度，尊敬师长、团结同学，有很强的集体荣誉感。大学四年来，在老师的严格教育和个人努力下，我目标明确，态度端正，注意培养专业技能，成绩优秀，具备了扎实的基础知识。除了认真学习专业知识外，我还广泛涉猎其他领域的知识，积极参与文体活动和社会实践，取得了良好的成绩。

"走自己的路"是我的座右铭；"勤奋求实"是我的工作态度；"真诚、自信"是我的最大优点。相信我是您的最佳选择。

您给我一次机会，我必将还您以惊喜。我渴望在更广阔的天地里实现自己的价值，我希望能加入你们的单位。

感谢您耐心地阅读了我的求职信，如需要详细资料，请与我联系。

敬候佳音！

自荐人：××

×年×月×日

### 二、情境写作

以小组为单位，以情境描述为素材，写一篇求职信。

### 三、强化训练

请根据下面内容拟写一封求职信。

刘伟是滨海商业学校会展专业12届毕业生。他在校期间学习勤奋，成绩优秀，多次在市级技能大赛中获奖；具有一定的专业会展知识，英语会话能力较强，且自身形象良好。他对从事会展职业充满自信。请代为刘伟向滨海会展中心拟写一封求职信。

**知识链接**

**面　　试**

一封好的求职信意味着你的一只脚已经迈进了用人单位，那么，另一脚能否也顺利地跨进去，关键要看你的面试过程了。作为刚刚从校门走出来的中职生，如何以不变应万变，顺利通过面试这一关呢？面试的过程中都需要注意哪些问题呢？

一、如何遵守礼仪

（1）提前5～10分钟到达面试地点，以表示自己作为求职者的诚意，给对方以信任感，同时也可调整自己的心态，做一些简单的仪表准备，以免仓促上阵，手忙脚乱。

（2）面见主考官时，如门关着，应先敲门，得到允许后再进去。开关门动作要轻，以从容、自然为好。见面时要向招聘者主动打招呼问好致意，称呼应当得体。在主考官没有请你坐下时，切勿急于落座。主考官请你坐下时，应说“谢谢”。坐下后保持良好的体态，切忌左顾右盼，满不在乎，以免引起招聘者反感。离去时应询问：“还有什么要问的吗？”得到允许后应微笑起立，道谢并说“再见”。

（3）在整个面试过程中，要保持举止文雅大方，谈吐谦虚谨慎，态度积极热情。如果主考官有两位以上，那么你回答谁的问题，你的目光就应注视谁，并应适时地环顾其他主考官，以表示你对他们的尊重。

二、如何回答问题

（1）把握重点，简捷明白，条理清楚，有理有据。面试者要把重点的内容放在前面，让对方明白你想要表达的中心思想，然后加以论证。

（2）针对问题，详略得当。用人单位向面试者提出关于个人情况的问题时，面试者不要简单地以“是”“否”这样的字词来回答，要根据不同的问题做不同的回答，详略得当。

（3）认真思考，明确回答。个人见解，与众不同。用人单位往往会把相同的问题问若干遍，这就需要面试者凭借个人独创的思维去引起对方的兴趣和注意。

（4）知之为知之，不知为不知。面试者一旦遇到自己不知、不懂、不会的问题时，切忌回避闪烁，默不作声，牵强附会，不懂装懂，诚恳、坦率地承认自己的不足之处，反倒会赢得主试者的信任和好感。

三、如何消除紧张

（1）面试前可以听一首轻松愉快的音乐，也可以看一本活泼有趣的杂志。这些做法都可以转移注意力，调整情绪，克服面试时的紧张心理。

（2）面试时先不要急于讲话，而应集中精力听完提问，再从容应答。开始谈话时，可以有意识地放慢讲话速度，稳定自己的紧张情绪。眼睛目视前方，脸上面带微笑会给主考官以诚恳、自信的感觉。

四、如何运用语言

面试的语言表达艺术标志着求职者的成熟程度和综合素养。那么，面试者该如何展现自己独特的语言风采呢？

（1）口齿清晰，语言流利，文雅大方。面试者在交谈时要用普通话，发音要准确，吐字要清晰，还要控制说话的速度，忌用口头禅，网络语言，更不能用不文明的语言。

（2）语气平和，语调恰当，音量适中。打招呼时宜用上语调，加重语气并带拖音，以引起对方的注意。自我介绍时，最好多用平缓的陈述语气，不宜使用感叹语气或祈使句。声音过大令人厌烦，声音过小则难以听清。以每个用人单位都能听清你的讲话为原则。

（3）注意听者的反应。求职面试更接近于一般的交谈，应随时注意听者的反应。例如，听者心不在焉，可能表示他对自己这段话没有兴趣，你得设法转移话题；侧耳倾听，可能说明由于自己音量过小使对方难于听清；皱眉、摆头可能表示自己言语有不当之处。根据对方的这些反应，适时地调整自己的语言、语调、语气、音量、修辞，包括陈述内容。这样才能取得良好的面试效果。

**五、如何运用手势**

（1）表示关注的手势。在与他人交谈中，如果双手交合放在嘴前，或者把手指搁在耳下；或者把双手交叉，身体前倾，则表示对方在关注你的讲话，对你产生好感。

（2）表示开放的手势。在面试时，如果手心朝上，两手向前伸出，手与腹部等高，这种表示热情与自信的手势，则表示愿意与对方建立联系。

（3）表示有把握的手势。如果想表现出对所述主题很有把握，那么，你可以将一只手伸向前，掌心向下，然后从左向右做一个大的环绕动作，就好像用手“覆盖”着所要表达的主题。

（4）表示强调的手势。如果想吸引听者的注意力或强调很重要的一点，可把食指和大拇指捏在一起，以示强调。

为了达到面试的预期效果，面试的手势应因时、因地、因人灵活运用。

# 情境二 个人简历

## 学习目标

知识目标：学习简历的内容，掌握简历的写作格式。

能力目标：能够编写具有自己特色、适合自己发展的求职简历。

素质目标：培养实事求是的做事态度。

## 情境描述

对于求职者来说，简历是其的“敲门砖”，个人简历的好与坏直接关系到求职的成功与否。精心写作个人简历，让简历变得醒目，使自己在众多求职者中脱颖而出，就要花费一番心思。请看下面素材。

陈鑫是某职业学校汽车维修专业的毕业生，看好了一家4S店，想去应聘，他如何填写简历才有可能打动这家店的老板呢？

**想一想：**陈鑫该怎样写一份简历，突出自己的优势呢？

## 知识点拨

### 一、个人简历的概念

简历就是一个人的简明扼要的履历，一般采用一览表的形式，所以也称作简历表或履历表，是求职者和在职员工在求职或转换工作单位的过程中，向用人方证明自己具备某项工作资历与条件的一种专用文书。

简历能使招聘单位有一个初选的依据材料，一份完备的简历会给招聘者留下深刻的印象，使求职者易于获得面试或复试的机会，促使求职者应聘成功。

## 二、个人简历的特点

简历要证明自己具备某些资历，是自我推荐、推销的必备资料，写得成功与否，在一定程度上直接影响求职应聘的成败。一份完备而得体的简历，如同一份个人形象简介，可以伴同求职信一起有效地向用人单位展现自己最好的一面，为自己塑造出最佳形象。

### 1. 完备性

简历要求有完整的个人履历及履历表所要求的全部内容，以供招聘单位全面地了解、认识自己。

### 2. 条理性

个人简历通常用表格形式表达，要求把个人的履历、爱好、特长、兴趣等分门别类地进行清晰而准确的表述，使招聘单位人员一目了然地了解其经历、实力、优点、特长，特别是符合招聘单位急需的专门技术和特长，从而顺利地予以录用。

## 三、个人简历的种类

个人简历一般分为两类，即一般性的简历和有针对性的简历。

### 1. 一般性的个人简历

全面地介绍自己的履历、特长、优势、爱好、兴趣等，可以投放给任何一个用人单位或求职者尚未确定的用人单位。

这种简历能否在求职中奏效，全凭用人方对求职者的资历背景感兴趣与否而决定。

### 2. 有针对性的个人简历

这是指求职者在得知某用人单位的需求后，决定向其投送的简历。

这种简历要在个人一般性简历基础上，重点说明自己以往工作中表现出的专业技能、特长与突出成就，以及自己在本行业中的地位和作用等。

作为一个刚毕业的高中职毕业生，要重点介绍自己与用人单位所需要的专业、本人在专业实习中的成果及自己对用人单位急需专业方面的国内外前沿科技现状的考察、分析和设想等。

## 例文点评

【例文一】

**个人简历表**

| | | | |
|---|---|---|---|
| 姓名 | 王某 | 政治面貌 | 中共党员 |
| 籍贯 | 河南 | 民族 | 汉 |
| 性别 | 男 | 学历 | 大专 |
| 专业 | 机电一体化技术 | 年龄 | 22 |
| 身高 | 173 cm | 健康状况 | 良好 |
| 联系电话 | 138××××××××  | E-mail | ××××@163.com |
| 求职意向 | 机电一体化与机械制造 | | |

（续表）

| | |
|---|---|
| 主修课程 | 金属工艺学、机械制图、计算机应用、机械CAD、工程力学、电机电气控制与PLC、机械设计基础、电工电子技术、液压传动与气动、机械制造技术、传感器与测试技术、单片机原理与应用、机床数控技术、公差与检测、微机原理与接口技术、机电一体化技术、机械专业英语等 |
| 个人技能 | 熟练运用CAD软件绘制图形；熟悉数控系统和编程，熟悉计算机原理，熟练电脑的组装及维修；具备了扎实的专业基础知识，系统地掌握了机械原理与设计、数控编程与加工等有关理论；了解数控机床的维修与保养 |
| 社会实践 | 2012年6月在洛阳理工学院实习基地实习，对机械制造中的冷热加工有了初步了解，实践了车、焊、钳等工种的基本操作；<br>2013年2月在洛阳理工学院电子实习基地实习，实习各种电子电路，熟悉各种电子元件性能，能亲手制作简单的电子产品；<br>2013年5月 在机械制作基地进行科技制作；<br>2013年7月 在林州市汽车底盘配件厂实习；<br>2013年11月 在湖北十堰二汽实习 |
| 获奖情况 | 2011—2012学年第一学期荣获二等奖学金；<br>2011—2012学年第二学期荣获二等奖学金；<br>2012—2013学年第一学期荣获二等奖学金；<br>2012—2013学年第二学期荣获二等奖学金 |
| 获得证书 | 2013年6月通过大学英语四级考试；<br>2013年9月获得AutoCAD证书 |
| 爱好与特长 | 乒乓球、唱歌、羽毛球 |
| 自我评价 | 思想积极进步，以高标准严要求来管理自己。学习勤奋刻苦，成绩优秀，生活上能够吃苦耐劳，不怕困难，勇于承担责任，集体观念强，具有团队协作精神和创新意识。在班里受到同学的尊重，在系里受到老师的好评 |

**点评**：这是一份表格式的求职简历，包括个人基本信息、求职意向、学习经历、参与的社会实践活动、获奖情况和个人自我评价几部分，语言简洁明了。

【例文二】

## 个人简历

求职意向：动漫设计

**基本信息**

姓名：王梅　　　　性别：女

出生年月：××年×月×日

毕业院校：××职业学院　　　　政治面貌：团员

专业：动漫设计　　　　学历：大专

联系电话：*******

E-mail：wangmei@*******.com

联系地址：************

**教育背景**

2010.9—2013.7就读于××大学数字艺术设计系

**获奖情况**

2012年作品《风》获学院第四届动画短片银奖

2011年被评为"三好学生"

**社会实践**

2011年7月—8月××动漫城兼职游戏动漫设计

2012年6月—9月在××公司兼职网页设计

2011—2012年担任校学生会宣传部部长、外联部部长，组织了海报大赛、学生作品联展等活动，取得了良好效果

**基本技能**

精通Dreamweaver、Flash、Photoshop等设计软件

全国计算机等级考试一级

英语应用能力考试B级

**主修课程**

动漫小品、动漫广告片头、视听语言、动漫技法、动漫造型（2D、3D）、综合设计基础、综合造型基础等

**点评**：这份求职简历，将申请职位及个人基本信息明确写明，学历教育背景及专业知识培训经历交代清楚。在获奖情况部分，将展现专业能力的奖项放在前面；在社会实践部分，时间上倒序排列，内容上按职位相关度降序排列，不仅列出所任职务，而且提供具体工作业绩；在自我评价部分，针对所应聘的职位，阐述自己的优点，简洁明了。这是一份实用型文字式个人简历，简历的内容要素齐全，重点突出，让用人单位能够一目了然地掌握情况。

【例文三】

扫一扫

## 写法指导

### 一、个人简历的基本格式与写法

个人简历的基本格式一般为表格式。表格式具有层次清楚、一目了然的效果，所以常常被广泛采用。

从形式上看，一份完备的简历包括封面和正文两部分。

**1. 封面**

封面是简历的外在包装，主要写清楚姓名、单位即可，内容虽然不多，但它是简历表的门面，因此一定要闪亮登场。设计要精致、版式要美观大方，字号字体和颜色的选择都要恰当适宜，图案和文字的搭配应相得益彰，特别是要具有一定的创意，给招聘单位留下美好的第一印象。

**2. 正文**

一份完备的简历正文，应具备以下几个方面的内容。

（1）身份简历。这包括姓名、性别、年龄、民族、健康状况、政治面貌、主要社会关系、联系地址及邮编、联系电话和E-mail等。

（2）教育背景。这包括就读大中职学校、所学专业、开设的主要课程、学习成绩，以及相关的培训、特殊的训练等。对于刚走出校门初次求职的高中职毕业生，可以在简历上列出自己曾经学习过、进修过的与求职应聘单位、岗位直接相关的专业课程和达到的水平来补充证明自己在某专业知识、技能方面具有相应的能力，让用人单位迅速地判断求职者的学历背景与应聘工作岗位的关联性，从而决定取舍。

（3）工作实践经历。这包括在校期间的勤工俭学、兼职打工、实习期间有针对性的工作实践、就业之后的工作实践、参加过的社会活动等。特别要写明以上实践过程中所取得的成绩、效果、创造等。目前，许多招聘单位优先招聘有实际工作经历、经验的人员，因此在撰写简历时要注意阐述自己曾经从事过的各项工作及成果，努力挖掘自己在这些方面真正具有的实践经验，突出自己的经验和能力，提高被录用的概率。

（4）个人的兴趣、爱好和特长。这包括个人所学专业技术特长和一般特长，如外语、计算机、普通话或特殊方言、写作能力、书法绘画、车船驾驶技术等，以及其他方面特殊的能力和爱好、兴趣。不要忽略不写这些内容，有眼光的招聘者非常重视求职者这方面的特长。人们常说，有兴趣爱好的人，有特别执着的精神，兴趣和爱好会是成功的一半。

（5）求职意向，也称职业目标。应表明应聘的方向，或者正在寻求的特定职位、头衔。应聘的方向既不要过窄而限定了被选择的范围，也不要过宽让人觉得你过于自负或没有专长。要根据自己的实际情况确定一到三个岗位为好。

（6）个人资历的佐证人及其单位、联系方式。此项内容看似与应聘无关。高明的招聘者会从此看出应聘者的自信和诚实，确认求职者简历的真实性和可靠性。

此外，还可以根据需要写入一些其他内容，如各种获奖、自我评价及人生理念、自己的理想和奋斗目标、对招聘单位事业的发展建议和展望及良好祝愿、加深单位对自己的印象和好感会有助于自己求职的成功。

## 二、个人简历写作的基本要求

写作一份令人满意的简历并非易事，作为一个严肃的求职者，一定要下功夫，把自己精心打造的个人简历呈现在招聘者的面前。

### 1. 内容要真实

个人简历最重要的就是要求内容真实，即如实地表达自我经历，不弄虚作假、伪造学历和经历，不夸大自己的能力和业绩，真实的简历就是自己的诚信记录。

### 2. 表述要全面

简历虽简，但要使招聘单位在最短的时间内了解自己的基本情况，对自己有个比较清晰的印象，就要在简历的写作中注意内容的全面和完整。同时，还要把自己求职的具体目标和岗位及自身条件、专业技能优势写清楚。虽然在求职信中曾经有过表述，但仍有必要在此重新写明。最后还要把自己所有证件、获奖证书的复印件和照片一并附上，并把自己的联系方式（电话、E-mail）写准确。

### 3. 重点要突出

简历要求全面，但绝非面面俱到、主次不分，而应根据单位和职位的要求，根据自身的强项，巧妙地突出自己具备符合招聘单位需要的个人优势、实践经历、经验与成果，做到重点突出。

**4. 评价要客观**

自我评价时要实事求是，客观公正，既不要虚夸自己的优势、能力、特长、业绩和成果等，也不要过度谦卑、妄自菲薄。有时，适当地坦陈自己某些方面的不足，反而更能赢得好感。

**5. 篇幅要简短**

招聘人员面对大量的求职信、简历没有耐心去完整细致地阅读，因此写作简历不宜太长，而应言简意赅，表达流畅，既要全面，又要突出重点。

简历的简明决定了其语言文字的准确规范，文风的庄重朴实忌用描绘抒情、议论和引经据典。

**6. 版面设计美观大方**

一份令人满意的简历，其版面设计也很重要。优秀的版面设计，会让招聘者的眼睛为之一亮，可以体现求职者的文化素养和美学品位等基本素质，应当做到颜色适宜醒目，款式美观大方，字体大小适中，字行疏密得当，目录正文主页标志明显，段落条理清晰，读之赏心悦目。

**7. 简历中不必出现的内容**

（1）薪金要求。薪金要求是一个敏感的问题，需要慎重。在简历里提薪金，要求低了，对方会认为你没有水平；要求高了，对方会认为你还有更高的要求而不考虑录用你。较好的做法是，等面试时在对方问到薪金问题时提出来。

（2）个人的详细情况。家庭状况、自我评价、个人爱好与兴趣、种族、宗教信仰、婚姻状况、体重等，如果与工作联系不大，就不要写。

（3）缺点、失败的经历。没有人会认为这是诚实的表现，只能是画蛇添足。

（4）不可以在简历上贴自己的生活照或休闲照，如果贴，则只能贴标准照。

## 技能训练

### 一、病文修改

以小组为单位，找出下面简历的不当之处。

**个 人 简 历**

<table>
<tr><td>姓名</td><td>余××</td><td>性别</td><td colspan="2">男</td><td colspan="2">出生年月</td><td colspan="3">1992年1月</td></tr>
<tr><td>何时毕业于何校</td><td colspan="2">2013年6月<br>江苏××职业技术学院</td><td colspan="2">求职意向</td><td colspan="5">总经理助理或销售助理<br>（受父亲、舅舅、姑姑的影响，感兴趣）</td></tr>
<tr><td>户籍所在地</td><td colspan="2">厦门<br>（随父母工作调动常住南京）</td><td>专业</td><td>计算机</td><td>学历</td><td colspan="2">大专</td><td>学位</td><td>无</td></tr>
<tr><td>学习经历</td><td colspan="9">1995年9月—1998年6月福建厦门××幼儿园学习　证明李××<br>1998年9月—2004年6月福建厦门开元实验小学学习　证明黄××<br>2004年9月—2007年6月福建厦门一中学习　证明吴××<br>2007年9月—2010年6月福建厦门二中学习　证明杨××<br>2010年9月—2013年6月江苏××职业技术学院学习　证明张××</td></tr>
</table>

（续表）

| | |
|---|---|
| 工作经历 | 2011年、2012年寒假、暑假分别到南京××公司、福建泉州××公司、无锡电视台等单位做促销员、网管员、秘书等 证明 魏×× |
| 家庭主要成员 | 父亲：陈×× 中共党员 大专毕业 南京××公司总经理<br>母亲：邓×× 民盟盟员 本科毕业 ××学院外语系主任 教授 |
| 主要社会关系 | 舅舅：邓×× 厦门大学毕业 上海××公司董事长<br>姑姑：陈×× 厦门大学毕业 福建厦门××公司营销总监 |

## 二、情境写作

以小组为单位，以情境描述为素材，替陈鑫写一篇有针对性的个人简历。

## 三、强化训练

秦红梅来自农村家庭，是××市财经商贸学校会计专业的女生。中职三年，秦红梅学习认真刻苦，各门课程成绩优秀，连续两年获得市政府奖学金，并获得了市级“三好学生”荣誉。在××市中等职业学校“数码杯”技能大赛中获得“点钞”（多指）一等奖、“计算器”（小键盘）二等奖。参加××市中职生作文比赛获得一等奖。通过考试获得了会计证（初级）、普通话水平考试二级甲等、计算机NET考试三级等证书。

2010年7月到2012年5月，秦红梅在××超市实习，任收银员。实习期间认真负责，吃苦耐劳，收银差错率远远低于其他实习收银员，曾两次提醒顾客带走遗留在收银台的银行卡、手机等物品。实习鉴定为优。

在校三年，秦红梅一直以志愿者的身份参与校学生会组织的“义工站”的管理工作。担任出纳员，三年中从未出过任何差错。毕业求职时，她看到了晨曦文化用品经销公司招聘卖场收银员的启事。秦红梅以前曾去过该公司的卖场，她认为自身条件比较适合该公司的收银员，准备应聘。请代秦红梅拟写一份应聘简历。

**知识链接**

### 求职自传

**一、求职自传的概念**

求职自传是以叙述形式展现的个人简历，它把自己的生活道路、成长经历、思想演变、工作、学习经历和作风等方面的情况系统而有重点地通过文字形式表达出来。

求职自传一般应包括姓名、性别、年龄（出生年月）、家庭情况、学历、工作经历、理想与抱负等内容。由于求职者千人千面，各人实际情况不同，因而要根据个人的实际情况选择人生中最难忘、最有意义的内容简明扼要地来写。

**二、求职自传与个人简历的区别**

求职自传的作用不同于个人简历。自传更侧重于文学色彩，是一篇抒情文，以散文、白话的方式表达，主要突出自己的经历、理想、能力、抱负及家庭背景等，可陈述个人的工作态度、人生观，具有较强的主观色彩，从中可以看出求职者的文化素质和语言表达能力，也可以看出其精神世界，而简历只是机械地说明求职者的经历和人生轨迹。具体区别如下。

（1）求职自传除了记述生平事迹外，还要反映出求职者的思想情况，让用人单位知道求职者的思想面貌，而个人简历只介绍经历和事迹。

（2）求职自传既可以是对生平事迹的实录，也可以具有一定的文学性（但不同于自传体小说），而个人简历却要求客观、精练，不需要文学性的修饰。

**三、求职自传的基本格式与写法**

通常意义上说，求职自传的写作格式由标题、正文、结尾三部分组成。

1. 标题

居中书写"求职自传"或"×××自传"。

2. 正文

主要包括如下内容。

（1）基本信息。这包括个人基本资料、个人身世、家庭状况等。

（2）学习经历。可按时间顺序叙述各学习阶段的表现，如果有特殊荣誉、事迹或参与的各种研习训练课程、学术活动成果、社团经验、担任干部之资历等，尤其是与应征职位相关的经历，都可以特别强调，以突出专业知识和技能。

（3）专长与能力。一般学生在校期间都会参加一些相关的资格、能力考试，或者取得一些证件、证书，因此专业技能、专业证件、外语能力、计算机等级考试等相关证明都要列出，以呈现出专才或复合型人才的形象。

（4）志趣与爱好。每个人都会有一些生活爱好和志趣，通过这些业余爱好或志趣，往往可以表现出求职者的才情、优点和特色。因此，求职者可以就亲身的经验和体悟加以叙述。

（5）工作经历。这主要写自己从事过的相关工作或兼职、社会实践工作经验。

（6）人格特质。求职者应以积极、正面、客观、具体的语言如实对自己的性格特点加以描述，不可虚假夸大、引人反感，从而降低可信度而失去面试的机会。

（7）自我期许、生涯规划。求职者对自己高标准的自我评价和期许，勃勃的雄心和抱负，以及对未来清晰的职业生涯规划和展望，要清楚地描述，彰显其人格和胸襟，以获得用人单位的认同和赏识。

3. 结尾

可以用总结性的文字对自己的主要成果和收获进行概括。最后居正文后右下方署名，下一行注明日期。

**四、写求职自传的注意事项**

（1）构思缜密周详。在写作前要仔细构思自传的结构内容、遣词造句、文字修辞，了解用人单位及职位要求。

（2）用语平实典雅。求职者写作自传的目的在于自我推销，因此在行文时不可谦卑而缺乏自信，更不可夸耀虚假而让人无法信赖。

（3）文字流利畅达。当用人单位在审核自传时，就能从字里行间感受到求职者的文字表达能力。

（4）创意新颖别致。新颖、充满现代感的观念是吸引用人单位欣赏的条件之一。

（5）书写编排工整。清晰典雅是对求职自传的编排要求，字符间距适当、字体工整，也可以给人留下好印象。

求职自传必须懂得推销战术，把自己的长处和能力，用巧妙的方法包装起来。因此，应周全具体地描述自己的形象，坚持简洁、有力、中肯的原则。

【例文一】

## 求职自传

我叫×××，男，1995年××月出生，是××职业学校的一名应届毕业生。所学专业是计算机应用。作为即将踏入社会的新人，我满怀热情与追求，期待一份契机与成功。

工欲善其事，必先利其器。中职三年，思考、书籍和社会实践使我不断走向成熟，对知识的渴望，对理想的追求，人际关系的扩展，思维方式的变更，造就了我不断完善的专业技能和日趋成熟的思想，培养了我务实进取、认真负责的工作作风和良好的团队精神。

在校时期，我不仅注重综合素质的提高，还选修了Linux、网站构建、计算机组装与维修、数据库等课程；在熟练掌握基本应用软件的同时，又自学了Flash、Photoshop等。我爱好网页制作且有自己的个人网站，经常在网上发表Flash作品。一次性通过了全国、省计算机三级、程序员及高级程序员考试；在校期间多次荣获二、三、四等奖学金，并多次在文艺表演和书法比赛中获奖。

我历任班长等职务，长期为同学们服务，参与组织了各项有益活动，培养了较强的策划、组织、协调、管理和创新能力及吃苦耐劳的精神。我有过长时间的实习经历。对于计算机教学有相当的经验，也有自己独特的见解。

我充分发挥在音乐方面的个性特长，积极参加了校园各项文艺活动。此外，擅长打排球等各种球类，担任过排球队长，参加了历年的班级各种比赛。

未来的道路上充满了机遇与挑战，我会继续努力学习其他的计算机知识，“敢于创新，勇于开拓”是我执着的追求。“纸上谈兵终觉浅，绝知此事要躬行”，因此我将在今后的工作中虚心学习，不断钻研，积累工作经验，提高自己的工作能力。

我积极上进，笃守诚、信、礼、智的做人原则，思想积极要求进步。我性格开朗、办事稳重、善于思考、自学能力强，易于接受新事物，是一名符合时代要求的具有复合知识技能的毕业生。我相信全新的工作环境会为我建立未来职业和个人性格提供更好的机会。

×××

×年×月×日

**点评：**这是一份中职毕业生的求职自传，格式规范，内容完整，语言流畅、简练。居中写标题，简单明了。正文部分，第一段是基本信息，姓名、性别、年龄、毕业学校和所学专业。第二段概括写个人的思想、意识等方面的成熟度；第三段重点写专业素质及获奖情况；第四段突出个人的领导和管理能力；第五段写个人的特长优势；第六段写个人的期许及态度。结尾用高度总结性的文字对自己的主要成果和收获进行概括。

【例文二】

扫一扫

# 情境三 竞 聘 辞

## 学习目标

知识目标：掌握竞聘辞的写作规范与技法。

能力目标：能够写出恰当得体的竞聘辞进行竞聘演说。

素质目标：树立高尚的岗位情操，培养公平竞争的意识。

## 情境描述

现在，很多企事业单位，为了选拔有能力的人适合不同的岗位，采用了竞聘上岗的方式。这也是改革的举措和重塑企业文化的有效手段，真正体现能上能下、优胜劣汰的市场化观念和竞争意识，鼓励员工不断创新，实现自我提升，为组织注入新的活力，同时强化员工的使命感与责任感。在学校，也有竞聘的机会。请看下面素材。

学生会干部开始换届，你所在的部门将选拔一名新的部长，你报名参加了本次竞聘。在一周以后要进行竞聘演讲，最终你能否取得成功?

**想一想：**竞聘演讲稿的亮点是什么？怎样才能如愿以偿?

## 知识点拨

### 一、竞聘辞的概念

竞聘辞，又称竞聘书、竞聘报告或竞聘演说词、竞聘演讲稿，是竞聘者在竞聘会议上向与会者发表的一种阐述自己竞聘条件、竞聘优势，以及对竞聘职务的认识、未来的施政目标和构想等所做的公开演讲而事先准备的书面材料。

### 二、竞聘辞的特点

（1）竞争性。凸显人无我有，人有我优，人优我特的竞争优势。

（2）目的性。具有鲜明的竞聘目的，直接表达自己想要竞聘成功的想法。

（3）生动性。要吸引人，具有口头宣传的作用。

（4）自评性。要全面而公正地评价自己。

## 例文点评

【例文一】

**市委宣传部宣传科科长职位竞聘报告**

尊敬的各位领导，同事们：

你们好！

我很高兴参加宣传科科长职位的竞聘，感谢领导和同事们又给了我一次学习提高的机会。

**一、基本情况**

1964年，我出生在一个农民家庭。1986年7月参加工作，1995年入党。高等教育自学考试汉语言文学专业本科毕业，现为甘肃省委党校经济管理专业在读研究生。1998年至2000年，连续三年被评为“优秀公务员”；2000年被第三届中国敦煌酒泉经贸洽谈会组委会评为“先进工作者”；去年，被党代会组委会评为“先进个人”，被宣传部党支部评为“优秀共产党员”。当然，这些成绩的取得，既是我个人辛勤工作的结果，同时也得益于在座各位领导和同事们的帮助与支持。在此，我表示衷心的感谢！

**二、竞聘优势**

我之所以选择竞聘宣传科科长职位，是因为这些年来我积累了丰富的工作经验，提高了综合素质，已经具备了做为一名宣传科科长的能力。具体来说，我有以下五个方面的优势。

第一，我熟悉和热爱宣传工作。（略）

第二，我有较高的理论政策水平。（略）

第三，我了解基层干部群众的思想状况。（略）

第四，我有较强的组织协调能力。（略）

第五，我有较好的语言文字功底。（略）

**三、任职打算**

宣传科是宣传部的一个职能科室，担负着宣传党的方针政策、开展形势和任务教育、指导全市思想政治工作、协调和指导有关部门搞好社会宣传工作和教科文卫工作，以及负责市国防教育办公室的日常工作等重要职责。作为宣传科的科长，既要对自己科室担负的工作始终做到清清楚楚，全盘于心，并有一定的预见性，还要根据阶段性任务的要求，分清主次，提出切实可行的安排意见，更要事事带头，调动科室全体人员的积极性，推动各项工作任务的落实。

如果我当选为宣传科科长，我将会使宣传科工作发生根本的变化。总的目标是：争一流科室，干一流工作，创一流业绩。总的打算是围绕一个中心，实现三个突破，做到六个到位。

一个中心就是紧紧围绕市委的中心工作，精心组织好各项宣传教育活动。

三个突破，即一是广泛开展调查研究，切实找准基层干部群众的思想脉搏，使思想政治工作真正从空中回到人间，在“三贴近”上实现突破；二是要从过去习惯的说教、灌输等方式方法中跳出来，充分发挥现代传媒的作用，在提高思想政治工作的针对性和时效性上实现突破；三是通过政策引导、情况反映、协调沟通等多种形式，把解决思想问题和解决实际问题结合起来，在思想政治工作的虚功实做上实现突破。

六个到位，即一是通过由点带面的方式，使市委制定下发的思想政治和国防教育的各项工作制度落实到位；二是围绕中央、省市阶段性要求，充分发挥各教育基地的作用，使思想政治教育的各项教育任务落实到位；三是围绕重大节会，精心组织，使营造氛围的各种社会宣传和文化活动开展到位；四是通过表彰奖励、经验交流等形式，使思想政治工作的各类典型宣传到位；五是通过高效率、高质量的工作，使部领导交办的各项工作完成到位；六是通过编印征订书刊、组织竞赛、办班培训等方式，使宣传科每年创收万元的任务落实到位。结合到具体工作中，比如在今年庆祝国庆54周年和撤地设市一周年的活动中，宣传科事前就要精心策划，扎实安排。通过举办大型文艺晚会，开展书法、摄影、图片展览，大型体育比赛，表彰“非典”防治工作典型等多种形式，把国庆活动、撤地设市活动和教育活动融为一体，烘托团结奋进、昂扬向上的社会氛围，为全面建设小康社会鼓劲助威。

以上就是我的决心，我的打算。在我的演讲快要结束的时候，我还有几句心里话要对大家说。

能参加今天的竞争演讲，心里既感到高兴，又感到不安。高兴的是领导和同事们给了我一个展示自己才华的机会，不安的是要同多年的同事和朋友竞争，内心感到很过意不去。当然，要竞争总会面对两种情况，要么竞争上，要么竞争不上。不管出现哪一种情况，我都会感激你们，因为在过去的日子里，你们已经给了我很多的帮助和支持。我坚信，过去帮助和支持过我的你们，今天仍然会帮助支持我的。我将在宣传科科长的岗位上，用我的诚心，我的热心，我的责任心和我在事业上取得的优异成绩回报你们。

最后，祝领导和同事们，人人幸福安康。谢谢大家！

**点评**：这份竞聘报告的标题由“竞聘职位+文种名称”组成。接下来，称谓准确、不矫饰，开场白自然、大方。首先，介绍自己的基本情况：出生、参加工作及入党的时间、学历、获得的荣誉称号，说明自己的成绩并表示感谢，拉近与大家的情感距离。其次，从五个方面阐述自己的竞聘优势，先总后分。然后，对应聘岗位做总体介绍，显示自己对相关工作的理解和熟悉程度。在阐述任职打算（施政纲领）时，用数字概括，形成三个短语，概括力强。具体措施、活动已了然于胸，且切实可行，体现了较强的业务能力、策划水平。这份竞聘报告内心真诚表露，用语精练，态度诚恳，体现了“诚心”“热心”“责任心”，极富概括力。

【例文二】

## 学生会干部竞选稿

敬爱的老师、亲爱的同学们：

大家下午好！我是来自12级机电班的×××同学，我竞选的是学生会的副主席。首先，我想先抒发一下自己的小感慨。第一就是，感谢大家牺牲了宝贵的自习时间抽空来为本次学生会干部的竞选进行投票。第二就是，这是我第一次战胜了自己的恐惧感，来参加学校组织的干部选举，尽管现在我的手心还在直冒冷汗，心跳频率加快，而且面对这么多的精英，也许选上我的概率并不会很高，但是我还是为自己的小突破而感到自豪。无论结果如何，我想我都会很开心。

先介绍一下我的个人基本情况。重申一遍哟，我是来自12机电班的×××。

在学习上，我成绩优异，总是不服输地与成绩相当的同学　争高低。我还十分乐于帮助成绩暂时落后的同学，常常为他们尽自己力所能及的帮助。我喜欢写作，小学的时候作文写得极为生涩，危机感催促我开始广泛阅读，因而现在的我作文成绩优异，在全国文明风采征文大赛中，取得了二等奖的好成绩。当然，这使我更爱阅读了。

作为一名班长，我能遵守学校的校规校纪，尽职尽责，总是热心地为老师提出管理班级的建议，并且得到了老师的信任与赏识。我是一名正气十足的班委，如在自习课上同学们管不住自己嘴巴时，我总能及时地友善制止。性格开朗大方的我，也与班上的同学们成为了好朋友，万事都友好相处，妥善解决。我爱好广泛，喜爱画画的我，手抄报获得了两次一等奖，钢琴水平也达到了10级，并积极参加学校各项活动，取得了不错的成绩。

我有勇气、信心和能力并且相信自己能胜任副主席的工作。因为我对工作总是持认真负责态度，并有很强的组织能力，做事胆大细心，保质保量。与同学相处友好融洽，事事以身作则，处处严格要求自己。

如果我有幸得到了在座的肯定，成为了光荣的副主席。我会树立服务与榜样意识。虚心向有经验的同学学习，认真吸取每一次教训，从而加以完善。热爱和关心每一位同学，真心实意地为大家服务，协助辅导员老师和主席开展好丰富多彩的活动，使每一位同学都能愉快地参加各项活动，且通过活动，不断进步。至于在学生会利益前，我会坚持以学校、大多数同学的利益为重，决不以公谋私。努力把学生会打造成一个学生自己管理自己，高度自治，体现学生主人翁精神的团体。

我知道，空话说多了可能会显得十分乏味，但是请相信吧，我一定会用行动来证明自己！让这份设想计划能够成为令你们所满意的答卷。

温室里的花朵经不起风吹雨打，而经历一番风霜苦，自有梅花扑鼻香。我不愿做温室里的花朵，我想做傲雪的梅花，成为副主席，经受各方面的锻炼和考验。

我并不大胆， 但我有勇气。我不是最好的，但我一定会做到更好。希望同学们能给我一次展示自己能力的机会吧！我一定不会令你们失望的！

谢谢大家！

**点评：**这篇竞聘辞很符合学生的实际水平和现实情况。开头为了缓解紧张的心情，先抒发了小小的感慨，赢得同学们的支持；主体部分实事求是地介绍了竞聘者的基本情况，然后概括了竞聘的条件，最后提出如能当选的施政方法和措施，讲述得朴实和真诚。结尾简明地表达了自己的愿望。总之，这篇竞聘辞反映了学生竞聘辞的一些特点——内容具体，重点突出，格式规范，态度谦和，语言朴实真诚。

【例文三】

扫一扫

## 写法指导

### 一、竞聘辞的格式与写法

竞聘辞一般由标题、称呼、正文、落款（只写不读）构成。

**1. 标题**

（1）文种式，可只写“竞聘辞”。

（2）公文式，由“竞聘人+文种名称”或“竞聘职务+文种名称”组成。

（3）文章式，可以采用单行标题，也可采用正副题形式。

**2. 称呼**

这是指竞聘者对评委和听众的称呼。

**3. 正文**

（1）开头。精彩而有力的开头非常重要。在竞聘演讲中，常用的开头方法有以下几种。

- 以诚挚的心情表达自己的谢意，如“我非常感谢各位领导、同志们给了我这次竞聘的机会”。
- 介绍自己的有关情况。具体介绍姓名、学历、职务、经历等。例如，“我叫张××，

2014级电子专业学生，2014年10月加入系学生会，现任学生会学习部干事”。

- 阐述竞聘演讲的主要内容。这种方法使评选者一开始就能明了竞聘者的演讲主旨。例如，“我今天的演讲内容主要分两部分：一是我竞聘学习部副部长的优势；二是谈谈做好学习部副部长工作的思路等”。

（2）主体。在竞聘演讲的过程中，要把自己介绍给评选者，让评选者了解你的基本情况，了解你对竞聘岗位的认识和当选后的打算。因此，竞聘演讲的主体部分应包括以下几个方面内容。

- 介绍自己应聘的基本条件，说明为什么要应聘、凭什么应聘等问题。在这一部分，竞聘者应以直率的语态明确表达自己的竞选动机、条件和工作目标、措施，给人留下“说真话，干实事”的印象。
- 阐明自己任职后的打算。在竞聘演讲中，评选者最关心的是竞聘者任职后的打算。因此，竞聘者在竞聘演讲时，一定要紧紧围绕着听众关心的热点、难点问题，提出明确的工作目标和切实可行的措施。

（3）结尾。竞聘演讲稿的结尾应表明自己对竞聘成败的态度，表达自己对竞聘上岗的信心，并期望得到评选者的支持等。

#### 4. 落款

写上署名和日期，也可不写。

### 二、竞聘辞写作的注意事项

（1）写清楚所要竞聘的职位，对竞聘岗位的理解与认识要准确、全面。例如，竞聘某学校学生会主席这个岗位时，仅仅将学生会主席的职责理解为完成学生会日常管理工作是不够的，还应当上升一个高度，即学生会是学校提高学生综合素质的阵地，是丰富学校校园文化建设的主战场。对岗位的认识有高度，今后的工作思路才能抓得更准、更到位。

（2）写清楚自己的工作业绩，而非工作时间长短。竞聘辞的写作重点是竞聘者的优势和今后的工作思路。竞聘者的优势要抓得准，竞聘者具备的优势要与岗位需求高度一致，如竞聘学生会体育部部长，竞聘者大讲自己琴棋书画样样通，就是对竞聘优势抓得不准。

（3）态度语气要自信委婉。要实事求是、发自内心地表达自己真挚的感情和真实的思想，切忌说大话、假话、空话和套话。

## 技能训练

### 一、病文修改

同学们结合写作知识和前面的例文，分析下面竞聘报告存在的问题，以便从正反两方面对比来强化学习效果。

**竞聘学生会副主席**

尊敬的各位老师、同学们：

你们好！

金秋送爽，转眼我们进入了深秋。万山红遍、层林尽染，鹰击长空、鱼翔浅底，好一派迷人的深秋景色啊。我的心情和大家一样愉快！祝大家天天开心！

今天我作为学生代表，十分荣幸地站在这里参加本届学生会主席团成员的竞选。我竞选的是学生会副主席一职，虽然我很清楚，我的竞争对手都是各班精挑细选选出来的精英，实力不可小觑，但我充分相信自己的能力，所以，今天，我能够站在这里挑战主席团！

或许有些人会暗自发笑：这小子怎么这么自负！可是我想说，自负，就是高度的自信！一个人如果连自己都不相信，那么他就没有资格做任何事，即使做了，也很难成功！我之所以能够站在这里，大部分是由于我的自信！当然，能力也很重要，因为一个人的信心和能力永远是成正比的。本人兴趣广泛，特别是在美术方面有一定的特长，喜欢画画，制作广告和宣传工作，曾获学校“反腐倡廉”广告语比赛三等奖，代表班级获“海报风采展”一等奖，并多次在《声屏报》发表自己的漫画作品。除此之外，我还在蜗牛饰品店做过兼职，负责销售和设计视频，积累了一定的时间经验，懂得了如何销售饰品以及如何更好地与顾客沟通。我认真学习会计基础，并考取了中级点算会计证。

加入主席团，是一种荣誉，更是一种责任。我知道这条路上有许多挑战，但我自信我有能力担起这副担子，因为我的人情，我的毅力，我实事求是的工作态度。如果我有幸当选，我将以良好的精神状态，大胆地管理学生会事务，使校园生活更加多姿多彩，真正做好本届学生会成员的工作！

假如我未当选，我也不会灰心、气馁，我将在今后努力提高自己的能力。同时，希望学生会的工作在本届学生会成员的管理、协作下越做越好！

但愿我今晚好运，谢谢各位。

## 二、情境写作

请各小组同学以情境描述为素材写一篇竞聘辞。

## 三、强化训练

××职业学校将进行新一届的学生会换届工作，学生会主席、副主席及各部部长，如学习部部长、宣传部部长、文艺部部长等均将通过竞聘的方式产生。现假设你将竞聘其中的某个职位，请结合个人事迹拟写一份竞聘辞。

**知识链接**

### 就职演讲稿

**一、就职演讲稿的概念**

就职演讲稿是新当选或连任的政府首脑、地方长官、部门领导，以及企事业单位的领导就职时，就怎样处理国内外、地方和部门的政务而发表的演说词。

**二、就职演讲稿的特点**

就职演讲是新任领导面对其职权范围内的所有群众或代表而发表的施政演说。就职演讲是群众对新任领导的第一印象，就职演讲稿的写作必须具备以下特点。

（1）对症。就职演讲稿的写作是在深入调查研究的基础上动笔的，是就职者面对现实生活中最需要解决的问题发表见解，其矛头所指必须是该单位的热点、焦点问题，这样才会引起听者的共鸣。

（2）真挚。演讲稿中注入了演讲者强烈而真挚的感情，这种强烈的感情以适当方式表现出来，必将产生强大的感染力和号召力。

（3）简洁。演讲稿必须具有简洁性。要做到主题集中、突出、层次少而有条理，语言准确洗练，使听众一听就能明白。

（4）真实。就职演讲稿要比其他文章更给人以真实亲切之感。演讲内容要真实，要讲真话，讲实话，不能哗众取宠。

## 三、就职演讲稿的格式与写法

目前就职演讲稿没有固定的格式和内容要求，一般由标题、称谓、正文、落款四部分组成。

1. 标题

就职演讲稿的标题有多种写法，一般由“事由+文种名称”组成。

2. 称谓

在标题下顶格书写称谓。演讲者面对的听众一般有三种情况：一是主管单位领导与本单位员工，称谓用“各位领导、全体同志（或员工）”；二是面对的是全体人民代表，称谓用“各位代表”；三是主管单位领导与所属单位员工代表，称谓用“各位领导、各位代表”。

3. 正文

就职演讲稿的正文一般由开头语、主体、结语三部分组成。

（1）开头语。开头语的任务是吸引听众、引出下文。它有六种形式：由背景和问候、感谢语开始；概括讲演内容或揭示中心论点；从讲演题目谈起；从讲演缘由引起；从另件事引入正题；用发人深思问题开头。

（2）主体。主体，即中心内容，一般有三种类型：记叙性讲演稿，以对人物事件的叙述和生活画面描述行文；议论性讲演稿，以典型事例和理论为论据，用逻辑方式行文，用观点说服听众；抒情性讲演稿，用热烈抒情性语言表明观点，以情感人，说服听众，寓情于事、寓情于理、寓情于物。

（3）结语。这是讲演能否走向成功的关键，常用总结全文，加深印象；提出希望，给人鼓舞；表示决心，以誓言结束；照应题目，完整文意等方法在激动人心的结语中结束全文。

4. 落款

写上署名和日期，也可不写。

## 四、就职演讲稿与竞聘辞的不同

就职演讲稿与竞聘辞都是演讲稿大家族中的成员，都带有一般演讲稿的特点，都要遵循演讲稿写作的原则要求，两者有很多相同之处，但由于它们的写作目的等不同，也有明显的区别，在实际使用中要注意区分，不可混用、错用。

（1）写作目的不同。竞聘演讲稿的写作目的单一突出，以竞聘某一职务为目标，以竞聘成功为目的，而就职演讲稿的目的在于展示自己任职的责任感和事业心，努力塑造一个有能力、有决心完成任职目标的良好形象。

（2）具体作用不同。竞聘演讲的主要作用有展示竞争优势和创新施政能力，树立谦虚诚恳形象等，而就职演讲的主要作用有督促干部实现诺言、提高干部素质、树立工作威信等。

（3）形成时间不同。竞聘演讲稿形成于“竞”职之时，能否成功被“聘”，尚属未知，而就职演讲稿形成于“竞”职成功、顺利受“聘”之后，即将“就职”，走马上任之际，已经明确岗位职务。

（4）内容重点不同。竞聘演讲稿重点写凭什么参与竞聘、如何实现岗位目标、对竞聘成功与否的态度如何，而就职演讲稿则重点写任期目标是什么、保障措施有哪些。

（5）听众对象不同。竞聘演讲者面对的听众主要是招聘单位的领导、人事部门的负责人或有关专家组成的评委会，属于极具特殊性的一类听众群体，而就职演讲面对的听众为上级组织部门的领导、本单位的干部职工。

（6）参与对象不同。竞聘演讲的参与者至少有两人以上，要求演讲稿写作实现“人无我有”“人有我优”，而就职演讲的参与者具有单一性，职位已“非我莫属”，演讲稿可以从容而写。

【例文一】

**新任学生会主席就职演说词**

尊敬的领导、老师，亲爱的同学们：

大家下午好！

金菊含笑、秋风送爽，在这个美好的季节，新一届学生会成立了。

学生会是在学校团总支的指导下独立开展工作的学生组织，是切实为同学们服务的团体，新一届学生会是承前启后的一届，更是开拓创新的一届，我们深知肩膀上的重任。在继承并发扬学生会优良传统的同时，我们更要在新的形势下搭建新的舞台、开创新的局面，使学生会提升到一个新的发展平台。为此，我代表新一届学生会全体成员向大家作一下工作设想，表一下决心。

首先，抓好基础工作，筑好坚实地基。深层的地基关系着高楼的命脉，我们日常看似平淡的基础工作决定着全专业、全方位的运作。过去，我们的学长在学习、卫生、文艺、体育、自律等各个方面均取得了辉煌的成绩。面对学长们为我们打下的坚实基础，我们要精诚团结、与时俱进，继续不懈地抓好日常管理和各项基础工作，建立健全学生会各项章程，改进工作方式、方法，使其更贴近同学们的需要，引领和凝聚更多的同学一起向更高、更好、更强的目标奋进。

其次，营造精神家园，丰富校园文化生活。学校是莘莘学子的圣洁殿堂，更是我们塑造高尚品格的缤纷天地。作为学生组织，我们要在落实校团委各项工作的基础上，努力丰富同学们的精神生活，创建广大同学所喜闻乐见的校园文化，使每一名同学在良好的校园文化氛围中奋发图强，以健康向上的心态迎接每一天的挑战。

再次，丰富第二课堂的活动，打造学生精品社团。作为引领时代潮流的大学生，陈旧、单一的思维方式应予以摈弃，而换之以不拘一格、追求真知的时代气息。为此，我们的社团将革旧鼎新，紧跟时代步伐，向全院学习，让社团组织真正成为我们锻炼自我、提升自我的舞台，唱出当代大学生的新知、个性和能力。

学生会是服务广大同学的集体，是同学们的家。我们每一位学生会成员都是公仆，是志愿者。我们会珍惜老师和同学们为我们提供的这一机会，精诚团结、相互合作、彼此鼓励。即使面对压力和挑战，我们也会成就一番事业，开创一片天地。但愿明年的今天，当我们把学生会发展的接力棒交给下一届的时候，我们可以说：我们是成功的。

最后，我引用一句话来结束我的发言，“拧在一起，我们就是一道闪电；聚在一块，我们就是整个太阳；站在一处，我们就是用心灵结成的信念，就像打不垮、推不倒的铜墙铁壁”。只要我们携手同行，奋力拼搏，必定会使我专业绽放出更加夺目的光芒。

谢谢大家！

**点评**：这是一篇新任学生会主席就职演说词，开头采用开门见山、直奔主题的写法；主体部分着重阐述工作的设想，层次清晰、条理分明；以引用的方式结尾，发出鼓舞号召，给人以信心。

【例文二】

扫一扫

# 项目三 工作应用文

## 任务一　公务类应用文

### 公文概述

#### 一、公文的概念

公文，全称公务文书。《党政机关公文处理工作条例》（2012年4月12日颁布，2012年7月1日施行）第一章明确规定："党政机关公文是党政机关实施领导、履行职能、处理公务的具有特定效力和规范体式的文书，是传达贯彻党和国家的方针政策，公布法规和规章，指导、布置和商洽工作，请示和答复问题，报告、通报和交流情况等的重要工具。"

公文有广义和狭义之分。广义公文包括机关、团体、企事业单位的各种文件、电报、报表、会议文件、调查材料、记录、登记表册等。狭义公文主要是指《党政机关公文处理工作条例》颁布的15种公文，即决议、决定、命令（令）、公报、公告、通告、意见、通知、通报、报告、请示、批复、议案、函、纪要。

#### 二、公文的特点

**1. 具有法定的制作者**

公文法定的制作者指的是依法成立并能以自己的名义行使职权和承担义务的国家机构与其他社会组织（以下统称为机关），公文必须以这些机关的名义或其法定代表人的名义制发。发文机关必须依照法定权限和职能制发公文，不能越权行文、违法违章行文。

**2. 具有法定的权威和现行效用**

国家行政机关的公文是国家的管理工具，代表国家的权力和意志，传达制发机关的决策和意图，对主要受文单位在法定的时间和空间范围内产生强制性作用。

**3. 具有规范的体式和法定程序**

国家有关机构以法规、标准等形式对公文的文体、结构、格式进行了统一规范，公文制发者必须认真遵循这些规范。为保证公文的有效性，国家有关机构规定了各类公文的生成程序，只有履行这些程序，公文才能产生法定效用。

#### 三、公文的格式

《党政机关公文处理工作条例》第三章第九条规定："公文一般由份号、密级和保密期限、紧急程度、发文机关标志、发文字号、签发人、标题、主送机关、正文、附件说明、发文机关署名、成文日期、印章、附注、附件、抄送机关、印发机关和印发日期、页码等组成。"公文特定的、惯用的格式是公文权威性和约束力在形式上的具体表现。

公文的版式按照《党政机关公文格式》国家标准（GB/T 9704—2012）执行。

**1. 公文的基本组成部分**

（1）标题。一份公文要用与其他公文相区别的名称作标题。其主要作用是：概括和揭示受文者所关注的内容，为查找、利用与管理公文提供一个检索标志。

（2）正文。正文，即公文的主体部分，用于系统表达使受文者对特定事物获得明确认识所需要的信息。

（3）作者。作者又称为发文机关，是指制发公文并对其负全责的机关的全称或规范化简称。

（4）日期。日期又称为成文日期，是指公文形成的具体时间，通常以签发机关负责人签发的时间为准，联合行文时以最后签发机关的负责人签发日期为准，特殊情况下以会议通过的时间、印发时间、批准时间作为公文形成的时间。成文日期用阿拉伯数字将年、月、日标全，年份应标全全称，月、日不编虚位（即1不编为01）。

（5）印章或签署。印章实际上是指作为发文机关权力象征的印信在公文上留下的印记；签署则是指签发公文的签发人亲笔在正式发出的公文上所签注的姓名。

**2. 公文的其他组成部分**

（1）发文机关标志。由发文机关全称或规范化简称加“文件”二字组成，也可以使用发文机关全称或规范化简称。联合行文时，发文机关标志可以并用联合发文机关名称，也可以单独用主办机关名称。

（2）发文字号。由作者对其制发的公文依次编排的顺序代码。

（3）签发人。代表机关核准并签发文稿的机关主要负责人的姓名。

（4）密级和保密期限。公文涉密程度的标志。

（5）紧急程度。表明公文送达和办理时间要求的标志。

（6）主送机关。对所收受公文负实际责任的机关的全称、简称或统称。

（7）附件及其标记。附件是指附属于正文的其他公文或材料。它使正文内容具体和完整化。

（8）抄送机关。对所收受公文一般不需承担直接办理、答复责任，而只需了解公文内容或协助办理的机关或组织的全称、简称或统称。

（9）注释。注释又称为附注，主要用于标注秘密文件的阅读、传达范围，以适应工作和保密需要，也用于对正文中确需解释的名词术语或有关事项进行解释说明。注释的作用是使正文更加简明。

（10）印发说明。它是对公文印制发出情况进行介绍。

公文的标准格式样本如下。

000001
机密
紧急

# ××市人民政府文件

×政发〔2015〕××号

## ××市人民政府关于××××的通知

各县（市）、区人民政府，市政府各直属单位：

××××××××××××××××××××××××××××××××××××××××××××××××××××××××××××××××××××××××××××××××××××××××××。

附件：1.××××××××××××××××
　　　2.××××××××××××××××

××市人民政府（印章）
2015年3月5日

（此件发至厅、局）

抄送：×××，××，×××

××市人民政府办公室　　　2015年3月5日印发

共印120份

### 四、公文的习惯用语

公文用语有比较特殊、规范的要求，主要有以下几点。

（1）使用合乎规范的书面语，一般不用口语、方言或俗语。

（2）在公文中适当运用一些文言词语，是使公文写得庄重精练的因素之一。例如，“为荷”“悉”“业（经）”“兹”等文言词语都是公文中常见的。

（3）广泛使用公文专用语。公文专用语是指在公文中使用频率比较高的、用法比较固定的词语。

### 五、公文的写作要求

（1）行文应当确有必要，注重效用。

（2）要符合党和国家的方针、政策、法律、法令和上级机关有关规定。

（3）行文关系根据隶属关系和职权范围确定，一般不得越级请示和报告。

（4）要观点明确，结构严谨，条理清楚，表达准确，篇幅力求简短。

（5）公文中的人名、地名、数字、引用要准确，不可有丝毫的差错。引用公文要标明发文机关、公文编号、标题和发文时间。

## 情境一　通　　知

### 学习目标

知识目标：了解通知的相关知识，掌握通知的格式和写法。

能力目标：学会用正确的格式拟写通知。

素质目标：端正态度，并养成周密思考、妥善安排工作的作风。

### 情境描述

上级机关为指导下级部门工作，或者需要下级部门知晓或执行某些事项，经常会发出各种通知。请看下面素材。

校园文化是学校特有的精神环境和文化氛围。健康的校园文化可以陶冶学生的情操、启迪学生的心智、促进学生的全面发展。××市教育局为了加强职业教育，发挥校园文化的作用，决定开展本市中职学校文化月活动。职成处负责这项工作的王××起草一份通知，下发到各个学校。

**想一想：**王××怎样写才能符合通知的要求呢?

### 知识点拨

#### 一、通知的概念

按《党政机关公文处理工作条例》规定，通知适用于发布、传达要求下级机关执行和有关单位周知或执行的事项，批转、转发公文。

通知的适用范围非常广泛，最常用的有指示性通知、批转性通知、事务性通知、任免通知、会议通知等。

## 二、通知的特点

（1）功能的多样性。在公文中，通知的功能是最为丰富的。布置工作、传达指示、晓谕事项、发布规章、批转和转发文件、任免干部等下行文的主要功能，它几乎都具备。

（2）运用的广泛性。通知用途极广。就使用对象而言，各级党政机关、企事业单位和社会团体都可使用，不受机关级别限制；就使用范畴而言，上至国家大事、下至基层单位的具体工作都可涉及。通知是法定公文中使用频率最高的一个文种。

（3）较强的时效性。通知的时效性较强，通知的事项一般都要求及时办理、执行或知晓，尤其是会议通知等，往往只在特定的一段时间里有效。

## 例文点评

【例文一】

**教育部文件**

**教高〔2012〕9号**

---

**关于印发《高等学校仪器设备管理办法》的通知**

各省、自治区、直辖市教委（教育厅）、部属各高校：

为了进一步加强对高校仪器设备的管理，提高使用效益，使其更好地为教学、科研服务。我部在广泛征求意见的基础上组织了对1984年原国家教委颁布的《高等学校仪器设备管理办法》的修定工作。

现将修订后的《高等学校仪器设备管理办法》印发给你们，请遵照执行，并请将实施过程中出现的问题和意见及时反馈给我部高教司。

附件：《高等学校仪器设备管理办法》

教育部（章）

2012年3月21日

**点评**：通知的版头由发文机关、发文字号组成；标题由“事由+文种名称”组成，“印发”表明该通知种类。正文中，缘由部分说明颁发《高等学校仪器设备管理办法》的目的、依据；主体部分说明颁发文件的名称，并提出要求和指导性意见。“现将……印发给你们，请遵照执行”是发布性通知的习惯用语。后附上附件，这是发布性通知的重要组成部分。最后是署名，包含发文机关、时间、印章。

【例文二】

**关于领取消毒药水的通知**

各学校：

为有效地控制急性呼吸道传染病的传播，园区疾病控制中心特准备了一批消毒药水免费提供给各学校，用于每天对教室进行消毒。请各学校于×日（周二）下午2：00—5：00自行去园区疾病控制中心领取。

特此通知

××园区教育局（章）

×年×月×日

**点评**：这是一个事务性的通知。标题由“事由和文种名称”组成；正文写明通知的缘由、事项、要求及领取的时间。以惯用语特此通知结束。该通知的格式规范，内容清楚。

【例文三】

扫一扫

## 写法指导

### 一、通知的格式与写法

（1）标题。通常采用完全式标题，包括发文机关名称、发文事由和文种名称。

（2）主送机关。主送机关，即公文的主要受理、承办机关，通常应使用全称或规范化简称。

（3）正文。正文是通知的核心部分，也是写作的重点。最常见的是会议通知，写法如下。

首先交代开会的缘由、依据和会议名称，然后以“现将有关事项通知如下”开启下文，接着交代会议时间、地点、与会者、会议内容或主题、参会准备及其他等有关事项，最后注明联系人、联系电话及是否电话回复等。

（4）落款。在正文右下方写明发文机关名称，如果发文机关在标题中标明，落款时可以省略。成文时间写在发文机关名称之下。

### 二、通知的写作要求

（1）语言要通俗易懂、准确简洁，便于受文者知晓。

（2）内容要具体、可行性强，便于受文者操作。

## 技能训练

### 一、病文修改

以小组为单位，指出下面通知的不当之处。

**会议通知**

各中、小学：

根据上级要求，市局决定近期对全市中小学健康状况进行一次全面大检查。我们拟召开中小学负责人会议，现将有关事项通知如下。

一、会议时间：3月12日，会期1天。

二、会议地点：市教育局。

三、参加会议人员：各中小学校长。

××市教育局

2014年3日9日

二、情境写作

以小组为单位，以情境描述为素材，替王××草拟一份通知。

三、强化训练

请根据自己的专业特点和下面的文字材料拟写一则专业展示活动通知。

××学校准备于2013年9月18日，利用下午放学后的时间在本校教学楼四层多功能礼堂举行“××××专业展示活动”。请各班在上学期初赛的基础上，每班推荐四项展示内容参加本活动。请二、三年级××专业同学积极参加。各班需到学校网站首页下载活动申报表，并于2013年9月12日前将参加活动的展示内容报学校教学处王老师。

知识链接

## 通　　报

一、通报概念

按《党政机关公文处理工作条例》规定，通报适用于表彰先进、批评错误、传达重要精神和告知重要情况。

通报和通知都具有知晓性和指导性，但通知大都要求贯彻执行，具有一定的约束力，而通报只起引导、警诫、启发、教育和沟通情况的作用。根据通报的内容与作用，可以将通报分为表彰性通报、批评性通报和情况通报三种。

二、通报的特点

（1）典型性。不管是哪一种通报，针对先进人物或经验、错误的倾向或事故等都必须具有代表性，在一定范围内有较大的影响。

（2）教育性。通报通过树立先进榜样、反面典型和重要情况的推介，以达到激励先进、警诫后进、供大家借鉴学习的目的。

（3）广泛性。通报的使用范围非常广泛，凡是有先进典型需要表彰、先进经验需要宣传、歪风邪气需要遏制、反面典型需要警示教育、重要精神需要传达等，都可使用通报。

三、通报的格式与写法

通报一般由标题、主送机关、正文、落款等组成。

（1）标题。一般由“发文机关+事由+文种名称”组成，有时也可省略发文单位。

（2）主送机关。作为 “内部文件”指定下发单位的通报，要写上受文单位，普发性通报或在本单位公开张贴的，可省略受文单位。

（3）正文。通报正文由情况原因、分析评价、决定事项、希望要求四部分组成，具体内容见下表。

通报的类别和结构

| 类别／结构 | 表彰性通报 | 批评性通报 | 情况通报 |
|---|---|---|---|
| 情况原因 | 叙述被表彰的主要事实，交代时、地、人、事等要素 | 公布错误事实，交代时、地、人、事等要素 | 告知重要情况或传达重要精神 |
| 分析评价 | 评价意义、重要性、经验等 | 分析原因、危害、教训等 | 分析其性质与影响 |
| 决定事项 | 表彰及奖励决定 | 处理、处分决定 | 表明意见和态度 |
| 希望要求 | 号召学习先进榜样，弘扬精神 | 要求吸取教训，引以为戒 | 努力的方向、应对的措施等 |

通报写作时要注意叙议结合，将通报事情的前因后果、基本过程、主要情节简要叙述出来，并通过议论使人受到教育与启发，学到经验或吸取教训。写作分析评论部分时，要将通报的人和事上升到较高的理性认识的程度，切忌就事论事，否则很难使受文单位及其人员的认识得到升华。

（4）落款。写明发文日期并加盖公章。

【例文一】

**关于女生宿舍发生火警的通报**

各班级：

2014年12月20日夜10时许，无线电专业2014级2班学生张××违反校规，在303宿舍私用电炉取暖，引起火警。烧毁部分设施，幸好被同宿舍的李××同学发现，及时扑灭，方未酿成重大火灾。

事后，经教育，张××写了检查，对错误有深刻的认识。为了严肃校纪，教育本人，经校务会讨论，决定给张××记大过处分。同时希望全校学生从这一事故中吸取教训，增强安全意识，严格纪律，严防类似事件发生。

特此通报

××学校（章）

2014年12月25日

**点评：**××学校为了批评本校学生张××因违规使用电炉引发火警的错误，以教育全校学生，向各班级下发了这份批评性通报。标题由事由、文种两要素组成。正文首段将时间、地点、人物、事件、结果要素交代清楚，为下文的处理决定提供了事实依据。第二自然段表明发文单位对事件责任人的处理意见，并提出要求、希望，强调了通报这一事件的意义。全文事实清楚，处理意见明确，用语也准确，有分寸，如“部分”“火警”“火灾”等。

【例文二】

扫一扫

## 情境二　报　　告

### 学习目标

知识目标：了解报告的相关知识，掌握报告的写作方法和要求。

能力目标：能根据报告的格式要求写出常用的报告。

素质目标：培养如实反映情况的工作态度。

### 情境描述

下级机关或部门在工作中取得成绩或出现问题时，要及时向上级有关部门汇报情况，并反映问题。请看下面素材。

××职业技术学校，在2013年的全国职业院校学生技能大赛中，取得优异的成绩，获得中餐主题宴会设计和导游服务团体第一名。其中，周梅同学获得个人全能金奖，郭士成等三位同学获得个人全能铜奖。在普通话比赛及应用文写作比赛项目中，高峰同学分别获得了二等奖和三等奖。同时，该学校还获得了本次大赛优秀组织奖。学校要把这一成绩向主管的行业机关——××市服务委做全面报告。

**想一想：**什么是报告？怎样才能写出优秀的报告呢？

## 知识点拨

### 一、报告的概念

按《党政机关公文处理工作条例》规定，报告适用于向上级机关汇报工作，反映情况，回复上级机关的询问。报告是一种陈述性上行文，在工作中应用十分广泛。它既有利于下级机关、单位接受上级的监督和指导，也有利于上级机关及时了解情况，为领导决策提供依据。按照报告的内容，可分为工作报告、情况报告、答复报告和报送报告四类。

### 二、报告的特点

（1）陈述性。报告的内容多为有关情况或问题，因此，在表述上应是对有关情况或问题的叙述。

（2）概括性。在叙述有关情况或问题时，只做粗线条的勾勒，不能详述，更不能铺排大量细节。

（3）单向性。报告是下级机关向上级机关的单向行文，无须像请示要求上级机关回复。

## 例文点评

【例文一】

××学校文件

×校字〔2014〕××号

---

××学校关于学生收费情况的报告

××市人民政府：

前接×政字〔2014〕××号函，询问我校对学生收费的情况，现报告如下：我校对学生收费的标准是根据省人民政府〔2014〕××号文件精神，同时又针对我校所设专业的不同而制定，并报市物价局核准后执行的，不存在乱收费、多收费的情况。另一方面我校对部分特困生实行减免部分学费和不定期补助的做法，使部分特困生得以顺利完成学业。

今后，我校在收费方面将继续严格按上级有关文件精神和当地物价部门核准的收费标准执行，决不做违规之事。

以上报告妥否，请批示。

附件：1.《××××学校收费标准》。

2.《××市物价局关于××××学校收费标准的批复》。

××学校（章）

2014年×月×日

**点评：**这是学校回复上级部门询问收费情况的报告。版头由发文机关、发文字号组成。标题由发文机关、事由、文种三要素组成。正文中，首先说明行文的缘由，引述上级来函文号及询问的问题，然后过渡到下文答复性报告的常用写法，接着对上级的询问做具体的回答。同时，还简要说明本校在收费方面对学生有益的其他做法及今后的做法。最后，使用答复报告的惯用语作结束语，并附上附件，以此证明本校的收费并未违规。事实陈述清晰，行文标准。

【例文二】

**关于我班部分同学患急性肠炎的情况报告**

校长：

3月19日下午，我班李军、赵玉敏等九名同学发生腹痛腹泻。其中，五六位同学还伴有呕吐。班主任王老师立即请调校车把九位同学送往大连市二院急诊室，经诊断为急性胃肠炎。主治医生金成功大夫询问了这几位同学早午饮食状况，认为有可能是事物中毒所致。

据查实，这九名同学中午都没有在校食堂就餐，他们相约到校外小食街吃的过桥米线。当时，李军同学就说味不正，赵玉敏还说特殊风味就这样，谁知食后两三小时，这九位同学都发了病。

这九位同学经紧急治疗挂吊瓶后，病情已好转，并于当日晚5时取药后回校。

班主任对李军等九名同学进行了批评教育，并叮嘱全班同学要吸取教训，注意饮食卫生。

此事在校内造成一定影响，特此报告。

13级7班班委会

2015年3月20日

**点评：**此文属特定事件的情况报告。事件经过陈述简洁明了，尤其是对事件原因的追述，具体确凿。值得一提的是在陈述事件过程中，对相关人、事做出必要交代，使事件情况完整，没有疑义。

【例文三】

扫一扫

## 写法指导

### 一、报告的格式与写法

**1. 标题**

一般采用完全式公文标题的写法。如果标题中省略了发文机关，则落款时必须写明。

**2. 主送机关**

通常是发文机关的直属上级机关。如有必要报送其他上级机关，可采用抄报形式。

**3. 正文**

报告的正文通常由报告缘由、报告内容和结语三部分组成。

（1）报告缘由。应简明扼要地说明报告的主要内容和结论，然后用“现将有关情况报告如下”等过渡语引出报告事项。

（2）报告内容。这是报告的重点，应如实陈述向上级汇报、反映的问题。

（3）结语。以呈请语“特此报告”“以上报告，请审阅”“以上报告如有不妥，请指正”等作结语。

**4. 落款**

在正文右下方写上署名，下一行写行文日期，加盖公章。

### 二、撰写报告的注意事项

（1）正确使用文种。报告一般制发于工作任务完成或问题解决之后，不要求批复，因此，报告与请示不能结合使用，不要“报告”“请示”不分，在报告中夹带请求事项。

（2）实事求是，力戒片面。对工作中的成绩和问题的性质、结果、有关数据等都要如实反映，不要报喜不报忧。同时，讲成绩要留有余地，写问题要把握好分寸，评价一个单位要实事求是。

（3）突出重点，详略得当，不要面面俱到。

（4）报告以叙述为主要表达方式。

## 技能训练

### 一、病文修改

以小组为单位，找出下面报告的不当之处。

**关于××高速公路塌方事故的报告**

市建委：

××××年×月×日，××高速公路××路段发生塌方事故，造成一定的伤亡后果。事故发生前，桥面上分散有二三十名工人，已浇铸了近200立方米的混凝土，而且违章施工，按照施工程序应分两次浇铸的混凝土却一次浇铸。估计事故原因是桥面负荷过重。事故发生后，近200名消防队员、工地工人、公安干警赶到现场紧急抢救，抢救时间持续近28小时。据查，该工程承建商是××市政总公司第一分公司。

特此报告

××市政工程总公司

×年×月×日

二、情境写作

以小组为单位，以情境描述为素材，为××职业学校向上级机关草拟一份报告。

三、强化训练

请根据下面内容拟写一份报告。

滨海市第三届中等职业技术学校职业技能大赛，经过了近一个月的角逐终于落下了帷幕。××职业学校积极组织学生参与，共参加了7个项目的决赛，取得了良好的成绩，为学校争得了荣誉。在中餐主题宴会设计和导游服务比赛中该校获得团体第一名。其中，周梅同学获得个人全能金奖，郭士成等三位同学获得个人全能铜奖。在普通话比赛及应用文写作比赛项目中，高峰同学分别获得了二等奖和三等奖。同时，该校还获得了本次大赛优秀组织奖。学校于4月20日用公文形式向上级单位——××市服务业委员会汇报。请代为拟写一份报告。

知识链接

## 请　示

一、请示的概念

按《党政机关公文处理工作条例》规定，请示适用于向上级机关请求指示、批准。请示是下级机关组织、部门或单位就某一具体的工作事项或问题向上级机关请求指示、批准的一种请求性公文，属上行文。

二、请示的特点

（1）事前发文。下级机关向上级机关发出请示的时间，是在有关工作开展之前，不能“先斩后奏”。

（2）一文一事。请示的事项高度集中，在一篇公文里，只能做关于一件事项的请示，不允许“一文多事”。

（3）主送单一。请示的主送机关只能是一个上级主管机关，不能越级请示，不能送领导者个人，不允许“多头请示”。

三、请示的基本格式和写法

1. 标题

请示的标题有两种写法：一是由“发文机关、事由+文种名称”组成；二是由“事由+文种名称”组成。

2. 主送机关

请示的主送机关只能写一个上级机关名称。

3. 正文

一般由请示缘由、请示的具体事项及意见、要求三部分组成。

（1）请示缘由。这部分要求事实清楚，理由充足。

（2）请示的具体事项及意见。这部分内容要单一，并且请求事项要写得具体、明确，条理清楚。

（3）要求。这是请示的结语部分，常用的规范用语，如“如上当否，请批示”“特此请示，请批复”“以上意见当否，请指示”“以上意见，如无不妥，请批转……执行”。

4. 落款和日期

如果标题中已有发文机关名称，落款可省略，只要在正文之后标明成文日期即可。

**四、请示写作的注意事项**

（1）不要请示、报告混用。把“……的请示”写成“……请示报告”或“……报告”都不对。

（2）语言要谦恭，要尊重上级，不要用要挟、命令、催促式的口吻。

**五、请示和报告的区别**

（1）写作目的、作用不同。请示是就某一个问题请求上级机关指示、批准，并需上级批复；报告是向上级汇报工作、反映情况、提出建议，不一定要上级答复。

（2）写作的时间不同。请示必须事前行文，不能“先斩后奏”；报告一般在事后或工作进行过程中行文，这就是平常说的“事前要请示，事后要报告”。

（3）写作事项要求不同。请示一般应一文一事；报告则可写一事或数事。

（4）主送机关的多少不同。请示只写一个主送机关；报告则可写一个或多个主送机关。

**【例文一】**

**××省教育厅关于派组赴美考察职业教育有关问题的请示**

××省人民政府：

为了加强学术交流，进一步探讨职业教育的规律和改革发展趋势，我厅拟于2014年8月16日应邀派组（厅长陈××等人）前往美国纽约市考察，行期16天，所需外汇由我厅自行解决。

妥否，请批示。

附件：1. 邀请函。

2. ××省教育厅赴美考察各项费用预算表。

××省教育厅（印章）

2014年7月11日

（联系人：廖××；联系电话：×××——×××××××××）

**点评**：标题由发文机关、事由和文种名称组成，三要素齐全；主送机关符合行文规则；正文“为了……”的出国理由和“应邀”两个字表意更准确，使行文与即将的出行有了依据，显示了合理性；增加附件“邀请函”和“××省教育厅赴美考察各项费用预算表”，考虑十分周到；能在发文机关之后加注“印章”两个字，有使公文生效的强烈意识；成文日期的写法完全符合规范；还在附注的位置标明联系人、联系电话，体现作者公文处理的慎重、细致。

**【例文二】** 扫一扫

**【例文三】** 扫一扫

知识链接

## 函

### 一、函的概念

按照《党政机关公文处理工作条例》规定，函适用于不相隶属机关之间商洽工作、询问和答复问题、请求批准和答复审批事项。

函的使用范围极广，使用频率极高，是公文中唯一的平行文，主要用于平级机关或不相隶属机关单位之间的公务联系、往来；向无隶属关系的业务主管部门请求批准有关事项；机关单位对个人的事务联系等。

### 二、函的特点

1. 平等性和沟通性

函主要用于不相隶属机关之间互相商洽工作、询问和答复问题，体现着双方平等沟通的关系。

2. 灵活性和广泛性

函对发文机关的资格要求很宽松，高层机关、基层单位、党政机关、社会团体、企事业单位，均可发函。函的内容和格式也比较灵活，且不限于平行行文，所以运用得十分广泛。

3. 单一性和实用性

函的内容必须单纯，一份函只能写一件事项。函不需要在原则、意义上进行过多的阐述，注重实用性。

### 三、函的格式和写法

1. 标题

标题一般有以下三种写法。

（1）完整式标题，由“发函机关、事由和文种名称”组成，如“××部关于选择出国人员的函”。

（2）由“发函机关、事由、受理机关和文种名称”组成，如“国务院办公厅关于悬挂国旗等问题给湖北省人民政府办公厅的复函”。

（3）省略发文机关名称，由“事由和文种名称”组成，如“关于请求批准××市节约能源中心编制的函”。

2. 发文字号

公函要有正规的发文字号，写法与一般公文相同，由机关代字、年号、顺序号组成，如“国办函〔2010〕23号”。

3. 主送机关

函的行文对象一般情况下是明确单一的，多数函的主送机关只有一个。

4. 正文

由于函的类别较多，从制作格式到内容表述均有一定的灵活机动性。现主要介绍规范性公函的写法。

（1）发函缘由。这是函的开头部分，主要用来说明发函的根据、目的、原因等。

（2）致函事项。这是函的主体部分，商洽、询问、答复、联系、请求批准或答复审批及告知等主要内容需要具体写清楚。如果内容较多，可采用分条的写法，使之条理分明。

（3）希望请求。这是结尾部分，常用的结语有“特此函告”“望函复”“特此函商”“请批准”“特此复函”等惯用语。

5. 落款

由发函机关名称、日期、加盖公章组成。

**四、撰写函的注意事项**

（1）正确使用文种。向平行或不相隶属机关请求、回复需要批准的事项，应该使用“函”，而不用“请示”或“批复”。

（2）正确使用书名号。函不能用作批转法规性公文，所以其标题中一般不出现书名号。

（3）一事一函。避免一函中夹杂需要几个部门办理的事情。

（4）内容简洁。要开门见山，简短明快，直陈事项，并主动把问题的症结和自己的处理意见告诉对方。

（5）用语得体。公函的语言讲究分寸，对上尊敬，对下谦逊，对平行或不相隶属机关以礼相待。语气力求平和、礼貌。

**【例文一】**

**关于请求协助解决技术人员进修外语的函**

××大学校长办公室：

为适应引进技术和设备的需要，我厂拟定选派10名技术员到贵校出国人员英语强化班进修半年。为此，特向贵校商洽，恳请给予大力支持。有关进修费用等事宜按贵校有关规定办理。

谨请函复。

××××厂

20××年×月×日（公章）

**点评：**××厂为了解决本厂技术人员进修外语的问题，向不相隶属的××大学请求协助解决，为此××厂给××大学发了一份商洽函。

标题由事由、文种名称两要素组成。这是一篇商洽性的公函，先写了自己需要解决的问题，然后用“为此”过渡，引出所要商洽的事宜，末尾“有关……办理”一句主动说明了自己对进修费用的意见，有利于办成所商洽的事项。结束语与函意吻合。全文语言简朴，友好，谦和；内容明确，具体。右下方是署名、时间、印章。

【例文二】 扫一扫

【例文三】 扫一扫

# 任务二　事务类应用文

## 事务应用文概述

事务应用文是党政机关、社会团体、企事业单位及个人在处理日常事务时经常使用的业务文书。它虽不是“法定”公文，但却是各机关单位使用得最广、最多的一类公文。

所谓的处理日常事务，包括常规性工作与临时性工作，如制订计划、总结工作经验、做调查研究、发简报沟通信息或为某次大会准备文件等。由于这类管理类文体处理的日常事务也为公务，因此事务应用文属于广义的公文范畴，也称为准公文。

常用的事务应用文有计划、总结、简报、规章制度、会议记录等。

# 情境一 计 划

## 学习目标

知识目标：掌握计划的写作要点。

能力目标：能根据实际需要规范拟写计划。

素质目标：树立“预则立”的思想意识，促进学习、生活的科学化、条理化。

## 情境描述

俗话说：“一日之计在于晨，一年之计在于春，一生之计在于勤。”我们做事情都应该事前有个打算，做到心中有数才行。请看下面素材。

学生会换届了，经过认真准备和几轮激烈的竞争，李明终于如愿地当上了学生会宣传部部长。学生会主席要求新上任的各部长拟订一个本部的工作计划，并且在学期末对照计划进行检查。这下李明有点犯难了。

**想一想：**同学们，你能帮李明出出主意，写一份格式正确、内容切实可行的计划吗？

## 知识点拨

### 一、计划的概念

计划是党政机关、社会团体、企事业单位和个人为了实现某项目标和完成某项任务而事先做的安排和打算。

计划是计划类应用文的统称。因为计划涉及内容和期限的不同，计划应用文又被称作规划、设想、打算、安排、要点、方案等。计划的形式分类如下表所示。

**计划的形式分类**

| 名 称 | 时 间 | 内 容 | 范 围 |
|---|---|---|---|
| 规划 | 时间跨度大 | 涉及面广，内容概括，只提远景目标，是大阶段的全面性的战略部署 | 本单位，本部门 |
| 设想 | 长远或近期 | 对工作任务做粗线条的、非正式的安排 | 本单位，本部门 |
| 打算 | 近期内 | 提出任务，但其中的指标、措施较粗略 | 本单位，本部门 |
| 安排 | 短期内 | 任务明确，内容较单一，措施较具体 | 本单位，本部门 |
| 要点 | 一定时期内 | 布置主要任务，交代政策，提出原则性要求 | 上级对下级，本单位，本部门 |
| 方案 | 近期或短期内 | 就某项任务、课题的具体实施，目的、要求、方式、方法都做出全面安排 | 本单位，本部门 |

## 二、计划的特点

（1）目标性。计划的制订和实施都是在明确的目的指导下进行的。
（2）预见性。计划是对未来工作的设想。
（3）可操作性。计划必须定得具体明确，切实可行，符合实际。
（4）指导性。计划一旦成文，就对实践起控制和约束作用。

## 例文点评

【例文一】

### ××职校浅草文学社2007年 第一学期活动计划

自文学社创办一年来，由于得到多方面的支持和全体成员的共同努力，已初步形成了一个指导有力、组织有序、活动丰富、成员团结的课外文学社团，得到了广大师生的肯定。文学社成员活动积极、兴趣浓厚，为它的发展打下了良好的基础。

新的学期开始了，学校对进一步提高课外兴趣小组活动的层次和水平提出了新的要求。为此，我们结合文学社的活动开展情况，特制订下列工作计划。

一、活动的目的和要求

文学社的各项活动都必须围绕文学社 “培养兴趣、汲取知识、开阔视野、交流心声、发挥才能”的宗旨多趣味、多中心、多形式地展开。要求全体成员同心同德、积极认真、敢于创造，争取各项活动都出成果。

二、具体活动安排

1.学期初，由指导教师组织大家学习学校关于进一步提高课外兴趣小组活动的层次和水平的新要求，学习兄弟学校文学社的经验，明确本学期文学社活动的目的和要求，做到人人心中有数。

2.开设文学专题讲座，由文学社指导教师主讲，时间每两周一次，共10次。

3.继续办好社刊，仍坚持每月出一期。克服以往社刊主题不明、文体单调的缺点，本学期分别围绕“爱祖国”“师生情”“我的乐园”等主题，认真选题、组稿，仔细改稿、校对，进一步提高社刊质量。这项工作由社刊主编许××同学负责。

4.9月份为了庆贺教师节，以“我爱教师”为主题，要求每个文学社成员为教师做一件好事。这项活动由副社长吞××同学负责。

5.10月中旬组织文学社成员看一部电影，观后进行一次影评比赛。聘请学校有关教师组成评委会，评出一等奖1名、二等奖3名、三等奖9名，并给予一定奖励。这项活动由社长李××同学主持。

6.11月以“我的一日”为题进行一次作文竞赛，经指导教师评改后，将其中优秀的作品推荐给报刊，争取发表。

7.12月为学校元旦文艺会演排演文艺节目两三个。这项活动由副社长黄×同学负责落实。

8.2008年1月开展评选优秀文学社成员活动（评比条件和具体办法另行文）。

2007年9月3日

**点评**：这份校文学社团活动计划，标题由“单位+时限+内容+文种名称”构成。第一自然段进行了情况分析，对一年来的情况进行了概括性评价，要言不烦。第二自然段引出学校关于开展兴趣小组活动的要求，为计划的制订提供了依据。主体部分写了两个方面的内容，重点是“具体活动安排”。活动内容丰富，形式多样，紧扣目标。每项活动在什么时间开展、以什么为中心、怎样做、由谁来负责都交代得清清楚楚，让人一目了然。

这是一份条款式计划，结构完整，内容具体，语言简洁、明确，不空发议论，也不含糊其词。

【例文二】

**××省图书馆早期传统文化讲座计划**

| 讲次 | 时　间 | 主讲人 | 单位与职称 | 讲题 | 地　点 |
|---|---|---|---|---|---|
| 1 | 2007年7月27日 | 张×× | ××大学教授 | 老子 | 本馆大教室 |
| 2 | 2007年7月30日 | 杨×× | ××社科院研究员 | 论语 | 本馆大教室 |
| 3 | 2007年8月4日 | 陈×× | ××大学教授 | 孟子 | 本馆大教室 |
| 4 | 2007年8月7日 | 赵×× | ××大学教授 | 楚辞 | 本馆大教室 |
| 5 | 2007年8月10日 | 周×× | ××社科院研究员 | 汉赋 | 本馆大教室 |
| 6 | 2007年8月13日 | 王×× | ××社科院研究员 | 魏晋诗歌 | 本馆大教室 |
| Z | 2007年8月16日 | 刘×× | ××大学教授 | 唐诗 | 本馆大教室 |
| 8 | 2007年8月19日 | 刘×× | ××大学教授 | 唐诗 | 本馆大教室 |
| 9 | 2007年8月21日 | 李×× | ××大学教授 | 宋词 | 本馆大教室 |
| l0 | 2007年8月24日 | 李×× | ××大学教授 | 宋词 | 本馆大教室 |
| ll | 2007年8月27日 | 孙×× | ××社科院研究员 | 元曲 | 本馆大教室 |
| I2 | 2007年8月30日 | 王×× | ××大学教授 | 明清小说 | 本馆大教室 |

**点评**：这是一份表格式计划。由于听众最关注的是每次讲座的时间，主讲人及其身份、所讲的内容，听课的地点。因此，此份表格只列出上述内容。表格式计划具有简单明快、重点突出的特征。

【例文三】

扫一扫

## 写法指导

### 一、计划的格式与写法

计划的格式常见的有条款式、表格式，也有兼备这两种格式的。

纯表格式的计划较为简单，让人一目了然，但它往往缺少步骤、措施等具体的说明，一般用于只需要关注时间与大致内容的计划，如销售之类的工作计划、举办某种讲座、开办某一学习班之类的计划。

条款式计划一般包括以下三部分。

**1. 标题**

一般包含单位名称、时限、内容和文种四个要素。

（1）完整式标题，如“万达集团1995年工作计划”。

（2）省略式标题，可以省略单位名称或时限，或者两者都省略，如“2010年××专业知识学习计划”“××公司接待计划”“新产品销售计划”等。

计划如需要讨论定稿或经上级批准，就应在标题的后面或下面用圆括号加注“草案”或“初稿”或“讨论稿”等字样，如“××市××××年在就业工程实施方案（讨论稿）”。

**2. 正文**

正文由前言、事项、结语三部分组成。

（1）前言，又称为导语，是对基本情况的分析，对计划的概括说明，说明制订计划的依据、条件等。

（2）事项，是计划的主体，包括目标、措施、步骤“三要素”。

- 交代计划的目标和任务，即回答“做什么”的问题。它可以是总体目标（总任务），也可以是具体任务或目标，即说明“做什么”“做到什么程度”。一般分条叙述，做到目标明确，任务具体，目标过高或过低都不合适。
- 写明计划的步骤和措施，即回答“如何做”的问题，包括组织分工、进程安排、物质保证、方式方法等，要求写得具体明确、切实可行。计划的实施都要分阶段、有步骤地进行，先做什么，后做什么，主要做什么，次要做什么。在时间安排上，既要有总的时限，还要有每一阶段的时间要求，以及人力、物力、财力的相应安排。

（3）结语，一般是表示期待，发出号召。结语也可不写，在主体部分明确交代后结束全文。

**3. 落款**

制订计划的单位、制订日期，如标题中已写明单位，落款则不用署名。

## 二、制订计划的注意事项

（1）要以党和国家的方针政策为指导，能够体现本单位领导的意图，确保计划指导思想的正确性。

（2）要充分考虑计划的可行性，做到反复论证，从多种计划方案中择优，实事求是地确定计划的目标和任务，并适当留有余地。

（3）要服从长远的规划，坚持整体的原则，既要服从大局，处理好多种关系，又要体现本单位工作的特点。

（4）要走群众路线，集思广益，把计划变成群体的共同意志，以保证计划的认同和可行性。

（5）要适时检查计划执行情况。

# 技能训练

## 一、病文修改

以小组为单位，找出计划的不当之处。

### 工作计划

一、召开团十四届三次全委（扩大）会议，总结去年工作并部署今年工作。

二、以“学雷锋月”为契机，三月份在全县掀起学习雷锋新高潮。如打扫卫生死角、敬老院献爱心、植树、开展青年志愿者服务一条街活动等。

三、进行团员意识教育。

四、以清明节扫墓、十八岁成人宣誓仪式、保护母亲河等活动为契机，对团员青年进行爱国主义、集体主义和环保教育。

五、深化“实践‘三代表个’，百团扶百村”行动。

六、开展“五四”系列纪念活动。如拍摄青春风采系列专题片，举行“五四”表彰活动、举办第二届青年文化节等。

七、开展××县首届“十杰”青年评选活动。

八、成立××县青年联合会。

九、深入开展“健康直通车”活动。

十、召开“党建带团建”工作会议。

十一、深化“青年文明号”创建工作。

十二、维护好丹霞青年网和继续发行《××青年》，做好团的宣传工作。

十三、举办团干部、少先队辅导员培训班。

十四、召开全县学校团的工作会议。

十五、举办青年农科技术培训班。

十六、到夏威夷、冰岛举办夏令营。

十七、召开××县第四次少先队员代表大会。

十八、举行全县少先队鼓号花样操比赛。

十九、组织团干外出参观学习。

## 二、情境写作

以小组为单位，以情境描述为素材，替宣传部长李明拟写一份计划。

## 三、强化训练

请根据下面内容拟写一份条文式计划。

某职业学校14级03班班委在新学期开学初打算拟订一份班级学年活动计划，旨在提高班级的整体学习水平，提升同学们的综合素质，丰富班级的课余生活，增强凝聚力。请根据班级的实际情况拟写一份班级学年活动计划。

## 知识链接

### 策　划　书

**一、策划书的概念**

策划书泛指所有开展某项工作或活动的富有创意的书面设计方案。

策划是通过精心安排的宣传和手段，对事件的发生、发展进行操作，有效地组织各种策略方法来实现目标的一种系统工程。它是一种设计，一种安排，一种选择，或是一种决定，有时甚至可以是一张改变现状的规划蓝图，讲究创意。

**二、策划书的特点**

（1）针对性。策划书要针对活动本身，体现出活动的特色，这是其最大特点。

（2）现实性。策划书是在现实基础上，对实现目标的具体措施进行设计，要具有可操作性。

（3）前瞻性。策划是对未来一段时间内某项活动的一种设计，因此要对策划的目标、达到的效果进行充分预判，体现出前瞻性的特点。

**三、策划书的格式与写法**

策划书一般由标题、正文、署名和日期等构成。

1. 标题

标题由“策划名称（策划主题）+文种名称”组成。其中，策划名称应尽可能具体写出策划时间、范围或对象，如“2012年久光百货重装开业策划书”。

2. 正文

策划书的正文包括前言和主体两部分。

（1）前言。前言部分简要交代策划的背景、目的和意义。策划的背景，即说明举办活动的缘由、动机，对过去和现在情况进行分析。策划的目的和意义，即简要说明此策划的社会影响、经济效益等。这一部分非常重要，关系上级决策。

（2）主体。主体主要包括活动主题、活动目标、活动组织要素、具体执行方案、经费预算、注意事项（应急预案）等部分。根据活动的具体情况，这些内容可以有所取舍和整合。

- 活动主题，指出策划活动的主要内容和核心思想，如以“新长征，新风貌”为主题的拓展活动、以“环保节能”为主题的社区活动。策划一个吸引人的活动主题需要策划者具有创新能力。
- 活动目标，是活动目的的具体化，要树立明确的活动实现目标或期望的结果。
- 活动组织要素，包括时间、地点、负责人、主要参与者及相关资源等，文字要简明扼要，一目了然。
- 具体执行方案，包括活动内容和活动流程。活动内容是对执行策划项目相关内容的具体描述；活动流程一般以实施计划为主要内容，可分为前期准备和活动实施两部分。前期准备主要是将“活动组织”部分细化，尤其是地点和物品准备应明确具体；活动实施的流程安排要合理，过程要清晰，时间节点的控制要衔接紧密同时又留有余地。
- 经费预算，将各项的合理花费列出。
- 注意事项，可以是流程安排之外的补充事项，也可以是出现意外情况时的应急预案。如果是预案，应尽可能完备、严密。

3. 署名和日期

署名和日期分列在标题下方。其中，署名写策划者姓名及其所属部门、职务；如果是小组形式，就写出小组的名称、负责人、成员的姓名（包括所属部门、职务）；如果有外界人员参与，也应记载，日期是策划书编制完成时的年月日。

**四、策划书写作的注意事项**

（1）主题要单一。

（2）活动要围绕主题进行并尽量精简。

（3）具有良好的可执行性。

（4）语言要准确简洁，制作要规范美观。

**五、策划书和计划的区别**

（1）计划可以不需批准即可执行，无须论证；策划书需上报，经正式会议讨论通过后方可执行，需要对其可行性进行简要论证，并预测其风险。

（2）策划书要比计划更加精密，具有更深一层的意思，强调谋略。

**【例文一】**

**××公司中秋节活动策划书**

策划目的：

公司是个大家庭，可增强团队凝聚力和员工归宿感。打破一家一户团圆过节的小格局，以分部或科、组为单位（视团队规模而定，以8～12户为佳），员工带家属一起来参加团队的中秋亲情会，让员工家属了解公司文化，增进对公司的亲切感，提高对员工工作的支持度，激发员工的感恩心与荣誉心，为家人、为团队，更努力、更有价值感地投入工作（以自发立誓定工作目标或生活目标的效果为最佳）。倡导“快乐工作·幸福生活”的平衡理念，强化人与人之间的和睦相处，珍惜与家人之间、与同事之间共同生活的缘分，引导员工的博爱意识、集体意识。

策划事项：“月亮之心”中秋亲情会。

活动时间：农历八月十四晚

活动地点：公司大礼堂

活动对象：全体员工及其家属

活动流程：

1.团队负责人致欢迎词。

2.舞台剧《中秋溯源》，如后弈射日、朱元璋起义等典故翻演。

3.快板（三句半，二人转）《瞧我们这一家子》，内容是分别介绍本团队的员工。

4.颁奖。团队负责人总结每一位员工对团队所做出的成绩与贡献，给予不同的荣誉称号，并颁发相应奖项奖品给该员工的家属，借此也请员工和家属即兴讲话。

5.家庭秀。所有家庭才艺表演，或是进行家庭游戏。

6.音乐故事《蓝绸带》。现场发动蓝绸带感恩行动（可同事或家人之间相互进行感恩，给自己要感谢的人系上一根蓝绸带）。

7.月下祈福（烧灯塔，放礼花）。

8.业务推动方案的宣导与拍卖。制订下阶段不同业绩档次的不同奖励标准（以家庭型奖励为主，如家庭用品或全家旅游等），由每个家庭商讨后先拿去奖励指标。

9.派送中秋礼物（有小孩者另外加送）。团队负责人致感谢词。

大礼堂场地布置：

节目组：音效、碟片准备，蓝绸带准备，相关节目准备。

后勤组：员工奖品准备、业务推动方案奖品准备、中秋礼物准备。

办公室：用人寿专用汽球装饰以营造节日的欢乐气氛，并在办公场所悬挂公司司旗，体现公司专业良好的企业形象。

资金预算：

1. 员工奖品：颁发荣誉称号的喜报及价值20元以内的奖品50份；价值5元的滑动式名片盒、价值6元的“快乐小子”50份；价值15元的广告钥匙包、钱夹、万年历、走珠签字笔等30份；价值20元以内的礼品30份；价值30元以内的广告三节伞、直柄伞、保温杯、奇趣手牵手餐具等25份；价值60元的温馨团圆系列月饼礼盒+奇趣手牵手餐具，20份；价值98元的秋月雅韵系列月饼礼盒+《健康食文化》手册，10份；价值128元的绿之光系列月饼礼盒+不锈钢餐具一套，5份。总价值约12 000元。

2. 资金来源：公司财务支付。

××公司

2013年9月10日

**点评**：这是一篇内容完整而篇幅简短的策划书。策划书的标题由策划名称和文种名称构成，点明策划内容。前言部分详细交代策划的目的——增强公司的团队凝聚力和员工归宿感。主体部分，先简明写活动组织要素——策划事项（交代策划的主题——“月亮之心”中秋亲情会）、时间、地点、对象等；然后分九条写具体执行方案（流程方案），安排合理，过程清晰，再介绍大礼堂场地布置：节目组、后勤组和办公室的任务；最后交代清楚资金预算，列出员工奖品的项目、单价、数量和总价值。策划书创意出了有价值的目标，并谋划出了科学可行的方案，语言简明。

**【例文二】**

扫一扫

## 情境二　总　结

### 学习目标

知识目标：掌握总结的写作规范与技法。

能力目标：能根据实际需要规范拟写总结。

素质目标：善于积累经验、吸取教训、端正学习和工作态度。

### 情境描述

同学们在学习和生活中都会对所学知识和技能做一些回顾和思考，以便总结经验和教训。临近期末了，同学们在忙完复习考试之后，需要对自己一学期的学习生活做总结。请看下面素材。

信息职业学校期末考完试后，张鑫特别高兴，觉得考得不错，这下可以放松了。于是收拾好背包，就等买火车票回家了。可是班主任老师要求每个同学交一份800字左右的学期总结，还要在班级里进行总结交流，张鑫的情绪有些低落了。

**想一想**：张鑫的这份总结该怎么写呢？

## 知识点拨

### 一、总结的概念

总结是单位或个人对过去一定时期、某个方面的工作、学习或思想情况进行回顾和评价，通过分析和研究，从中找出经验教训，引出规律性的认识，以便今后做得更好的一个实用性文种。

人们常说的“小结”“经验”“心得”“体会”也是总结，只是它们所反映的内容较简单，时间较短，范围较小，篇幅不长，文字不多。

### 二、总结的特点

（1）客观性。总结是对本单位或作者自身实践活动的反映，应该以客观事实为依据，真实、客观地分析情况，解决问题，总结经验与教训，实事求是，不允许虚构和编造。总结的人称一般都用第一人称“我”“我们”，而不用第三人称。

（2）理论性。总结的根本目的就是通过对实践或工作过程的分析提高认识，掌握规律，指导工作。总结就是通过对客观事实材料的整理、比较、分析、归纳从感性认识上升到理性认识，提炼出正确的观点，总结成功的经验和失败的教训，更好地指导今后的实践活动。

## 例文点评

【例文一】

**××××学校第九届艺术节总结**

××市××××学校第九届艺术节于20××年5月7日至18日举办，历时12天。本届艺术节在全校师生的共同努力下取得了圆满成功。主要表现在以下几个方面。

**一、思想统一，组织有力**

为成功搞好本届艺术节，我校在3月12日专门成立了以校长为组长、各部门负责人和各班班长为组员的筹备小组。经过广泛深入的宣传，本届艺术节“高品位、高质量、高效益”的目标成了全校师生的共同追求，保证了各项工作都能及时落实到位。

**二、内容丰富，推陈出新**

本届艺术节共设有六项内容，包括开幕式暨音舞组教师专场演出、迎“五一”演讲比赛、童话剧专场演出、学生“弹、唱、跳、画”四项技能综合比赛、师生书画作品展、闭幕式暨学生文艺会演。这些内容涉及音乐、舞蹈、书法、美术、演讲、表演、创编等很多方面。筹备小组成员秉承创新的校风，注重内容的推陈出新，本届艺术节的内容有一半是新创作的。例如，音舞组教师专场演出、童话剧专场演出、学生“弹、唱、跳、画”四项技能综合比赛三项活动在我校历届艺术节中均属首次举办。

**三、参与面广，质量高**

经初步统计，全校师生不仅人人参与，而且直接参与本届艺术节的六项重大活动的就达两千人次，平均每人要参与三项活动。参与本届艺术节的人数和人次在历届艺术节中是最多的。节目质量高、精彩纷呈是本届艺术节的又一重要特点。例如，同学们自编自演的十个童话剧经录音剪辑后在市人民广播电台《红蜻蜓》节目中逐一播出。童话剧《森林编辑部》还被市电视台选中参加了市庆“六一”文艺晚会。这些固然与师生们思想重视、准备充分有关，同时也说明了我校艺术教育的质量上了一个新台阶。

**四、宣传力度大，社会影响好**

为了做好本届艺术节的对外宣传工作，筹备小组组织了艺术节宣传报道班子。市电视台、市人民广播电台、《××晚报》等新闻媒体也对艺术节给予了极大的关注和支持，进行了跟踪报道，使本届艺术节产生了前所未有的社会影响，得到了社会各界的一致赞誉，学校知名度也因此有了较大提高。

在本届艺术节取得圆满成功的同时，我们也清醒地看到了两个方面的不足：一是学生的软笔书法还不尽如人意，书法教学有待进一步加强；二是设置的活动项目过多，师生承担的任务过重，对这期间的课堂教学略有影响。这些应在以后的艺术节中注意克服。

我们深信，本届艺术节的成功经验一定能成为把我校艺术节越办越好的重要基础，勇于创新的××××人一定会在艺术中收获硕果，收获希望！

20××年5月20日

**点评**：这是一篇专题总结，标题准确简明，由单位名称、事由和文种名称构成。

前言一句话概述艺术节基本情况，用“主要表现在以下几个方面”作为过渡，引出主体，这是总结常用形式。

主体分四个方面对艺术节的举办进行了总结，每方面内容先用一小标题概括，然后具体介绍做法和成绩经验，内容具体翔实，层次清晰，概括准确，语言简洁朴实。

结尾处能够总结出不足之处，突出了实事求是的写作要求。

标题中有行文单位，落款只标明制定时间。

【例文二】 扫一扫

【例文三】 扫一扫

## 写法指导

### 一、总结的基本格式与写法

总结一般由标题、正文、落款三部分组成。

**1. 标题**

常见的有以下3种形式。

（1）直接性标题。在标题中直接标明单位名称、时间、内容、文种名称，如“××学校2014年德育工作总结”；有的只写时间或内容、文种名称。

（2）间接性标题。在标题中不出现文种名称“总结”，但已反映出总结的内容，如“我公司文化建设的成效及存在的问题”。

（3）综合性标题。采用双行式标题，正题采用间接性标题的形式，高度概括总结的主要内容；副题采用直接性标题的形式，直接点明单位、时间、文种名称，如“加强医德修养树立医疗新风——南方医院惠侨科精神文明建设的经验”。

**2. 正文**

总结的正文分为开头、主体、结尾三部分。

（1）开头，也称为前言。前言的写法多种多样，有的概述变化情况及主要成绩；有的介绍基本情况；有的概述总结的目的、方法等。不论哪种形式，都要求开门见山，简明扼要，紧扣中心，统领全文，吸引力强。

（2）主体，是总结的核心部分。它根据目的要求，全面、具体地回答了“做了什么”“怎么做的”“为什么这样做”三个问题。这部分主要写以下两方面的内容。

- 成绩与经验，是总结的重点内容。“成绩”是指做了哪些工作，达到了什么样的水平。“经验”也就是“体会”，就是采取了哪些措施取得了成绩，分析取得成绩的主、客观原因。写作时，材料要典型、突出，数据要具体、翔实，点面结合，叙议结合。
- 问题及原因，也称为失误与教训。要写出工作中存在的问题及失误，分析其主客观原因，上升为可供借鉴的教训。写这部分视具体情况而确定详略。

主体部分的结构安排一般有以下三种方式。

一是纵式结构，即按时间顺序或工作进程来写，其结构通常是“情况—具体做法—成绩经验—问题教训—今后设想”或“做法—效果—体会”，这是总结最常用的写法。

二是横式结构，即把经验、体会上升到一定理论高度，归纳出几个并列的观点，按照其内部的逻辑关系来安排内容和层次。

三是纵横交错式结构，即在一份总结中既有纵式结构又有横式结构，按照材料之间的逻辑关系，把内容分成若干部分，每一部分按纵式结构或横式结构来写。这种写法常用于全面总结。

（3）结尾，指出尚未解决或尚未完全解决的问题，今后的设想，努力的方向，或者表明决心；也可不写，在主体部分结尾。

**3. 落款**

在结尾的右下方分两行写。第一行写署名（单位或个人姓名），第二行写具体日期。如果标题中已有署名，这里可不再写。

## 二、总结的写作要求

（1）确立中心，突出重点。

（2）实事求是，研究材料。

（3）善于分析，找出规律。

（4）语言准确、精练。

（5）用第一人称写。

## 三、计划和总结的联系和区别

计划和总结同属于事务类应用文，二者联系密切。计划是总结的前提和依据，总结是计划的检验和结果，两者相辅相成，互相促进。其区别如下。

（1）从时间上看，计划是“事”前行文，是为了一定时期工作活动事先拟定的安排；总结是“事”后行文，是对某项工作告一段落或全部结束后的回顾和评价。

（2）从内容上看，计划是为完成一定任务所规定的步骤、方法和措施；总结则是对一定阶段的工作或计划执行情况的分析和评价。

（3）从回答问题上看，计划所要回答的问题是“做什么”“怎么做”“何时做”；总结则要回答“做了什么”“做得怎么样”。

（4）从表达方式上看，计划主要运用的表达方式是说明；总结则是说明和议论两种表达方式综合运用。

## 技能训练

### 一、病文修改

以小组为单位，指出下面总结的不当之处。

**公文写作学习总结**

文秘二班　粟××

“公文写作”学习了54个学时，由×教授讲课。收获出乎预想的大。原来不想学，现在觉得越学越有味道。原来以为学不到东西，现在不论写作知识还是写作能力都有明显的提高。

一、较系统地掌握了公文写作的基本理论知识。

对公文，过去我只知道它是“官场文章”，对它的性质、特点、作用不了解也不想了解。不想进“官场”，了解它干吗？现在知道了公文是专门用于党政机关或企事业单位办理公务的、作用巨大的应用文。还知道了如何根据它的性质、作用、特点来确定主旨、选择材料、安排结构、使用语言等知识、方法。

二、熟读了许多范文和病文。

在学习写作中，“范文”有“示范作用”，它告诉我们“应该这么写”，“病文”有“警示作用”，它告诉我们“不应该那么写”。课本中有100多篇范文，有50多篇“病文”，大部分我都读了。特别是老师重点分析的，我读得更细致，将两种文章对照着读，具体弄清楚“为什么不应该那么写”“为什么应该这么写”，这样学到的东西，道理明、印象深，很有用。

三、写了十多篇作文。

写作课是实践课，学习写作理论知识是为了指导写作实践，是为了写出符合要求的文章来。因此，老师布置的七八篇作文我认真写，我还结合学生会工作写了好几篇。这十多篇作文，使我更实在地知道了有关文种“不应该那么写”和“应该这么写”的道理、知识，写出来的作文也基本符合要求。这对我将来参加工作很有好处。

总之，公文写作的收获很大。感谢老师的教诲。

2014.12

### 二、情境写作

以小组为单位，以情境描述为素材，替张鑫同学拟写一份总结。

### 三、强化训练

请根据下面内容拟写一份综合性总结。

小张是滨海市××职业学校的学生会主席。两个月后，小张作为第五届学生会主席的任期届满，将进行改选。小张需在改选大会上就本届学生会两年来的工作作总结汇报。请据此拟写一篇第五届学生会工作总结。要求实事求是，客观公正，材料翔实，条理清楚，重点突出，详略得当，标题及行文格式符合要求。

**知识链接**

## 述职报告

**一、述职报告的概念**

述职报告就是把自己履行职责是否称职的情况写成书面文字所构成的文体，即单位负责人就任职一定时期内所做工作向任命机关或单位群众进行汇报并接受审查和监督的陈述性文案。

**二、述职报告的特点**

1. 自我评述性

述职报告是报告的一种特殊形式，其着眼点是“述”自己的“职”，即自己在一定时期内履行岗位职责的情况、称职与否、有什么功过得失；是“报”自己的“告”，即对局限于个人职责范围之内的工作进行自我回顾、检查、评价。

2. 时间的限制性

述职报告有严格的时间界限：一是述职内容必须是本人的职务、岗位、任职期内的，不是这一期间做的工作无须写入；二是报告时间的限制性，述职者必须在考核期内，按考核时间的要求写出书面报告，向本部门群众宣读并上交上级有关部门。

**三、述职报告的格式与写法**

述职报告的格式一般由标题、称呼、正文、落款组成。

1. 标题

述职报告的标题常见的写法有以下三种。

（1）直书式标题。直接用文种名称作标题或在文种名称前加人称，如“述职报告”“我的述职报告”。

（2）公文式标题。由时间和文种名称组成或由述职者、时间和文种名称组成。前者适用于在大会上述职，如“2014年度述职报告”；后者一般用于向上级领导机关述职，如“×××市公路局长2013—2014任职期的述职报告”。

（3）文章式标题。文章式标题有两种形式：一种是单标题，揭示述职报告的主旨，如“爱岗敬业、勤政为民”；另一种是双标题，正题揭示述职报告的主旨，副题由单位名称、所任职务、任职期限和文种名称组成，如“狠抓廉政建设、促进党风好转——××局党委书记2014年述职报告”。

2. 称呼

（1）书面报告的称谓，写主送单位名称，如“××党委”“××组织部或××人事处等”。

（2）口述报告的称谓，写对听者的称谓，如“各位代表”“各位委员”或“各位领导，同志们”等。

3. 正文

述职报告的正文一般由开头、主体、结尾三个部分组成。

（1）开头。述职报告的开头要以简洁的文字，说明所担负的具体职责，表明自己对本职责的认识，并阐明任职的指导思想和工作目标，还要概述所取得的成绩。

（2）主体。述职报告的主体要选择几项主要工作细致地将过程、效果或失误及认识表述出来。这一部分要写详细，对一些重大问题的决策过程，对棘手事件的处理思路，对群众迫切关心的问题的认识和处理，都要交代清楚。要对履行职责的情况和对履行职责的事迹进行深入的分析研究，做出具有一定理论层次的概括。要回答称职与否的问题，应从思想道德素质、政治理论素质，开拓进取精神，政策法律水平，处事决断能力，分析综合能力，文字和口头表达能力，廉洁模范作用，上下左右关系，工作作风和工作方法等方面描述自己的形象，回答好称职与否的问题。述职报告的主体还要说明履行职责过程中的得与失。竞争上一级职务的述职报告，要注意紧扣上一级职务的有关要求来写，以说明自己有充分的理由担当上一级的职务。这部分是述职报告的关键部分，一定要精心构思，写出特色。

（3）结尾。在述职报告的结尾可简述一下自己对自己的评价，并表明自己的态度，最后以“谢谢大家”结束。

4. 落款

报送上级有关单位的述职报告应写落款。落款主要是署名和成文日期，姓名可与日期署在篇末右下角，也可放在标题下。

**四、述职报告的写作注意事项**

（1）实事求是，一分为二。述职报告要写自己履行职责的情况，既要实事求是地写出工作成绩，又要诚诚恳恳地写出存在的问题，要做到：写成绩，不虚夸，恰如其分，符合实际；讲问题，不掩饰，抓住要害，直截了当；讲经验，要有理有据，态度端正，严谨求实，一分为二，分析中肯。

（2）点面结合，突出重点。写述职报告一定要围绕中心，抓住重点，做到精心选材，主次分明，实绩突出，纹理明顺，切忌平铺直叙，拖沓冗长。

（3）力求创新，写出个性。根据各自的具体情况，突出自己独特的个性，力求加强创新，使写出的述职报告特色鲜明。

**五、述职报告与总结的区别**

（1）回答的问题不同。总结要回答的是做了什么工作，取得了哪些成绩，有什么不足，有何经验、教训等。述职报告要回答的则是什么职责，履行职责的能力如何，是怎样履行职责的，称职与否等。

（2）写作重点不同。个人总结的重点在于全面归纳工作情况，体现工作实迹。个人的工作述职报告则必须以履行职责方面的情况为重点，突出表现德、才、能、绩，表现履行职责的能力。

（3）表述方式不同。总结主要运用叙述的方式和概括的语言，归纳工作结果。工作述职报告则可以采用夹叙夹议的写法，既表述履行职责的有关情况，又说明履行职责的出发点和思路，还要申述处理问题的依据和理由。

【例文一】

## 述职报告

各位领导、各位老师：

在上一学年里，本人在学校的工作安排下，担任了××班教学工作。一学年以来，在学校领导的关心、支持下，尽职尽责做好各项工作。现报告如下。

**一、班主任工作**

在担任×班班主任工作中，做到认真完成学校布置的各项工作，重视班风、学风的培养，深入了解每个学生的思想动态。严格管理，积极与家长配合，研究教育学生的有效方法。及时发现问题及时处理。在担任班主任工作期间，针对学生常规工作常抓不懈，实施制度量化的管理。培养学生养成学习、清洁卫生等良好的习惯。努力创造一个团结向上、富有朝气的班集体。该班在各方面的表现都比较好，并在××比赛中荣获第一名。

**二、教学工作**

在教学工作上，我根据学校的工作目标和教材的内容，了解学生的实际情况。通过钻研教材、研究具体教学方法，制订了切实可行的学期工作计划，为整个学期的××教学工作定下目标和方向，保证了整个教学工作的顺利开展。在教学过程中，学生是主体，让学生学好知识是老师的职责。因此，我在教学之前，贯彻《九年义务教育××教学大纲》的精神，认真细致地研究教材，研究学生掌握知识的方法。通过钻研教学大纲和教材，不断探索，尝试各种教学的方法，以"如何培养中学生创造能力"为教学实验专题，积极进行教学改革。我还积极参加市教研室及学校组织的教研活动，通过参观学习、外出听课等教学活动，吸取相关的教学经验，提高自身的教学水平。通过利用网络资源、各类相关专业的书报杂志了解现代教育的动向，开拓教学视野和思维。艺术需要个性，没有个性就无所谓艺术。在教学中尊重孩子的不同兴趣爱好，不同的生活感受和不同的表现形式，方法等，使他们形成自己不同的风格，不强求一律。艺术的魅力就在于审美个性的独特性，越有个性的艺术就越美，越能发现独特的美的人就越有审美能力，越有创造力。所以，在中学××教育中，有意识地以学生为主体，以教师为主导，通过各种游戏、比赛等教学手段，充分调动他们的学习兴趣及学习积极性，让他们的天性和个性得以自由健康发挥，让学生在视、听、触觉中培养创造性思维方式，在进行艺术创作时充分得以自由运用。

**三、第二课堂工作**

抓好第二课堂，实施素质教学。我根据本校学生的基础，发掘有××兴趣、特长的学生组织他们在第二课堂进行培养，并按年龄、基础等情况分为××兴趣小组初级班和创作班。按实际情况采用不同的计划、步骤、方法，进行有效的培训教学。学生经过一个学年有计划、有步骤的培训后，××水平有了很大的提高。在学校的支持下建成具有本校特色的班级，各方来宾对我校学生的××水平有着较高的评价，并在精神上支持我们的做法，一定程度上强化了我校的文化氛围。

除了日常的教学工作之外，我还负责校内大部分的宣传工作，为了能做好这一工作，我不计酬劳，任劳任怨、加班加点，按时保质完成了任务，取得一定的成绩。但在教学工作中，本人尚有不足之处，还需继续努力提高自身的能力。寄望于下一学年度为提高我校学生的××水平，营造校园的文化气氛，促进我校素质教育的发展做出更大的努力！

**点评**：这是由普通干部所做的述职报告。作者是名教师，内容是他报告自己的本职工作。其标题是简单明快的文种名称式标题。报告对象是本校的领导和老师。正文中的引言简洁明了。主体分为三部分，分别谈班主任工作，教学工作与第二课堂工作。其特点是，能分清主次，详略得当，把一个教师最主要的工作——教学工作，作为报告的重点，说得较为具体详细；而其他工作则说得较为简单。同时，把工作实绩作为重点，而缺点和努力方向只在结尾段落中补充性地提到。这样的安排，使篇幅大为缩短，结构也显得紧凑而合理。

【例文二】

扫一扫

## 情境三　简　　报

### 学习目标

知识目标：掌握简报的写作要求与技法。

能力目标：能根据实际需要编写内容真实、反应及时、形式多样、篇幅简短的简报。

素质目标：树立统观全局、求真务实的思想观念。

### 情境描述

2013年6月5日，是世界第42个环境保护日。它来源于1972年联合国在瑞典的斯德哥尔摩召开的由113个国家参加的联合国人类环境会议，在这次会议上，讨论了保护全球环境的行动计划，因此将这次会议开幕的6月5日定为“世界环境保护日”。为保护和改善生活环境与生态环境，防治污染和其他公害，保障人体健康，人类有责任做出实际行动保护家园。请看下面素材。

某职业学校团委组织开展了“保护蓝天碧水”主题活动，全校十个班级的三百多名同学参加了到海边清理垃圾、做环保宣传的活动。为了鼓励同学们的积极性，学校团委要求以班级为单位，写一份简报。

**想一想**：什么是简报？怎样才能写出标准的简报？

### 知识点拨

#### 一、简报的概念

简报是各级机关、人民团体、企事业单位内部用于汇报工作，反映问题、沟通情况、指导工作，交流经验、传递信息的简要报告，又称动态、简讯、要情、摘报、工作通讯、情况反映、情况交流、内部参考等。

## 二、简报的特点

简报的特点可以用简、真、快、新四个字概括。简是指语言简约、篇幅短小；真是指准确反映事物的真相和本质；快是指编写快、传递快；新是指反映新情况、新事物。

## 例文点评

【例文一】

**教育简报**

**第2期**

××市××区教委办公室主办　　　　2013年×月×日

**关于坚决制止中小学乱收费**

**专题会议纪要**

5月3日上午，区教委在××小学召开全区教育系统领导干部会议。参加会议的有各镇（办）教委主任、区直中小学校长、教委所属单位主要负责人及全体机关工作人员、教职工，教委主任王祥勉同志主持会议并讲话。他着重强调了坚决制止中小学乱收费的问题。

今年以来，我们把治理中学乱收费作为重点，先后召开两次收费工作专题会议，加大力度强化措施，乱收费现象得到有效遏止，但个别学校超标准、超项目收费仍然存在，影响了教育的整体形象。在今后一个时期的工作中，教委有以下要求。

一、提高认识、加强宣传。教育收费牵动千家万户，涉及方方面面，是社会普遍关注的热点问题。每一位教育工作者都要充分认识到，解决好收费问题，是保证全区经济建设这一中心工作顺利进行的要求，是政府解决减轻农民负担、解决下岗职工问题的要求，是保持整治安定、社会稳定的要求，是维护党和政府形象、维护学校教育形象的要求。因此，教育系统的领导干部要树立全局挂念，以高度的责任感和使命感，积极采取措施，切实抓好学校收费管理工作，坚决制止乱收费现象。同时，要在全体师生中广泛宣传，公开收费政策、收费项目和标准，增加透明度，自觉接受社会的监督，使家长、社会逐步理解教育、支持教育，从而树立教育的良好形象。

二、理清项目，掌握标准。根据上级规定的收费项目和标准进行收费，规范“收费卡”制度，不允许任何单位另立收费项目，提高收费标准。教委将加强财务、审计检查，出现问题要严肃处理。

三、搞好服务，树立形象。学校领导要更新观念、转变作风、增强服务意识，要把为家长服务、为社会服务看成是义不容辞的责任和义务，要克服“门难进，脸难看，话难说，事难办”的官衙作风。树立教育的良好社会形象。

四、艰苦奋斗，勤俭办事。学校要严格控制开支，大的开支必须集体研究决定；购置大设备要申请主管部门批准；压缩非生产性开支；压缩吃喝开支；组织适当的勤工俭学活动，增收节支。

五、落实经费，强化纪律。各单位，特别是各镇（办）教委要认真落实好政府对教育公用经费的拨款情况和收费情况，强化组织观念，加强组织纪律性。各基层单位要严格执行自下而上的请示回报制度，一般不越级反映情况。要同区教委保持一致，做到政令畅通，另行禁止。

报：区委、区教委

发：各镇（办）教委、各中小学

（共印110份）

**点评**：这则简报报头格式规范、完整。标题属于单标题式，概括会议中心内容，专题会议简报经常使用此种形式。导语是叙述式导语，概括地介绍了会议时间、地点、组织单位、参加人员和领导讲话的主要精神。主体部分首先说明召开会议的背景、原因，然后提出了制止中小学乱收费的五项要求。每项要求段首用八个字概括。然后具体说明内容，句式整齐，段旨分明，五项写完，自然结尾，无拖泥带水之嫌。报尾完整、规范。

【例文二】

**中铁航空港集团辽宁工程有限公司**

**简　报**

**第2期**

中铁航空港集团辽宁工程有限公司党政工团主办2011年8月17日

本期内容：

【项目动态】

★青容项目部获指挥部8月份平推检查10万元奖励

★德大项目部举行“导师带徒”签字仪式

★德大项目部认真学习集团公司文件汇编

青容项目获指挥部8月份平推检查10万元奖励

近日，青容项目部在中铁一局青容城际铁路工程施工指挥部8月份安全质量平推检查中获得10万元奖励。

为了进一步加强我标段的施工安全质量管理，结合铁道部“三整治一提高”及安全专项整治活动调动……青容项目部第一架子队施工的韩流庄特大桥获得5万元奖励。

（刘鹏飞供稿）

德大项目部举行“导师带徒”签字仪式

为了加强对新分配见习生的培养力度，使青年员工尽快熟悉并胜任自己的岗位，德大项目部于8月31日晚举行了“导师带徒”签字仪式。

签字仪式上，项目部办公室主任张振会首先宣读了公司关于深入开展“导师带徒”活动的通知……以优良的业绩回报师傅的培养和教导，为公司安全、稳定、和谐发展做出积极的贡献。

（李萍供稿）

德大项目部认真学习集团公司文件汇编

为认真贯彻公司文件要求，德大项目部于2011年8月12日晚8时在项目部会议室组织开展集团公司制度汇编学习。……学习期间，大家认真记录并纷纷表示一定认真贯彻文件要求，根据课时安排组织好本部门的学习，让制度汇编学习活动深入到每位员工心中。

（李阳阳供稿）

责任主编：陈建强　马旭　　　　校稿：李梅花　　　　编辑：侯永明

报　　送：集团公司党委、工会、办公室，公司领导

抄　　送：公司各部门、各项目部

**点评**：这是一篇有三个正文的简报，分别对三个项目的动态做了简要报道。报头主要内容齐全。报文中的每个报道的标题直接点明主旨，一目了然；导语简洁明了，起到导读的作用；主体部分用典型的事实材料，围绕中心进行详细的阐述；结尾简明扼要地概括主旨。该简报格式规范，层次清楚，条理分明，语言准确简练，是一份写得较好的简报。

【例文三】

扫一扫

## 写法指导

### 一、简报的格式与写法

简报格式一般由报头、报核、报尾三部分组成。

**1. 报头**

报头一般占首页1/3的上方版面，用间隔红线与报核部分隔开。报头包括内容如下。

（1）报名。“××简报”“××××简讯”，写在居中位置，一般用大字套红，醒目大方，如“商业工作简报”。

（2）期数。期数排在报名的正下方，有的连续出，还要注明总期数，总期数用括号括入。

（3）编号。编号排在报头右侧的上方位置。

（4）编发单位。编发单位排在横隔线的左上方位置。

（5）印发日期。印发日期写在横隔线的右上方，与编发单位平行。

（6）密级。“机密”“绝密”“内部刊物”等排在报左侧上方位置。如果不需要保密，可以不写。

**2. 报核**

报核，即简报所刊的一篇或几篇文章，包括标题、导语、主体、结语。

（1）简报的标题类似新闻的标题，要揭示主题，简短醒目。

（2）导语通常用简明的一句话或一段话概括全文的主旨或主要内容，给读者一个总的印象。导语的写法多种多样，有提问式、结论式、描写式、叙述式等。导语一般要交代清楚谁（某人或某单位），什么时间，干什么（事件），结果怎样等内容。

（3）主体用足够的、典型的、有说服力的材料，把导语的内容加以具体化。

（4）结语或指明事情发展趋势，或提出希望及今后打算。如果主体部分已经把事情说清楚，可以不写结语。

3. 报尾

位于简报最后一页下部，用一横线与报核隔开。横线下左侧写报、送、发单位的名称或个人姓名、职务，右侧写本期印发份数。单位内部印发的简报，有时不加报尾。

简报格式如下图所示。

密级　　　　　　　　　　　　　　　　　　　　　　编号

简报名称

第　期

编发单位　　　　　　　　　　　　　　　　　　　　印发日期

---

标题

导语

主体

结语

---

报：（上级）

送：（平级）

发：（下级）　　　　　　　　　　　　　　　　　　共印　份

简报格式

## 二、简报的写作要求

（1）抓准问题，有的放矢。

（2）材料准确，内容真实。

（3）简明扼要，一目了然。

（4）讲究时效，反应迅速。

## 三、简报与消息的区别

（1）简报和消息都要求反映真实的情况。消息仅仅局限于客观的报道，而简报则允许对客观的事实加以评论。

（2）简报和消息在编发时都要求快速及时。消息在编发的速度上要求更高，追求的是快速反应，而简报在编发的时间上有一定的弹性，允许一定程度的滞后性。

（3）简报和消息的内容都要求新。消息侧重于新闻性，而简报则侧重于经验性。

（4）简报和消息在篇幅上都要求短。消息仅需报道事件的本身，而简报还需对事件所反映出的问题加以评论和分析，所以篇幅相对于消息来说要长些。简报在一定程度上具有保密性，而消息则具有公开性。

# 技能训练

## 一、病文修改

以小组为单位，找出下面简报的不当之处。

**××省一些旅游点附近的农民向外国旅游者**
**强行兜售商品造成不良影响**

4月20日上午，美国××旅游团外宾去××参观游览。客人一下车，一群手拿各种工艺品的农民就一窝蜂而上，大叫大喊着、争抢着要外宾买他们的东西。其中一些人手持唐代铜镜、铜钟及汉唐古钱等文物出售。外宾急于参观，打手势表示没有心思买东西。然而，这些农民仍围着不散。导游走过去，使眼色，说好话，一个个左劝右劝，这些人就是不想走，有些走开了一会儿又回来了，继续大声兜售商品，并且大声辱骂导游，有些话还十分难听，无法写出。当这个外宾旅游团要离开陕西乾陵时，一群小孩还围住一位七十多岁的穿中国红衣服的老太太外宾，非要她买不可。这老太太外宾无路可走，山穷水尽，只好一步步向路边退下去，结果被挤得跌进了一条大路边的不到2米宽的小水沟，造成右脚关节骨裂，呻吟不止，当即由导游叫来救护车，送进了医院。

最近，在××旅游点附近，围堵外宾、强行向客人兜售旅游商品的现象时有发生。

## 二、情境写作

以小组为单位，以情境描述为素材，写一份简报。

## 三、强化训练

请根据下面这份会议记录的内容，编写一份简报，并用计算机模拟打印出来。

××××学院××文学社20××—20××学年第四次社委会会议记录

时间：20××年4月12日下午2：00—4：00

地点：北区教学楼302会议室

出席人：×××、×××、×××、×××

缺席人：×××、×××

列席人：×××老师

主持人：×××

记录人：×××、×××

（一）讨论文学社本学年度活动计划

会议审议文学社本学年度活动计划，全体社委一致通过该计划。

（二）会议报告

会议主持人×××总结文学社征文比赛情况，截至20××年3月底，共收到来稿46篇，稿件总体水平较去年有较大提高，全部稿件已经初步评审完，比赛结果将于4月底公布。

社委×××报告文学社资金情况，本社现有上一学年度剩余资金255元4角。学院学生会本学年度拨款1 000元。合计1 255元4角。计划购买征文比赛奖品400元。

（三）会议讨论

（四）会议决议

1. 印发《××文学社20××—20××学年度活动计划》并贯彻执行。

2. 4月20召开全体社员会，宣布征文比赛结果。

3. 在原计划基础上追加200元，用600元购买奖品。

主持人：×××
记录人：×××、×××
20××年4月12日

知识链接

## 工作日志

### 一、工作日志的概念

工作日志是对每天工作情况的记录和总结。

一般工作日志需要记录这样几项内容：时间、任务名称及工作内容、重要程度、进度、问题、原因。填写工作日志，可以将一天内每一时段的工作进行清晰备案，起到提醒的作用；可以深化员工对工作的认识；便于企业跟踪管理。

工作日志有两种，一种是像日记一样的方式记录工作，清楚表述。它的基本格式有一定要求，要有时间、今日完成计划的内容、工作总结等；另一种是工作日志表，可以根据当天工作情况内容填入，方便简单，便于收藏管理。

### 二、工作日志的特点

（1）详尽性。在完成工作以后逐日及时记录的，具有详尽性的优点。

（2）可靠性。通过工作日志法所获得的工作信息可靠性很高，往往适用于确定有关工作职责、工作内容、工作关系、劳动强度方面的消息。

（3）烦琐性。这种方法的信息整理工作量大，归纳工作烦琐。

### 三、工作日志的格式和写法

工作日志没有特别的格式标准，可以是表格，也可以同写日记一样。工作日志一般按照常规工作、改进措施、工作建议等几方面来写，切忌记流水账。要交代今天做了什么，主要是将成果及遇到的问题或是心得体会之类表现出来。同时，工作日志除了总结今天的工作，也要阐述明天的工作计划。

### 四、写作工作日志的注意事项

（1）写作上，基本信息力求“准”，工作效果力求“实”，原因分析力求“深”。

（2）内容上，要分清主次轻重，动笔前先对一天的工作进行梳理。

（3）语言表达上，简练精要，用词准确，少些形容词、副词，切忌出现“一切正常”“今日无事”之类的话语。

（4）态度上，笔头要“勤”。每日都要写工作日志，养成随手记录工作事项的好习惯。

【例文一】

时间：2014年5月28日 星期一

工作内容：

我是一名会计员，在今天工作的过程中，我主要负责查这个月的会计报表是否有差错，同时一笔一笔记录这一个月来的公司收支情况并做好一份表格递交给我的部长。今天我还送了一份非常重要的文件交给经理。根据原始凭证登记记账凭证［做记账凭证时一定要有财务签字权的人（经理）签字后你再做］，然后月末或定期编制科目汇总表登记总账（之所以月末登记就是因为要通过科目汇总表试算平衡，保证记录计算不出错），每发生一笔业务就根据记账凭证登记明细账。大概我今天的工作就是这样的。事情很多，但是我觉得很充实。

工作总结：

今天的工作，我感到有点力不从心，毕竟我是一个新手，是一个刚出校门的大学生，但是我觉得人只要脚踏实地地做好每一步就一定会成功。今天我自己所取得的成绩，除了自己努力工作外，更主要的是领导的指导和同志们帮助的结果，但这些成绩离上级的要求还有较大的差距，还存在许多不足。一是学习的深度和广度还需要加强；二是遇到困难强调客观原因较多，没有充分发挥主观能动性。在以后的工作中我会加以改正。

**点评**：这份工作日志比较完整，按照格式和写作要求分段写出日志的时间、内容和总结，按照时间顺序较为详细地记录了工作内容的三件主要事情，并做了相关的说明。在工作总结部分，分析取得的成绩和存在的问题比较深刻，有实事求是的态度。在写法上，层次清楚，重点突出，简要精练，用词准确，朴实自然。

【例文二】　扫一扫

【例文三】　扫一扫

## 情境四　规章制度

### 学习目标

知识目标：了解规章制度的重要性，掌握规章制度的写作格式。

能力目标：能制定格式规范的规章制度。

素质目标：培养遵守规章制度、履行自己岗位职责的观念。

### 情境描述

俗话说："不成规矩，何以成方圆。"国有国法，厂有常规，校有校纪。优秀的学校要制定适应学校发展的相关规章制度，用制度来规范学校的管理，规范、约束教职员工和学生的行为，使全校师生在工作和学习生活中有章可循、有章可依。规章制度的制定不是针对某一个人、某一个别现象，而是学校发展的需要。请看下面素材。

苏原是某职业技术学校新上任的学生会主席，为了更好地开展工作，他要在团委老师的指导下，依据学校的相关制度，在原有制度的基础上，组织学生会的成员制定相关的学生会工作管理制度。

**想一想**：苏原怎样才能制定出规范的、具有约束力的规章制度？

### 知识点拨

#### 一、规章制度的概念

规章制度是国家机关、社会团体、企事业单位为了建立正常的工作、劳动、学习、生活秩序，依照法律、法规、政策而制定的，具有规范性、指导性和约束力的文书。

规章制度是一个总称，大致可分为行政法规、章程、制度、公约四大类，具体文种包括条例、规定、办法、细则、章程、制度、规则、守则、须知、公约等；另外，标准、准则、规范、补充规定等也属于规章制度。

各种不同的规章制度，适用不同的范围、不同的需要，起着不同的作用，其制发者也不一样，如下表所示。

**部分规章制度比较简表**

| 类别 | 文种 | 内容和作用 | 制发者 | 举例 |
|---|---|---|---|---|
| 行政法规 | 条例 | 对某一方面的行政工作做比较全面、系统的规定，是具有法律性质的文件 | 国家最高行政机关及省、直辖市和自治区的地方国家权力机关 | 《中华人民共和国城市维护建设税暂行条例》 |
| | 规定 | 对某一项行政工作做部分的规定，是法律、政策、方针的具体化形式，是处理问题的法则 | 国务院各部委、地方各级人民政府及所属部门 | 《关于出版物上数字用法的试行规定》 |
| | 办法 | 对某一项行政工作做部分的规定，包括处理某些问题的具体方法、标准 | 同上 | 《国家预算调节基金征集办法》 |
| | 细则 | 为实施“条例”“规定”“办法”做详细、具体或补充规定，对贯彻方针、政策起具体说明和指导的作用 | 国务院各部委、地方各级人大、地方各级人民政府及所属部门 | 《广西壮族自治区车船使用税施行细则》（是贯彻《中华人民共和国车船使用税暂行条例》而制定的详细规定） |
| 章程 | 章程 | 政党或社会团体用以说明该组织的宗旨、性质、组织原则、机构设置、职责范围等的纲领性文件，具有准则性和约束性的作用 | 政党、社会团体 | 《中国共产党章程》《中华全国总工会章程》 |
| 守则 | 制度 | 有关单位和部门制定的，要求所属人员共同遵守的准则 | 机关团体、企事业单位及其部门 | 《安全生产制度》《办公室制度》 |
| | 规程 | 生产单位或科研机构，为了保证质量，使工作、试验、生产按程序进行而制定的一些具体规定 | 同上 | 《××型电子计算机操作规程》 |
| | 规则 | 有关部门为维护劳动纪律和公共利益而制定的要求大家遵守的条规 | 同上 | 《××图书馆借书规则》 |
| 制度 | 守则 | 机关团体、企事业单位要求其成员遵守的行为准则 | 同上 | 《中学生守则》 |
| | 须知 | 有关单位、部门为了维护正常秩序，搞好某项具体活动，完成某项工作而制定的具有指导性、规定性的守则 | 有关单位、部门 | 《观众须知》《考生须知》 |
| 公约 | 公约 | 人民群众或团体经协商同意而制定的共同遵守的准则，对参加协议者有约束力 | 人民群众、团体 | 《首都人民文明公约》 |

## 二、规章制度的特点

（1）约束性。规章制度明确规定了应该做什么，不应该做什么。它是人们的行为准则，一经生效，有关单位或个人就必须严格遵守或遵照执行。如果违反有关条款，就要受到相应的处罚，即具有强制性。

（2）权威性。规章制度的权威性来源于机关单位的权威性。规章制度是法定作者根据自己的职责和权限制订，是本级机关权力意志的反映。

（3）稳定性。规章制度既然是人们的行为准则，就不宜经常变动和修改，应具有相对稳定性。

（4）程序性。规章制度要求有关人员按照一定的程序办理事情，充分体现了制度的规范性和程序性。

## 例文点评

【例文一】

**贯彻《中华人民共和国国旗法》实施细则**

一、遵照《国旗法》及国家教委关于施行《中华人民共和国国旗法》《严格中小学升降国旗制度的通知》，根据我校的情况和条件制定贯彻《国旗法》的实施细则。

二、组织全校师生学习《国旗法》及《严格中小学升降国旗制度的通知》，明确中华人民共和国国旗是五星红旗，明确中华人民共和国国旗是中华人民共和国的象征和标志，每个公民和组织都应当尊重和爱护国旗。

三、升降国旗要求。

1.国庆节、国际劳动节、元旦、春节、重大纪念日及庆祝活动，要升挂国旗。

2.升降国旗时间：早上七时升起、下午五时降下。

3.国旗始终保持清洁、鲜艳和完整。

4.每班推荐最优秀的四名同学，参加校国旗队，由教导处、体育组专门负责严格训练。

5.每周一上午或开学典礼和重大纪念日举行升旗仪式。

四、升旗仪式的程序。

1.全校师生整队进场（由教导处分管主任负责）。

2.宣布升旗手名单。

3.出旗（1名同学持旗，2名护旗手在两侧，正步走向旗杆；在场的全校师生立正，并奏《五星红旗》乐曲）。

4.升旗（奏国歌，全校师生行注目礼）。

5.唱国歌（由音乐教师指挥，齐声高唱）。

6.国旗下讲话（由校长或其他教师、劳动模范、先进人物等做简短而有意义的讲话）。

7.讲话完毕，整队退场。

××市××职业学校

2014年8月10日

**点评**：这是学校制定的具体制度，对实施要求和操作程序写得具体而明确，可操作性较强。第一条写制定该细则的依据。第二条写制定该细则的目的、意义。第三条写要求要详备、简洁。第四条程序规范有序，明确规定了做什么和该怎么做，操作性强。落款标明行文单位和制定时间

【例文二】

**图书馆借阅规则**

1. 凡持有本馆借书证者，均可凭证借阅图书。

2. 借书手续在借书处（出纳台）办理。

3. 持证读者，教工每证借书量不超过15册，研究生不超过10册，本、专科生不超过5册，中职生不超过3册，临时借书证不超过2册。

4. 借书期限：教工为3个月，学生为1个月。借阅期满可续借1次。

5. 馆藏线装书、善本书、近10年进口原版书、部分工具书等珍贵图书及期刊不外借，只限在阅览室阅览。

6. 读者应按期归还所借图书。如过期不还也不办理续借手续，从过期当天起计算借书逾期费，每册每天5分，累计到还书日止。所借书刊到期时适逢法定节假日、寒暑假，不计逾期费。

7. 预约借书。读者所需图书已被他人借走时，可填写预约借书单或电话、网上预约，书到后即通知预约人来馆办理借书手续。读者应在一周内到借书处办理借书手续，逾期不予保留。

8. 遇有特殊需要时，本馆有权随时催还借出的图书。

9. 所借图书如有损坏、遗失等情况，按《书刊遗失、损坏赔偿办法》处理。

**点评**：标题由“适用范围+规章内容+文种名称”组成，正文因内容比较简单，因此省略引言部分，直接进入主体部分，开门见山，切入主题。列出了九条规定，具体明确，条理清晰，语言通俗易懂，简练准确，具有很好的指导作用。

【例文三】

扫一扫

## 写法指导

### 一、规章制度的格式与写法

规章制度一般由标题、正文、落款三部分构成。

**1. 标题**

标题应标明规章制度的种类和规范的对象、内容等，写在首行居中。

规章制度种类不同，标题的写法也不完全一样，归纳起来有以下五种写法。

（1）由“内容+种类”组成，如“服务公约”。

（2）由“单位+种类”组成，如“中国作家协会章程”。

（3）由“人员＋种类”组成，如“中学生守则”。

（4）由“单位＋内容＋种类”组成，如“中华人民共和国国库券条例”。

（5）公文式，如“北京市关于禁止燃放烟花爆竹的规定”。

**2. 正文**

正文要写清楚规章制度的具体内容，这些内容一般都是分条列出，一个意思一条。正文结构一般有以下两种形式。

（1）章条式，即把规章制度的内容分成若干章，每章又分为若干条。第一章是总则，中间各章叫分则，最后一章叫附则。

总则一般写原则性、普遍性、共同性的内容，包括制定规章制度的目的、意义、依据、指导思想和适用原则、范围等。

分则是规章制度的具体内容，通常按事物间的逻辑顺序，或按各部分内容的联系，或按工作活动及惯例分条列项，集中编排。

附则是对规范内容的补充说明，包括用语的解释和解释权、修改权、公布实施的时间等。

（2）条款式，就是只分条目不分章节，适用于内容比较简单的规章制度。

开头说明缘由、目的、要求等。主体部分则分条列出规章制度的具体内容。其中，第一条相当于章条式的总则，最后一条相当于附则的写法。

**3. 落款**

写上制发单位名称、具体时间，一般写在正文结尾后面。如标题中已有制发单位名称，落款可不再署名。有的规章制度从公布起需要长期实行的可以不写日期。有的随文件颁发，文件上已有日期，也可以不再写。凡要写日期的，就应具体写明年、月、日。

## 二、规章制度的写作要求

符合法律、政策，集思广益，井然有序，明确具体，语言严谨周密、通俗易懂。

# 技能训练

## 一、病文修改

### 班级公约

一、行为规范

1. 每天在校时间必须穿校服，女生必须剪短发，男生不准留长发，不准佩戴首饰，包括耳环、挂件、戒指、护身符、手链等。

2. 自觉遵守课堂纪律，认真听讲，做好课堂笔记，不大声喧哗，不故意做出造成影响整体纪律的行为。

3. 维护班级形象，在学校各个公共场所都应注意自身形象和举止行为，如不在走廊、操场等公共场所大声喧哗、追逐打闹等。

4. 注意个人卫生及公共部位卫生情况。要求带好个人生活用品，如茶壶、手帕（或纸巾）、抹布等。允许个人使用垃圾袋，但必须及时处理过剩垃圾。

5. 尊重师长，不顶撞、谩骂师长，如遇到意见冲突应当适时解决。

6. 不允许课上使用手机，或同性质通信仪器。

二、学习规范

1.学习过程要强调自主性、独立性。独立完成自己的学习任务，不抄袭作业。同时鼓励以独立思考为前提的小组讨论，以促进共同进步。

2.学习态度要端正，学习目的要明确。寻找适合自己的学习方法以提高学习效率。

3.注意合理安排学习时间，注重劳逸结合，以保证足够良好的精神状态，避免恶性循环。

三、班级活动

1.为班级工作出谋划策，贡献智慧。

2.对班级决定开展的各项活动的开展要积极主动支持和配合，个人响应集体，以集体利益为大前提。

3.班委将尽量满足同学们对班级活动的要求。

四、处罚措施

1.不按生活委员安排按时、保质做教室清洁，一次罚做清洁一周。

2.上课迟到，一次罚款人民币1元，无故旷课一节，罚款5元。

3.多次违纪，请家长。

不按时完成家庭作业罚到大操场长跑5圈（4 000米）。

备注：此公约的解释仅归班委及班主任。

高三（7）班

2014.3.1

## 二、情境写作

以小组为单位，以情境描述为素材，替苏原制定一份学生会规章制度。

## 三、强化训练

请根据下面内容拟写一份须知。

生活中不难发现，许多同学其实很有能力，做事也踏实肯干，但因为不善于表达自己的想法、不注意细节等多方面的原因，在面试时，总是难以博得主考官的青睐。为了帮助学校毕业班的同学尽快找到理想的工作，提高面试成功率，滨海商贸职业学校就业指导中心特向广大毕业生印发了一则《面试须知》，以示提醒。请代为拟写该须知。

**知识链接**

### 岗位职责

**一、岗位职责的概念**

岗位职责是指一个岗位所要求的需要去完成的工作内容，以及应当承担的责任范围。

岗位是组织为完成某项任务而确立的，由工种、职务、职称和等级等内容组成。职责是职务与责任的统一，由授权范围和相应的责任两部分组成。

**二、岗位职责的确定**

（1）要根据工作任务的需要确立工作岗位名称及其数量。

（2）根据岗位工种确定岗位职务范围。

（3）根据工种性质确定岗位使用的设备、工具、工作质量和效率。

（4）明确岗位环境和确定岗位任职资格。
（5）确定各个岗位之间的相互关系。
（6）根据岗位的性质明确实现岗位目标的责任。

【例文一】

**文艺部职责范围**

一、举办各种文艺讲座、文艺演出等活动，提高同学们的文艺理论水平和欣赏水平，陶冶同学们的情操，丰富同学们的业余生活。

二、搞好重大节日的庆祝活动，组织举办系际文艺比赛。

三、组织排练节目，参加学校各种文艺比赛，力争好成绩。

四、平时多注意发现培养文艺人才。

五、认真按时制订本部工作计划，并定期向主席汇报工作。

六、完成系领导、学生会主席交办的各项任务。

**点评**：这是从学生会各部门职责中抽取的文艺部职责。分六项任务，职责的内容较为概括，没有详细的说明。内容明确，条理清楚，语言简洁。

【例文二】　扫一扫

【例文三】　扫一扫

# 任务三　会议类应用文

## 情境一　会 议 记 录

### 学习目标

知识目标：掌握会议记录的格式与写作要求。
能力目标：会写格式规范的会议记录。
素质目标：端正学习、工作态度，提高文秘等专业素养。

### 情境描述

俗话说："好记性不如烂笔头。"开会时，做好会议记录，把会议的组织情况和会议内容完整地记录下来很有必要。可以记住结果，还能保存资料，也便于管理，对于文秘等专业更能体现专业性。请看下面素材。

2013年6月15日，某职业技术学校的团委召开第五次全体团员代表会议，要求全体团代会成员准时参加，并且做好相关记录。

**想一想**：什么是会议记录？怎样记录，才能做到不漏掉重要内容？

## 知识点拨

### 一、会议记录的概念

在会议过程中，由记录人员把会议的组织情况和具体内容记录下来，就形成了会议记录。

“记”分详记与略记。略记是记会议大要，会议上的重要或主要言论。详记则要求记录的项目必须完备，记录的言论必须详细完整。若需要留下包括上述内容的会议记录则要靠“录”。“录”有笔录、音录和影像录几种，对会议记录而言，音录、影像录通常只是手段，最终还要将录下的内容还原成文字。笔录常常要借助音录、影像录最大限度地再现会议情境。

### 二、会议记录的特点

1. 纪实性。会议记录是会议的真实反映，不能虚构，或做任意的“加工”，所记载的是会议的实况。

2. 完整性。会议记录有相对固定的格式，对所记的内容有大致的规定，是对会议的完整反映。

## 例文点评

【例文一】

**××学校生活部会议记录**

会议时间：2014年3月13日晚上七点

会议地点：三号教学楼203室

会议成员：学生会副主席梁×、部长劳×、干事张×、黄×

会议记录：张×

会议内容：

1.提前进行交换部分寝室的策划构思及准备活动。呼吁老师学生共同参与到活动中去。

2.本学期卫生检查照常进行，主要针对一、二年级女生宿舍及新增的男生宿舍。

3.积极在学生中间开展便民服务，时间定于四、五月份每周四下午，向同学们征集便民活动建议意见。

4.博客更新增加娱乐性栏目，在生活小贴士中做心理健康系列，用链接提高点击率。

5.暂定于四月份开展心理讲座活动。

6.对于生活部未来发展的规划考虑了两点：每月收集同学们在学校生活的各种意见，反馈到学校后勤部；开展讲座或其他同学们希望的活动。

7.干事规划考虑换任的去留问题。

本次会议对本学期生活部的主要工作进行了总的讨论，同学们有什么建议或想法欢迎随时提出，可以在我们的博客中留言。

记录人：（签名）

**点评：**这份会议记录形式完整，记录详略得当。首先对会议组织情况的各个要素（会议时间、地点、与会成员、记录员）记录得齐全、清楚。然后对本次会议内容进行了摘要记录。结尾对本次会议进行了概括总结，并提出未尽事宜的解决办法。最后注册记录人签名。

【例文二】　扫一扫

【例文三】　扫一扫

## 写法指导

### 一、会议记录的格式与写法

会议记录一般包括以下两部分。

（1）会议的组织情况，要求写明会议名称、会议时间、会议地点、出席人数、缺席人数、列席人数、主持人、记录人等。人数不多的重要会议，要写清与会人员的单位、姓名、职务，人数多的大中型会议，可只写领导人和人数，缺席人员应注意写明缺席原因。

（2）会议的内容，按会议议题顺序记录会议发言、报告、讨论和决议等事项，这是会议记录的核心部分。

对于发言的内容，记录的方法有两种：一种是详细具体地记录，尽量记录原话，主要用于比较重要的会议和重要的发言；另一种是摘要性记录，只记录会议要点、结论和决议等，多用于一般性会议。

如中途休会，要写明“休会”；会议结束，记录完毕，要另起一行写“散会”二字，使记录有头有尾，结构完整。

### 二、会议记录的注意事项

**1. 真实、准确**

要如实地记录别人的发言，必须忠实原意，不得添加记录者的观点、主张，不得断章取义。真实、准确的要求具体包括：不添加，不遗漏，依实而记；清楚，首先是书写要清楚，其次是记录要有条理，突出重点。

**2. 要根据情况决定记录的详细与简略**

决议、建议、问题和发言人的观点、论据材料等要记得具体、详细。一般情况的说明，可抓住要点，略记大概意思。

**3. 始终如一**

始终如一是记录者应有的态度，是指记录人从会议开始到会议结束都要认真负责地记到底。

**4. 注意格式**

一般有会议名称、会议基本情况（基本情况包括时间、地点、出席人数、主持人、缺席人、记录人）、会议内容，这是会议记录的主要部分，包括发言、报告、传达人、建议、决议等。

## 技能训练

### 一、病文修改

以小组为单位，指出下面会议记录的不当之处。

**学生学习技能小组座谈会会议记录**

时间：2006年11月29日下午1：30分
地点：主楼党委会议室
参加人员：实习实训主任、学生代表等
主持人：××
记录人：××
一、各学习小组组长发言，总结本小组活动情况、收获与体会。
1.社科系文秘专业小组组长发言。
2.实训中心计算机维修小组组长发言。
3.机械系机械设计学习小组组长发言。
4.财贸系保险技能小组组长发言。
5.外语系导游实训小组组长发言。
6.工管系竞航学习小组组长发言。
7.电子系电子科技活动小组组长发言。
8.热能系焊接技术学习小组组长发言。
9.计算机系多媒体设计小组组长发言。
10.会统系技能学习小组组长发言。
二、实习实训副主任对同学们提出了三点希望。
三、实习实训主任对座谈会进行了总结，并对下一步工作进行了部署。

### 二、情境写作

以小组为单位，以情境描述为素材，做好团代会的会议记录。

### 三、强化训练

请根据近期学校的某次班会，或者选择以下主题开一次班会，分组安排代表做会议记录，并将记录成果展示传阅。

1. 如何克服专业课学习中遇到的困难。
2. 学习与就业。
3. 成立课余生活小组。

知识链接

# 纪　　要

## 一、纪要的概念

纪要是根据会议的宗旨、议程、有关会议文件、会议记录及与会人员提供的材料进行整理，用准确、精练的语言概括、综合地反映会议概况、会议决定及会议精神的一种公文。

按《党政机关公文处理工作条例》规定，纪要适用于记载会议情况和议定事项。它是为了向上级汇报会议情况，以便及时得到上级的指导；也是为了向下属传达会议精神，以便下级及时贯彻执行。

## 二、纪要的特点

（1）纪实性。纪要的内容是对会议情况的真实记录和科学整理，不允许有虚构成分。

（2）概括性。会议情况和议定内容经概括、整理、提炼更集中地反映了会议的精神实质。

（3）指导性。纪要是与会者共同意志的体现，一经记载，将对有关单位和人员产生约束力。

## 三、纪要的格式与写法

1. 首部

首部由标题和成文时间构成。

标题通常是由“会议名称+文种名称”组成，如“全国城市爱国卫生现场经验交流会纪要”，也有的由“发文机关+会议名称+文种名称”组成，如“××集团公司经理办公室会议纪要”。

成文时间，即会议通过的时间或领导人签发的时间。一般在标题下居中位置用括号注明年、月、日，也有的写在尾部的署名下面。

2. 正文

正文由前言、主体和结尾三部分组成。

（1）前言。前言首先概括交代会议的名称、时间、地点、主持人、主要议程、参加人员、会议形式及会议主要的成果，然后用“现将这次会议研究的几个问题纪要如下：”或“现将会议主要精神纪要如下：”等语句转入下文。

（2）主体。主体是纪要的核心内容，主要记载会议情况和会议结果。写作时要注意紧紧围绕中心议题，把会议的基本精神，特别是会议形成的决定、决议准确地表达清楚。对于会议上争议的问题和不同意见，必须如实予以反映。

（3）结尾。结尾属于选择性项目。一般是向受文单位提出希望和要求。有的则没有这部分，主体内容写完，全文即告结束。

3. 尾部

署名只用于办公纪要，写明召开会议的机关单位名称。一般纪要则不需要署名，不加盖公章。至于成文时间，如果在首部已注明，就可不再写。

**四、纪要写作的注意事项**

1. 实出会议的中心和重点

要根据会议材料，综合、归纳、整理出会议的精神、问题或事项，不要面面俱到，不可记流水账。

2. 实事求是地反映会议的各项内容

特别是与会者的发言，绝不能按主观意图随意增添内容，甚至加以歪曲或篡改。对会议中出现的重大分歧，应如实记载与反映。

3. 层次分明，条理清楚

纪要的层次除可用标题、序号表示外，还可以使用“会议决定”“会议同意”“会议听取了……”等惯用词语表示，以使条理清楚，层次分明，内容集中、明确。

4. 语言准确、简洁，有固定的惯用词语

纪要常用的词语有“会议认为”“会议指出”“会议决定”“会议要求”“会议号召”等，意见有分歧的，可用“部分代表认为”“一些代表认为”等。

**五、会议记录与纪要的区别**

（1）性质不同。会议记录是会议情况的实录，只是原始材料，不是正式公文，属于事务文书；纪要只记要点，是法定行政公文。

（2）功能不同。会议记录一般不公开，无须传达或传阅，只做资料存档；纪要通常要在一定范围内传达或传阅，要求贯彻执行。

（3）载体样式不同。会议记录的载体是会议记录簿；纪要的载体为文件，享有《党政机关公文处理工作条例》所赋予的法定效力。

（4）适用对象不同。作为公文的纪要，具有传达告知功能，因而有明确的读者对象和适用范围；作为历史资料的会议记录，不允许公开发布，只是有条件地供需要查阅者查阅利用。

**【例文一】**

**《全民科学素质行动计划纲要》实施工作纪要**

（2008年5月13日）

4月24日上午，《全民科学素质行动计划纲要》（以下简称《全民科学素质纲要》）实施工作会议在北京召开。中国科协常务副主席、书记处第一书记邓楠同志主持会议，承担纲要实施任务的23个部门的有关负责同志出席了会议。会议听取了关于《全民科学素质工作2007年工作总结和2008年工作要点》《科普基础设施发展规划（2005—2010—2015年）》及《〈全民科学素质纲要〉实施工作机制》的汇报。

据汇报，自2006年国务院颁布《全民科学素质纲要》以来，在国务院和全民科学素质工作领导小组的领导下，各部门、各地区按照“政府推动，全民参与，提升素质，促进和谐”的工作方针，以“节约能源资源、保护生态环境、保障安全健康”为主题，共同努力、扎实工作，组织机构和工作制度初步建立，大联合、大协作的工作格局初步形成，各项工作取得了明显进展。

会议认为，全民科学素质工作是建设创新型国家和构建社会主义和谐社会的重要基础性工程。（略）

会议强调，今后要在国务院的领导下，进一步做好《全民科学素质纲要》实施工作。（略）

会议议定以下事项。

（略）

**点评**：这份纪要的标题包括会议名称和文种名称，这是纪要标题最常见的写法。正文开头简介会议基本情况（包括会议召开的时间、地点、与会人员、会议内容、议题等）；正文主体包括基本评价（例文第二段）、主要观点（例文第三段）、今后要求（例文第四段）、议定事项四部分，层次分明。

【例文二】扫一扫　【例文三】扫一扫

## 情境二　讲　话　稿

### 学习目标

知识目标：掌握讲话稿的写作规范与技法。

能力目标：能根据实际需要规范拟写讲话稿。

素质目标：树立当众讲话的信心，提升语言组织和情感表达的能力。

### 情境描述

在特定的时间和场合，面对听众发表讲话，往往会产生极强的说服力和感染力，而我们同学当众讲话的胆量和水平还有待提高，同学们要善于抓住锻炼的机会。请看下面素材。

某职业学校每周都要举行一次升国旗仪式，每次的升旗都有同学代表就一个主题向全校师生进行国旗下的讲话。如果你有幸代表你所在的班级发言，发言的主题是“安全”。

**想一想**：你事先该做好哪些准备呢？怎样写这篇讲话稿才能打动全校师生呢？

### 知识点拨

#### 一、讲话稿的概念

讲话稿，也称为发言稿，是在会议上或某个特定范围内进行宣讲、鼓动或表态时所用的文稿。

讲话一般专门就某一方面的问题发表意见，内容集中，中心突出，容易讲深、讲透。凡是经过事先准备用于会议或某个特定范围发言的各种文稿，都是讲话稿。

二、讲话稿的特点

1. 内容的针对性

讲话稿的内容受会议主题、讲话者和受众等因素决定。在写讲话稿之前，必须要了解会议的主题、性质、议题，讲话的场合、背景，领导者的指示、要求，听众的身份、背景情况、心理需求和接受习惯等。

2. 篇幅的规定性

讲话是有时间限制的，因此对讲话稿篇幅要有特定要求，不能不顾具体情况长篇大论。一般来讲，表彰、通报、庆典等会议上的讲话稿篇幅不宜过长，以免喧宾夺主。

3. 语言的得体性

为了便于讲话者表达，易于听众理解和接受，讲话稿的语言既要准确、简洁，又要通俗、生动。另外，由于讲话具有现场性，因此撰写领导讲话稿时必须提前考虑和把握现场气氛和场合。

4. 起草的集智性

领导讲话稿经常由秘书代笔，然后经领导审核是否采用。有的部门还专设起草小组，领导一般要将写作的目的、背景、写作要求等向起草小组交代清楚，然后由起草小组分工协作、集体撰稿，并在起草的过程中反复讨论、修改、几易其稿，才提交领导使用。

5. 交流的互动性

演讲稿应通俗易懂，符合口语习惯，不能咬文嚼字。同时，与听众形成良好的互动，善于把抽象的道理具体化。

## 例文点评

【例文一】

**××市林业局局长植树节讲话稿**

同志们：

今天，我们迎来了全国第*个植树节。多年来，我市根据上级要求，认真贯彻执行林业有关法律法规和政策，全面实施林业六大工程建设，广泛开展全民义务植树活动，造林绿化事业取得了显著成效。据统计，去年，全市有60多万人次参加了义务植树，造林8.5万亩，植树900多万株，人均达到了9棵，林木覆盖率达到26.5%，是历史上植树最多、质量最好的一年。

植树造林，是造福当代，利在千秋的伟大事业，也是每一个公民应尽的义务。全市人民一定要紧紧围绕建设生态环保城市的奋斗目标，抓住有利时机，认真履行义务，积极参加植树活动，迅速掀起植树造林高潮。

一要进一步增强全民义务植树的意识。开展全民义务植树运动是加快国土绿化进程的一项战略性措施，是国家以法定形式固定下来的，适龄公民应尽的义务与责任。各级各部门一定要加大宣传力度，切实增强适龄公民履行植树义务的法律意识和自觉性。

二要采取措施，广泛开展植树活动。要根据实际建立义务植树基地，栽植纪念树、纪念林，确保义务植树活动制度化、经常化。团市委、妇联、学校要积极组织本系统内适龄公民参加活动，确保全市义务植树活动落到实处。

三要加强组织领导。要以“三个代表”重要思想和科学发展观为指导，切实加强对造林绿化工作的领导。各绿化委成员单位，要加强组织协调，努力提供及时有效的服务。要紧紧围绕全民义务植树这个中心，组织领导适龄公民参加植树造林，不断拓宽义务植树的形式，推动全民义务植树运动向深度和广度发展。

同志们，植树造林是全社会的共同事业，全市人民一定要积极响应全民义务植树的号召，以极大的热情迅速投入到“植树造林，绿化城市”的热潮中来，为把我市建设成为蓝天绿地、碧水环绕、空气清新的生态环保新诸城，做出应有的贡献。

2014年3月12日

**点评：**这是一篇格式完备的讲话稿。标题由讲话人职务、事由和文种名称构成。正文开门见山交代讲话的内容，用数据总结说明过去一年的工作成绩。主体部分先谈植树造林的意义，然后分三方面讲开展工作的建议。结尾部分总结全文，向全市人民发出号召，突出主题。讲话稿格式规范，结构清晰，内容简明，篇幅较短，语言通俗准确。

【例文二】　扫一扫

【例文三】　扫一扫

## 写法指导

### 一、讲话稿的格式与写法

讲话稿没有固定的写作格式，可以根据所讲的问题灵活安排结构方式。实际工作中，常见的讲话稿一般由标题、签署、正文三部分组成。

**1. 标题**

讲话稿的标题分为以下两种。

（1）由“讲话人的姓名、职务、事由+文种名称”组成，如“×××校长在全校教学工作会议上的讲话”。

（2）复合标题。主题一般用来概括讲话的主旨或主要内容，副题则与第一种的构成形式相同，如“进一步学习和发扬鲁迅精神——在鲁迅诞生110周年纪念大会上的讲话”。

**2. 签署**

在标题下方注明讲话人的姓名及日期，也可将日期写在文末。

**3. 正文**

讲话稿的正文包括开头、主体和结尾三部分。

（1）开头。首先根据与会人员的情况和会议性质来确定适当的称谓，如“同志们”“各位专家学者”等，要求庄重、严肃、得体，注意泛指性、次第性等。泛指性是指称呼要有包容性，将与会人员全部包容进去；次第性是指称呼要按主次排列。然后用极简洁的文字把要讲的内容概述一下，说明讲话的缘由或所要讲的内容重点。接着转入正文讲话。

（2）主体。根据会议的内容和发表讲话的目的，可以重点阐述如何领会文件、指示、会议精神；可以通过分析形势和明确任务，提出搞好工作的几点意见；可以结合本单位情况，提出贯彻上级指示的意见；可以对前面其他领导人的讲话做补充讲话；可以围绕会议的中心议题，结合自己分管的工作谈几点看法等。

要求言之有物、言之有序、言之有文（文采）。

（3）结尾。结尾用以总结全篇，照应开头，发出号召，或者征询对讲话内容的意见或建议等。

## 二、讲话稿的写作要求

（1）避免雷同。在同一个场合可能有不止一位领导针对同一个问题发言，为避免讲话内容的雷同，起草人员应预先考虑且有所准备。

（2）针对性强。应该对听众有一定的了解，掌握他们的基本情况，讲起话来才能有的放矢。

（3）观点鲜明，主题突出。赞成什么，反对什么，一定要明确表达，抓住重点，讲深透。

（4）通俗易懂，精练有力。讲话稿的语言一定要通俗易懂，符合口语习惯，不能咬文嚼字。要用生动形象的语言把抽象的道理具体化，把枯燥的概念形象化。

# 技能训练

## 一、病文修改

以小组为单位，指出下面讲话稿的不当之处。

尊敬的各位领导、各位老师、亲爱的同学们：

大家好，我是××系12级文秘专业的××。我非常荣幸能作为奖学金获得者在这里出席这个颁奖仪式，这不仅是个荣誉，更是对我们的激励。这次获奖激励了我和我们身边的同学。对于我们这些学子来说，是一种莫大的激励和鼓舞。“奖学金”它不仅仅只是一笔奖金，更是对我们努力学习的肯定。对我们每个拥有梦想和理想的学生来说，是一种无形的动力，在生活中和学习中，告诉我们，自己的梦想和理想并不是遥远的，只需要通过自己的大脑和双手的合作，就会实现自己的愿望。

在去年参加的2011—2012学年度奖学金表彰大会上，我看见学哥学姐们获得奖学金非常羡慕他们，不仅为他们高兴还默默地下定决心，有一天也要站在这里收获荣誉。今天我实现了自己的愿望！刚进入大学时，我的学习目的不是很明确，也没有掌握很好的学习方法，在各科老师的指导下，我掌握了一些学习方法：首先要有明确的目标，制订出学习计划，合理安排好学习和娱乐的时间，课前课后做好预习、复习，要理解书中的内容，上课要跟上老师的思路，边听边记，要聚精会神。当遇到难点时，跟不上思路时，要先放下手中的笔，将精力集中于一点听课。看清老师的思路，课下再对笔记。课后认真做好老师布置的作业。学习是我们的主要任务，但培养自己各方面的能力，也同样重要！合理利用业余时间，学习一些自己喜欢的东西，来拓宽知识面。当然学习方法各有不同，我相信在找到适合自己的学习方法后一定会受益匪浅。

我代表所有获得奖学金的同学，感谢学院的教诲，感谢恩师，他们丰富的教学经验和循循善诱的教学方法，让我们在这里获得了长足的发展，使我们的成绩有了巨大的飞跃。

作为奖学金获得者，我将合理、有效地利用这笔奖学金帮助我的学业。

最后我再次感谢学院领导及老师和同学们，谢谢大家！

## 二、情境写作

以小组为单位，以情境描述为素材，写一份国旗下讲话稿。

## 三、强化训练

新学期开学了，我们又迎来一批新同学。周××同学是学生会宣传部长，其接到任务要在开学典礼上代表老生讲话，回想起自己进入中职学校以来的努力和老师的付出，看着学弟学妹们稍显稚嫩而又满怀憧憬的笑脸，心中似有千言万语。请你代周部长拟写一份讲话稿。

**知识链接**

### 开 幕 词

**一、开幕词的概念**

开幕词是会议讲话稿的一种，是党政机关、社会团体、企事业单位的领导人，在大中型或重要会议开幕时向全体与会代表所做的讲话的书面文稿。

开幕词旨在阐明会议的指导思想、宗旨、重要意义，向与会者提出开好会议的中心任务和要求。它以简洁、明快、热情的语言阐明大会的宗旨、性质、目的、任务、议程、要求等，对会议起着重要的指导作用。

**二、开幕词的特点**

（1）宣布性。开幕词的重要作用之一就是宣布会议正式开幕，给会议营造一种隆重的气氛。

（2）指导性。开幕词中不仅要阐明会议的主旨，明确会议的指导思想和主要议题，介绍会议组织筹备和出席会议人员的情况，而且要提出希望，这对会议顺利进行将起到重要的指导作用。

（3）庄重性。开幕词都应在会前拟好，有些需经过大会筹备组讨论通过。致辞人致辞时，严格按照既定文稿宣读，内容和形式都十分庄重。

（4）简明性。开幕词要简洁明了、短小精悍。

（5）口语性。开幕词的语言要通俗明快、朗朗上口。

**三、开幕词的格式与写法**

开幕词由首部、正文和结束语三部分组成。

1. 首部

首都包括标题、时间、称谓三项。

（1）标题。以文种名称作为标题，直接写“开幕词”；由“事由+文种名称”组成，如“中国共产党第十二次全国代表大会开幕词”；由“致辞人、事由+文种名称”组成，如“温家宝总理在禽流感防控大会上的开幕词”；复式标题，如“我们的文学应该站在世界的前列——中国作家协会第四次会员代表大会开幕词”。

（2）时间。标题之下，用括号注明会议开幕的年、月、日。

（3）称谓。根据会议的性质及与会者的身份而定，如“同志们”“各位代表”“各位来宾”等。

2. 正文

正文包括开头，主体和结尾三部分。

（1）开头。一般开门见山地用简短而带有鼓舞性的语言宣布会议开幕。

（2）主体。主体是开幕词的核心部分，通常包括以下三项内容。

- 介绍会议召开的背景、意义、目的、任务及会议筹备和与会代表情况，并向他们表示热烈欢迎。如果是连续的系列会议，可以简要总结这次会议之前的工作成绩。
- 说明会议的议程安排和开会方式。
- 表达对会议顺利召开的希望和要求等。

（3）结尾。一般是对与会者发出号召，提出希望和要求，要简短、有力，并要有号召性和鼓舞性。

3. 结束语

常用“预祝大会圆满成功”，以表示对会议的良好祝愿。

**四、开幕词写作的注意事项**

（1）多用于大中型或重要会议。例如，各类各级代表大会、重要的商务会议等，这些会议对党和国家及社会各领域深入开展工作、促进经济发展有着至关重要的意义。

（2）掌握会议基本精神。开幕词中需要介绍会议的相关情况，只有对会议主题充分了解，才能保证开篇语不跑题。凡需会议讨论的问题不必展开，留待会议中充分讨论。

（3）篇幅不宜过长。语言要求口语化、富有感情色彩，又要求生动活泼；语气要热情、友好。

**【例文一】**

**国际奥委会主席罗格在第29届奥林匹克运动会开幕式上的致辞**

**2008年8月8日**

中华人民共和国主席先生，刘淇先生，奥组委的成员们，亲爱的中国朋友们，亲爱的运动员们：

长久以来，中国一直梦想着打开国门，邀请世界各地的运动员来北京参加奥运会。

今晚，梦想变成了现实，祝贺北京！

你们选择“同一个世界，同一个梦想”作为本届奥运会的主题，今晚就是这个主题的体现。

我们处在同一个世界，所以我们像你们一样，为四川的地震灾难而深感悲恸。中国人民的伟大勇气和团结精神使我们备受感动。

我们拥有同一个梦想，所以希望本届奥运会带给你们快乐、希望和自豪。

各位运动员，我们的创始人皮埃尔·德·顾拜旦是因为你们而创立了现代奥林匹克运动会。奥运会属于你们。让奥运会成为运动员的盛会。

请大家牢记，奥运会不仅仅意味着比赛成绩。

奥运会还是和平的聚会。204个国家和地区奥委会相聚于此，跨越了民族、性别、宗教，以及政治制度的界限。

请大家本着奥林匹克的价值和精神，即卓越、友谊和尊重，投身于比赛。

亲爱的运动员们，请记住，你们是世界青年的楷模，请拒绝兴奋剂，向作弊说不。

你们的成就和表现应该让我们感到骄傲。

当我们把奥林匹克梦想变成现实之时，我们要诚挚地感谢北京奥组委，感谢他们不辞劳苦的工作。我们还要特别感谢成千上万、无私奉献的志愿者们，没有他们，这一切都不可能实现。

北京，你是今天的主人，也是通往明天的大门。感谢你！

现在，我荣幸地邀请中华人民共和国主席先生宣布第29届现代奥林匹克运动会开幕。

**点评**：开幕词先表达了对会议精神的赞美，强调了对与会运动员的期望，然后邀请国家主席胡锦涛宣布运动会开幕。通篇讲话环环相扣，结构严谨，充满激情。

【例文二】　扫一扫

【例文三】　扫一扫

**知识链接**

## 闭　幕　词

**一、闭幕词的概念**

闭幕词是党政机关、社会团体、企事业单位的领导人，在大中型或重要会议闭幕时向全体与会代表所做的评价性、总结性和号召性的讲话或演说的书面文稿。

**二、闭幕词的特点**

（1）总结性。致闭幕词是会议的最后一项重要议程，大会主席或重要领导人代表会议组织者对会议的重要内容和基本精神进行简要回顾总结。

（2）评价性。闭幕词要对整个会议做出评价，恰当肯定会议的成果，评价会议的影响，以便增强与会人员贯彻会议精神的信心和决心。

（3）号召性。闭幕词要提出传达会议精神、努力完成会议提出的工作任务的原则要求，要鼓舞士气，增强信心，具有一定的鼓舞性和号召性。

**三、闭幕词的格式与写法**

闭幕词由首部、正文和结束语三部分组成。

1. 首部

首部包括标题、时间、称谓三项。

（1）标题。标题的写法与开幕词的写法基本一致，同一会议的闭幕词与开幕词标题相对应。

（2）时间。标题之下，用括号注明会议闭幕的年、月、日。

（3）称谓。与开幕词的称谓一致。

2. 正文

正文包括开头、主体和结尾三部分。

（1）开头。通常要对会议的筹备、组织等工作人员的辛勤努力予以肯定和感谢。

（2）主体。一般包括这几方面的内容：简要回顾大会议程的执行情况，确定会议完成了预定任务；对会议的成果、作用和意义予以评价；对会议的主要内容，尤其是会议通过的重大决议、决定，会议完成的主要任务及会议的基本精神做概括评价；对会议未能展开但与会人员都已认识到的重要问题做出适当强调或补充。

（3）结尾。可提出希望，发出号召；也可对支持会议及为会议服务的人员表示感谢，或者对与会者表示祝愿。

3. 结束语

用以宣布会议结束，常用“现在，我宣布，大会胜利闭幕！”作为结束语。

**四、闭幕词写作的注意事项**

（1）重温要点，进一步深化会议中心思想。

（2）文字应简明扼要，篇幅不宜过长。

（3）从内容到语言形式要尽量与开幕词相照应。

**【例文一】**

**北京2008年第29届奥运会闭幕词**

**（2008年8月24日）**

**国际奥委会主席　罗格**

亲爱的中国朋友们：

今晚，我们即将走到16天光辉历程的终点。这些日子，将在我们的心中永远珍藏，感谢中国人民，感谢所有出色的志愿者，感谢北京奥组委。

通过本届奥运会，世界更多地了解了中国，中国更多地了解了世界，来自204个国家和地区奥委会的运动健儿们在光彩夺目的场馆里同场竞技，用他们的精湛技艺博得了我们的赞叹。

新的奥运明星诞生了，往日的奥运明星又一次带来惊喜，我们分享他们的欢笑和泪水，我们钦佩他们的才能与风采，我们将长久铭记再次见证的辉煌成就。

在庆祝奥运会圆满成功之际，让我们一起祝福才华洋溢的残奥会运动健儿们，希望他们在即将到来的残奥会上取得优秀的成绩。他们也令我们倍感鼓舞，今晚在场的每位运动员们，你们是真正的楷模，你们充分展示了体育的凝聚力。

来自冲突国家的竞技对手的热情拥抱之中闪耀着奥林匹克精神的光辉。希望你们回国后让这种精神生生不息，时代永存。

这是一届真正的无与伦比的奥运会，现在，遵照惯例，我宣布第29届奥林匹克运动会闭幕，并号召全世界青年四年后在伦敦举办的第30届奥林匹克运动会上相聚，谢谢大家！

**点评**：闭幕词首先感谢了所有与会人员的努力，然后对会议进行了高度评价，肯定了大会的成绩，继而宣布运动会结束，并对四年后的伦敦运动会提出期许。全文结构严谨，语言明快流畅，有一定的感召力。

**【例文二】**

扫一扫

# 项目四

# 专业应用文

## 任务一　商务类应用文

### 情境一　市场调查报告

#### 学习目标

知识目标：掌握市场调查报告的写作规范与要求。

能力目标：能根据实际需要拟写恰当的市场调查报告。

素质目标：树立调查研究的工作作风，培养透过现象看本质的分析能力。

#### 情境描述

没有调查就没有发言权，一份好的调查报告，能为企业的市场策划活动提供很好的依据，同时，对于管理部门制定政策、编制计划，以及控制、协调、监督等都能起到积极的作用。请看下面素材。

现在不少职业学校开设了汽车维修专业，是因为有很大的需求市场，汽车尤其是私家车越来越多。某校汽车专业的老师布置给学生一个任务，要求学生在暑假期间完成一份市场调查，即私家车主的构成——谁是购车的主力。

**想一想：**假如你接受了这个任务，怎样写出一份合格的市场调查报告？

#### 知识点拨

##### 一、市场调查报告的概念

市场调查报告是经济调查报告的一个重要种类。它是以科学的方法对市场的供求关系、购销状况，以及消费情况等进行深入细致的调查研究后所写成的书面报告。

市场调查报告是市场调查的最终结果，也是市场调研过程中最重要的一环。

##### 二、市场调查报告的特点

（1）针对性。市场调查报告是决策机关决策的重要依据之一，必须有的放矢。

（2）真实性。市场调查报告必须从实际出发，通过对真实材料的客观分析，才能得出正确的结论。

（3）典型性。市场调查报告是对调查得来的材料进行科学分析，找出反映市场变化的内在规律，结论要准确可靠。

（4）时效性。市场调查报告要及时、迅速、准确地反映、回答现实经济生活中出现的新情况、新问题，突出“快”“新”二字。

## 三、市场调查常用的方法

（1）现场调查法。调查者到现场直接观察、实录调查对象的行为、言辞等情况，向消费者直接了解对商品的意见和购买意见。这是一种简便易行的方法，但调查范围较小。

（2）询问调查法。调查者事先确定调查的问题，用口头或书面方式向被调查者询问，以获取有关情报资料。这种方法要求调查者有充分准备，问题设计得合理而简洁，问卷设计得科学而全面。其方式有个别访问、开座谈会、电话询问、邮件调查等。

（3）实验调查法。这种方法多以试销方式进行。常见的有试销会、展销会、博览会、订货会等。

（4）统计分析法。这是一种利用企业的销售情况表、会计报表等现成材料进行统计分析的方法。它具有总结本企业目前的产品及现行的经营策略是否适应市场的作用。这种方法现实可行。

## 例文点评

【例文一】

### 职校生初期职历状况调查及分析

初期职历就是学生就业最初三年内的工作经历。它较多地折射出学校教育的效果，对学生的职业生涯有重要意义，很有必要进行调查研究。

**一、调查对象与方法**

我们于2011年12月，两次对本校外经贸类历届毕业生进行个别访谈和问卷调查。第一次对05、06、07届毕业生进行随机抽样调查，收回有效问卷110张；第二次主要对08、09届毕业生进行随机抽样调查，收回有效问卷98张，经数据统计分析，得出了一些粗浅认识。

**二、调查结果及分析**

1. 我校05—09届毕业生就职单位分布情况（见下表）

05—09届毕业生就职单位分布情况

| 届别 | 国企、事业单位 | 合资企业 | 民营企业 | 其他单位 |
|---|---|---|---|---|
| 05—07三届毕业生 | 17% | 12% | 46% | 25% |
| 08、09两届毕业生 | 9% | 20% | 53% | 18% |

从以上调查数据可看出，2007年以前的毕业生的就业去向，在国企、事业单位占有一定的比例，而08、09两年，比例明显减少，民营私营企业这两年大量涌现，成为毕业生就业的一个主要去向。

2. 单位变动情况及原因分析

两次调查显示毕业生在就职后第一年、第二年、第三年的单位变动情况，如下表所示。

单位变动情况调查表

| 届别 | 第一年 | 第二年 | 第三年 |
| --- | --- | --- | --- |
| 05—07三届毕业生 | 36.4% | 24.4% | 39.2% |
| 08、09两届毕业生 | 46.8% | 40% | — |

从上表可看出毕业生初期职历变动具有以下几个特点。

（1）在初期的职历中，职校生变动单位的现象较多，约占1/3。

（2）在初期职历的三年中，离职率呈马鞍形态势。就职第一年离职率较高，可以说是不稳定时期；就职第二年相对第一年较低些，可以说是暂时稳定期；就职的第三年离职率又出现反弹，可认为跳槽出现新的活跃。

（3）05—07这三届毕业生和08、09两届毕业生相比，前者离职率相对较低，后者相对高些。可见，职校生就业的观念发生了变化，重新就业和自主择业逐渐被认可。

3. 离职原因分析（见下表）

离职原因调查表

| 届　别 | 寻求更好发展 | 经济待遇太低 | 不利发挥特长 |
| --- | --- | --- | --- |
| 05—07三届毕业生 | 67.4% | 65.2% | 43.5% |
| 08、09两届毕业生 | 42.5% | 39.3% | 24.8% |

根据上表，分析离职的重要原因是为了寻求更好的发展，更高的经济待遇，更能发挥业务专长。值得注意的是，两次调查，虽然居前三位的原因相同，顺序一致，但是在诸多的离职原因中，05—07届对前三位原因的选择较集中，而08、09届学生离职原因的选择较分散，除上述居前三位的原因之外，还有如“单位不景气、工作过于辛苦、莫名其妙地被辞退”等其他原因。

**三、职业指导对策思考**

1. 加强对学生去中小型私企就职的指导

学生就业之初，希望找一个稳定的单位，顺顺当当地跟下去，这种想法可以理解。我们只要在一个单位认真工作，把每一个岗位都当作是有益的体验和积累，有了本事，选择的机遇和主动权也就大得多。指导学生到中小型私企就业，应该鼓励学生更新就业观念，多从长远发展的角度去权衡。

2. 正确对待毕业生的跳槽现象

有些学生，在单位工作了一段时间，觉得工作单位不理想，自己要谋求更好的发展，于是就主动提出辞职。毕业生就职初期的这种跳槽现象是很正常的。学校在就业推荐指导中，强调先立足生存，后谋求发展；加强职业道德教育，增强社会责任感，让学生懂得人才流动、寻求更好的发展是正常现象，但频繁跳槽对个人发展未必一定有好处。

3. 重视毕业生信息反馈，改善职业指导工作（略）

总之，我们在学校职业指导中，要加强对学生提高综合职业能力的指导，加强心理健康教育，尤其是要指导学生确立自信，学会处理好人际关系，在逆境中争取更好的发展。

××职业学校　　××

×年×月×日

**点评**：这篇虽然不是严格意义上的“市场调查报告”，但是它具有“调查报告”的共性特点，且很规范。全文结构清晰，层次分明。主体部分，内容翔实，数据准确，现实性很强，有很强的指导意义。行文格式正确，尤其是利用小标题的形式把调查对象、结果及分析、对策思考等环节合理地组织起来，言之有理，论之有据。观点和材料相统一。

【例文二】 扫一扫　【例文三】 扫一扫

## 写法指导

### 一、市场调查报告的格式与写法

市场调查报告写作灵活多样，一般包括标题、正文和落款三部分。

**1. 标题**

市场调查报告的标题没有固定格式。它要求与文章的内容紧密结合，是文章内容的高度概括，做到准确、简洁、醒目，一般由调查的对象、范围、时间、内容、主旨、文种等内容组成。

（1）单行标题。根据内容的需要从单位、对象、范围、时间、内容、主旨、文种等内容中选取一个或几个组合即可。例如，“电动玩具为何如此热销”是以问题作为标题；“关于当代青年消费问题的调查报告”是以事由、文种名称作为标题；“高档呢料大衣在北京市场畅销”是以调查对象及状况作为标题。

（2）双行标题。一个是正题，另一个是副题。正题表明文章的中心、结论，副题说明市场调查的对象、时限、范围、内容、文种等。例如，“‘皇帝的女儿’也‘愁嫁’——关于舟山鱼滞销情况调查”，是以比喻性结论作为正题，调查的范围、方式、文种作为副题；“城镇居民住房消费问题研究——以辽宁为例进行分析”是以对象、内容作为正题，以调查的范围作为副题。

**2. 正文**

正文包括前言、主体和结尾三部分。

（1）前言。用简明扼要的文字介绍调查的依据、目的、范围、时间、地点、方法、方式、结果等，也有的是介绍调查对象的基本情况或提出问题。

（2）主体。主体部分是调查报告的核心部分，一般包括以下三方面的内容。

- 基本情况，即调查对象过去和现在的客观情况，重点是现实情况。一般是以说明性的文字加以数字、图表来介绍。对情况的介绍要详尽而准确，为下一步做分析、下结论提供依据。
- 分析与结论。对调查所搜集的材料进行科学的分析，找出原因及各方面因素的影响，透过现象看本质，得出对调查对象的明确结论，结论中常有简略的市场发展趋势的推断和市场前景的展望。
- 措施与建议。根据调查结论，提出相应的措施和建议。通过对调查资料的分析研究，对市场情况有了明晰的认识。针对市场供求矛盾和调查发现的问题提出建议和看法。

（3）结尾。这是全文的结束部分，或写调查的结论，或是对正文补充，或重申观点，或加深认识。

3. 落款

在落款处，署上调查的单位或个人的名字及写作的时间。落款还可以写在标题的下面。

## 二、市场调查报告的写作要求

（1）力求客观真实、实事求是。调查报告必须符合客观实际，引用的材料、数据必须真实可靠。要反对弄虚作假，或迎合上级的意图，挑他们喜欢的材料撰写。

（2）做到调查资料和观点相统一。市场调查报告是以调查资料为依据的，在撰写过程中，要善于用资料说明观点，用观点概括资料，二者相互统一。切忌调查资料与观点相分离。

（3）突出市场调查的目的。撰写市场调查报告，必须目的明确，有的放矢。市场调查就是为了解决某一问题，或者为了说明某一问题，市场调查报告必须围绕市场调查的上述目的来进行论述。

（4）语言要简明、准确、易懂。

# 技能训练

## 一、病文修改

### 儿童消费市场调查报告

随着居民家庭收入的增加和消费需求的提高，生产商、儿童及家长对儿童食品、用品的关注重点也在发生着显著的变化。目前，儿童食品、用品消费已进入了“消费旺季”，少年儿童已成为一个庞大的消费群体。于是，厂商纷纷认准了儿童这一庞大的消费群体，变着法儿地对自己的产品进行全方位的包装、促销，以吸引孩子们的眼球。然而，在利益的驱使下，许多厂商完全无视国家的有关规定，利用包装、广告、促销等种种手段，将不符合规定、不合格，甚至是以次充好的商品搬上了柜台。从而使儿童这一特殊消费群体的权益受到侵害。

儿童消费：跟着广告走

每天打开电视，细心的观众就不难发现，在形形色色的商品广告中，儿童食品、儿童玩具、儿童用品的内容占了很大一部分。人们常常可以看到，一些儿童食品生产厂家在广告中将自己的产品说得天花乱坠，如夸大营养品的功能，什么吃了就能“增高”“增智”“变聪明”“提高学习成绩”等。而孩子们看了这些广告后，很快就闹着要吃广告上宣传的食品，理由是“吃了能长高”“吃了就能变聪明”。难道这些食品真就那么神，吃了就能长得高、变聪明吗？其实并不见得。儿童消费是一种典型的感性消费，厂家之所以这样宣传，完全就是抓住了儿童年龄小、身体、心理等各方面发育都不够成熟，辨别能力较弱，很容易受到外界不良因素影响的这一弱点。充分利用孩子的从众心理和追求新奇的特点，想方设法地通过种种手段，使自己的产品成为儿童业余生活的时尚话题、道具。

买食品得玩具：孩子乐家长忧

许多厂商为了促销自己的食品，在各种包装食品中夹带小汽车、卡通玩具、图片等儿童玩具。这一促销手段真可谓是猜透了孩子们的心思，使得许多孩子们本来不喜欢吃的食品，因为有了玩具而销量大增。“我儿子对食品里的卡通画，简直就入了迷。这些鬼东西，真是害人啊！”提起食品袋中的玩具，李先生就气不打一处来。李先生的儿子小林上小学五年级，前段时间，小林和班上的许多同学都痴迷于食品中的卡通画。成天比的不是谁的学习成绩好，而是比谁收集的画片多、品种全。甚至还出现了“炒”画片的现象。为了集齐《水浒传》中的“一百零八将”卡通画片，小林不惜把早点钱省下来大量购买方便面。面一到手，马上将内装的卡通画拿出来，而将早已吃腻的方便面随手丢掉。据李先生说，除了画片，小林还痴迷过收集“十二生肖卡通系列”“彩色溜溜球系列”等食品内的卡通玩具。因为受到这些卡通玩具的诱惑，小林的学习成绩日益下降。同时，李先生最担心的一个问题是，有许多卡通画片与食品混装在一起，食品的卫生没有保障。

买玩具用品：要小心谨慎

对于孩子来说，除了食品，恐怕他们最爱的就是各种玩具了。“娃娃的玩具是最难挑选的，既要考虑价钱，又要顾及玩具的质量是否过关，还要担心玩具的含铅量会不会超标。如果买毛绒玩具的话，还要选毛质柔软，不掉毛的那种。唉！反正一句话，给孩子买玩具就是难。”面对记者的采访，领着孩子在一大超市内买玩具的段先生说出了自己的苦衷。

可当记者问其是否关心毛绒玩具内的填充物，是否会和棉絮一样存在“黑心棉”的问题时。段先生愣了一会才很无奈地说：“当然关心了，可我又能有什么办法呢？除了看标签说明和听售货员介绍外，难道我还能当场拆开看不成？”段先生的话，可谓是道出了许多家长的心声。的确，在这些方面，消费者是处于很被动的局面。这也是目前许多家长之所以到知名商店购买玩具，以求放心的一个主要因素。

针对诸多问题，消协部门特别提醒广大家长，在为孩子购买儿童玩具时，切忌片面听信推销员的宣传。要多留意玩具的一些安全细节，看是否存在安全隐患。最好到正规的超市、商场购买，并注意保留好购货凭证。

## 二、情境写作

以小组为单位，以情境描述为素材，写一份市场调查报告。

## 三、强化训练

中职生都很在意自己的穿着打扮，对自己学校的校服设计有很多意见和看法，试对本地中职生最喜欢的校服款式的情况做一次调查，写一篇市场调查报告。

**知识链接**

### 市场预测报告

**一、市场预测报告的概念**

市场预测报告是指根据市场变化及市场调查的资料，运用科学的方法对未来一段时间和一定范围内的市场供求状况和经济发展趋势做出预测的一个应用文种。

市场预测报告以调查为前提，以科学的分析研究为方法，以正确的经济原理为指导，为有关部门和企业提供信息，以改善经营管理，促使产销对路，提高经济效益。它实际上是调查报告的一种特殊形式。

**二、市场预测报告的特点**

（1）预见性。市场预测报告是在深入分析市场既往历史和现状的基础上，对市场未来的发展趋势做出预见性的判断，使预测结果和未来的实际情况的偏差概率达到最小。

（2）科学性。市场预测报告以周密的调查研究为基础，充分搜集各种真实可靠的数据资料，运用科学的预测理论和预测方法，得出合乎实际的结论。

（3）针对性。一次市场调查和预测，只能针对某一具体的经济活动或某一产品的发展前景。选定的预测对象越明确，市场预测报告的现实指导意义就越大。

（4）时效性。预测报告是对事物的新变化、新动态的迅速、灵敏的反映。它以最快的速度将有关信息传递给决策部门和管理部门；同时，预测报告的时间有一定的限度，预测时间周期越短，预测越准确。

**三、市场预测报告的格式与写法**

市场预测报告由标题、正文、落款三部分组成。

1. 标题

（1）直接式标题，直接由期限、范围、对象和文种名称构成，文种可以叫“预测”“走势”“趋势”“分析”“研究”“展望”“前瞻”“发展前景”等，如“2013年全国纺织品市场趋势”。

（2）结论式标题，直接在标题中表明预测的主要观点，如“医药零售市场前景广阔”。

2. 正文

（1）开头，即前言，是对全文内容的概括，说明预测时间、对象、目的等，有时也直接点明预测结论。

（2）主体，包括基本情况、预测、建议三部分。

- 基本情况，是预测的基础，要求根据收集来的市场信息，运用数据资料，说明预测对象的历史情况和现实状况。
- 预测，是全文的核心部分，对市场的发展趋势做出明确的分析推断。预测者依据个人的经验和分析能力，通过对影响市场变化的各种因素的分析、判断、推理来预测市场未来的发展变化趋势，把判定性质、预测基本方向作为主要目的，侧重于结果。
- 建议，即在分析预测基础上有针对性地提出改进的意见、建议和措施。一般采取分条列项的方法。

3、落款

落款包括署名和日期两部分。如果市场预测报告是为单位领导或领导部门而写，则应在文章正文结束后右下方位置署上预测部门名称或预测人员姓名，并写上市场预测报告完成的日期。如果是在报刊上发表，则应将单位名称或作者姓名署在标题之下，一般不写报告的写作日期。

**四、市场预测报告的写作要求**

1. 掌握市场预测的基本程序和步骤

市场预测的基本程序和步骤为：明确预测目标 → 搜集资料 → 选择预测方法 → 预测分析和修正 → 编写预测报告。

2. 坚持科学的分析方法

市场预测报告重在分析、判断，在分析研究中，要注重市场需求的情况，掌握商品的生产情况及市场行情，还要注意政治、文化、社会、气象、国际环境甚至心理等诸方面因素。

3. 全面掌握材料，突出重点目标

准备阶段所取得的资料准确、全面，才能正确地把握市场变化的趋势和规律，做出正确的结论。在目标明确后，对材料进行收集、筛选和使用，要突出重点。

4. 力求预测准确，建议切实可行

预测时，要进行周密的论证、分析和思考，坚持从实际出发的原则，力求减少计算与表述的误差，增强预测的准确性。在提出建议和意见时，要做到切实可行，避免抽象笼统。

**五、市场预测报告与市场调查报告的联系与区别**

联系为市场预测报告建立在市场调查报告的基础上，通过充分调查市场的历史、现状及变化预测市场的未来；市场预测报告随市场客观情况的变化、市场调查的深入而不断深化，以提高其科学性。

区别如下。

1. 工作重点不同

调查报告回答“怎么样”的问题，如某种产品原料供应、消费需求、价格变化、产品质量、花色品种等；市场预测报告回答“怎么办”的问题，即根据调查情况预测，根据预测提建议。

2. 工作方法不同

调查报告关键在“调查”，具体可以通过实地考察、开座谈会、问卷等形式进行；预测报告关键在“预测”，方法有定性分析、定量分析。

3. 侧重点不同

市场调查报告以写现状为主；市场预测报告以写市场未来发展变化趋势为主。

4. 要求不同

市场调查报告要求有关材料具有准确性和客观性，市场预测报告是在市场调查的基础上，对未来市场状况进行推断与预测，允许有关材料带有主观推测性和不确定性。

**【例文一】**

**全国小汽车需求量预测报告**

由于受到国民经济持续稳定发展和……等方面因素的影响，小汽车的消费情况将会出现不同以往的变化。虽然随着汽车价格下调，销量有一定增加，但轿车市场依然面临很多困难，尤其是各大厂商之间的竞争势必日趋激烈。

**一、基本情况**

综观××××年各月销售轨迹，比起上年没有大的增幅，销量不均，传统的销售旺季不旺，市场变化使人难以捉摸。

具体来看，……

**二、分析预测**

早在××××年下半年起国民经济发展出现的一些积极变化，预计在明年将会持续，经济发展环境总体上趋好。扩大内需、增加农民收入、国企改革作为中心环节、继续执行积极的财政政策、积极增加进出口等，成为明年经济工作的指导思想和总体要求的重要组成部分。

…………

就我们所预测的需求而言，明年依然是个供过于求的买方市场年。

**三、建议**

尽快调整汽车消费政策，取消不合理收费及尽量减轻合理收费，降低小汽车的生产成本，达到规模经济，形成产销的合理衔接和良性循环，促使汽车价格向其实际价格调整，这些已成为推动我国小汽车产业乃至国民经济增长的切实需要。

××汽车销售公司

×年12月30日

**点评**：本文标题由预测的范围、预测的内容和文种名称三个要素组成。正文开头部分阐述了我国小汽车发展的机遇和挑战并存的现状。主体部分包括基本情况、分析预测和建议三部分：基本情况部分说明了小汽车市场变化莫测的具体表现，以几种市场份额较大的型号汽车作为例证加以分析；分析预测部分从国内和国际两个方面来分析小汽车市场发展所面临的机遇和遇到的“瓶颈”，从而得出了“明年依然是个供过于求的买方市场年”的结论；建议部分提出了一些“汽车产业健康发展”的合理化建议。

【例文二】 扫一扫

【例文三】 扫一扫

## 情境二　经济合同

### 学习目标

知识目标：了解经济合同的基础知识及订立合同的一般要求。

能力目标：掌握经济合同的基本写法和格式，能订立简单的经济合同。

素质目标：培养法制意识，正确认识合作与竞争的辩证关系。

### 情境描述

我们在生活和工作中，常常会遇到为了保障自己的合法权益而签订协议的情况，比如说，租房子、买车、就业、保险、承包工程、销售产品等，都要与对方签订契约，这个协议和契约就是合同。请看下面合同素材。

**房屋租赁合同**

出租方：×××

承租方：×××

根据《合同法》规定，为明确出租方与承租方的权利与义务关系，经双方协商一致，签订本合同。

第一条：房屋面积、质量（略）

第二条：租赁期限

共______年零____月。出租方从______年____月____日起将出租房屋交付承租方使用，至______年____月____日收回。

承租人有下列情形的，出租人可以终止合同，收回房屋：

1）承租人擅自将房屋转租、转让或转借的。

2）承租人利用承租房屋进行非法活动，损害公共利益的。

3）承租人拖欠租金累计达____个月的。

租赁合同因期满而终止时，如承租人到期确实无法找到房屋，出租人应当酌情延长租赁期限。

如承租方逾期不搬迁，出租方有权向人民法院起诉和申请执行，出租方因此所受损失由承租方负责赔偿。

合同期满后，如出租方仍继续出租房屋的，承租方享有优先权。

第三条：租金和租金的交纳期限

租金的标准和交纳期限，按国家相关的规定执行。如国家没有统一规定的，此条由出租方和承租方协商确定，但不得任意抬高。

第四条：租赁期间房屋修缮

修缮房屋是出租人的义务。出租人对房屋及其设备应每隔____月（或年）认真检查、修缮一次，以保障承租人居住安全和正常使用。出租人维修房屋时，承租人应积极协助，不得阻挠施工。出租人如确实无力修缮，可同承租人协商合修，届时承租人付出修缮费用即用以充抵租金或由出租人分期偿还。

第五条：出租方与承租方的变更

1）如果出租方将房产所有权转移给第三方时，合同对新的房产所有者继续有效。

2）出租人出卖房屋，须在3个月前通知承租人。在同等条件下，承租人有优先购买权。

3）承租人需与第三人互换住房时，应事先征得出租人同意；出租人应当支持承租人的合理要求。

第六条：违约责任

1）出租方未按前述合同条款的规定向承租人交付合乎要求的房屋的，负责赔偿____元。

2）出租方未按时交付出租房屋供承租人使用的，负责偿付违约金____元。

3）出租方未按时（或未按要求）修缮出租房屋的，负责偿付违约金____元；如因此造成承租方人员人身受到伤害或财物受毁的，负责赔偿损失。

4）承租方逾期不能交付租金的，应及时交付租金，还应支付违约金____元。

5）承租方违反合同，擅自将承租房屋转给他人使用的，应支付违约金____元；如因此造成承租房屋毁坏的，还应负责赔偿。

第七条：免责条件

房屋因不可抗力原因导致毁损和造成承租方损失的，双方互不承担责任。

第八条：解决争议的方式

本合同在履行中如发生争议，双方应协商解决；协商不成时，任何一方均可向当地工商经济合同仲裁委员会申请调解或仲裁，也可向当地人民法院起诉。

第九条：其他约定事项

第十条：本合同未尽事宜，一律按《中华人民共和国经济合同法》的有关规定，经合同双方共同协商，做出补充规定。补充规定与本合同具有同等效力。

第十一条：本合同正本一式两份，出租方、承租方各执一份；合同副本______份，送单位备案。

出租方：（盖章）__________　　承租方：（盖章）______鉴（公）证意见：

地址：____________________　　地址：____________________

法定代表人（签名）：＿＿＿＿
委托代理人（签名）：＿＿＿＿
开户银行：＿＿＿＿＿＿＿＿
账号：＿＿＿＿＿＿＿＿＿＿
电话：＿＿＿＿＿＿
电挂：＿＿＿＿＿＿＿＿＿＿
邮政编码：＿＿＿＿＿＿＿＿
签约地点：＿＿＿＿＿＿＿＿

法定代表人（签名）：＿＿＿＿＿
委托代理人（签名）：＿＿＿＿＿
开户银行：＿＿＿＿＿＿经办人：
账号：
电话：＿＿＿＿＿＿鉴（公）证机关：（章）
电挂：＿＿＿＿＿＿＿＿
邮政编码：＿＿＿＿＿＿
签约时间：（章）×年×月×日

有效期限至：×年×月×日

**想一想：**你能按照这个样式拟写签订一份合同吗？

## 知识点拨

### 一、经济合同的概念

合同也称合约、契约、协议书。它是平等主体的自然人、法人和其他组织之间为实现一定的经济目的，明确相互的权利和义务而依法订立的书面协议。

经济合同是法人之间为显示一定经济目的，明确相互权利义务关系而订立的协议。它可以保护当事人的合法权益，维护社会经济秩序，提高经济效益。

### 二、经济合同的特点

（1）具有法律效力。合同签订后，各方当事人就必须严格履行合同的内容，否则就会受到经济制裁，甚至被追究法律责任。

（2）具有合法性。经济合同的内容必须符合国家的有关法律、法规和宏观经济规划的要求。

（3）具有平等性。订立合同必须贯彻平等、公平、协商、等价有偿、诚实信用的原则。

（4）具有协作性。合同是协作关系的具体反映，也是合同双方保证完成计划、达到一定目的的有效方法。

### 三、经济合同的种类

依据新的《中华人民共和国合同法》规定，常见的合同目前主要有以下几种。

（1）买卖合同。买卖合同是出卖人转移标的物的所有权给买受人，买受人支付价款的合同。

（2）供用电（水、气、热力）合同。供用电合同是供电人向用电人供电，用电人支付电费的合同。供用水、供用气、供用热力合同，参照供用电合同的有关规定。

（3）赠与合同。赠与合同是赠与人将自己的财产无偿给予受赠人，受赠人表示接受赠与的合同。

（4）借款合同。借款合同是借款人向贷款人借款，到期返还借款并支付利息的合同。

（5）租赁合同。租赁合同是出租人将租赁物交付承租人使用、收益，承租人支付租金的合同。

（6）融资租赁合同。融资租赁合同是出租人根据承租人对出卖人、租赁物的选择，向出卖人购买租赁物，提供给承租人使用，承租人支付租金的合同。

（7）承揽合同。承揽合同是承揽人按照定做人的要求完成工作，交付工作成果，定做人给付报酬的合同。

（8）建设工程合同。建设工程合同是承包人进行工程建设，发包人支付价款的合同，包括工程勘察、设计、施工合同。

（9）运输合同。运输合同是承运人将旅客或货物从起点运输到约定地点，旅客、托运人或收货人支付票款或费用的合同。

（10）技术合同。技术合同是当事人就技术开发、转让、咨询或服务而订立的确立相互之间权利和义务的合同。

（11）保管合同。保管合同是保管人保管寄存人交付的保管物，返还该物并收取一定保管费的合同。

（12）仓储合同。仓储合同是保管人储存存货人交付的仓储物，存货人支付仓储费的合同。

（13）委托合同。委托合同是委托人和受委托人约定，由受托人处理委托人事务并且收取一定费用的合同。委托人可以特别委托受托人处理一项或数项事务，也可以概括委托受托人处理一切事务。

（14）行纪合同。行纪合同是行纪人以自己的名义为委托人从事贸易活动，委托人支付报酬的合同。

（15）居间合同。居间合同是居间人向委托人报告订立合同的机会或提供订立合同的媒介服务，委托人支付报酬的合同。

## 例文点评

【例文一】

**苹果买卖合同**

甲方（卖方）：××农场

地址：××市××镇××村

负责人：李××　　联系方式：××××××

乙方：（买方）：××贸易有限公司

地址：××市××路××号

法定代表人：王××　　联系方式：××××××

开户银行：××××××　　账号：××××××

为明确购销苹果过程中的权利义务关系，依照《中华人民共和国合同法》的有关规定，双方签订本合同，本着诚实信用的原则履行本合同项下的各项义务。

第一条　合同标的物

1. 品名：××农场产红富士苹果。

2. 等级：一级（依农业部当前标准），并且个体重量在250克以上。

3. 数量：50吨。

4. 单价：2.5元/千克，总价款125 000元。

第二条　合同履行

1.卖方应当在2014年8月28日前将以上所述的苹果包装完毕并进行保鲜处理，标准为×××××，等待买方提货。

2.买方应当在2014年9月1日前到××农场验收苹果，并将苹果运走，运费由买方承担。

3.买方应当在合同签订之日向卖方交纳定金10 000元，在提货当天以现金方式支付价款50 000元，并在2014年9月10日前付清剩余货款。

第三条　违约责任

1.如果卖方未在2014年8月28日前将苹果包装完毕，应当及时通知买方，买方有权要求解除合同，向其他农场订购，并且要求卖方承担违约金10 000元。

2.如果卖方提供的苹果达不到农业部规定的一级标准或保鲜和包装不符合以上规定的标准，买方有权要求解除合同，并要求卖方承担违约金10 000元。

3.如果买方未在2014年9月1日前将苹果提走，卖方有权解除合同并将该批苹果转售他人，买方交纳的定金不予退还。

4.如果买方在2014年9月1日前不支付剩余货款，则每迟延一日，应当向卖方支付剩余货款的万分之五作为罚息。

第四条　纠纷解决方式

本合同项下一切纠纷，双方协商同意提交××市仲裁委员会依其现行有效的仲裁规则和中华人民共和国法律法规进行仲裁，该仲裁为终局裁决，对双方均有约束力。

第五条　合同的生效

本合同一式两份，双方各执一份，自双方签字之日生效。

| | |
|---|---|
| 甲方：××农场 | 乙方：（买方）：××贸易有限公司 |
| 地址：××市××镇××村 | 地址：××市××路××号 |
| 负责人：李×× | 法定代表人：王×× |
| 日期：2014年7月10日 | 日期：2014年7月10日 |

**点评**：这份购销合同属于常见的经济合同的一种。开头点明签订合同的目的。正文采用条款式结构形式：第一条包含了标的的品名、质量、数量及价格；第二条写了履行的期限、地点、方式；第三条写违约责任，规定得很明确；第四条是纠纷解决方式，主要写明了合同的份数和保存方式；第五条写合同的有效期。主要条款齐备，写法灵活而又规范，有的是几个条款的内容合成一条写，有的是一个条款单列一条写。语言表述简明、严密、准确。

【例文二】 扫一扫

【例文三】 扫一扫

## 写法指导

### 一、经济合同的格式与写法

一份较完整的合同文书应具备标题、当事人姓名、正文、结尾四部分。

#### 1. 标题

标题就是合同的名称。标题有以下几种写法。

（1）由“经营范围+文种名称”组成，如“纺织品购销合同”。

（2）由“合同期限+文种名称”组成，如“2014年货物运输合同”。

（3）由“签约单位名称+文种名称”组成，如“××市××公司与××厂购销合同”。

（4）只写明合同的种类，如“供电合同”“承揽合同”。

**2. 当事人姓名**

在合同标题的下方，分行并列写明签订合同当事人双方的单位名称（全称）或姓名和住所，有的在单位名称之前还写明合同的性质。例如，

立合同单位：××××（甲方）；代表人×××

××××（乙方）；代表人×××

为了行文方便，可在括号里注明一方是“甲方”或是“供方”，另一方是“乙方”或是“需方”，但不能写成“我方”或“你方”，以免理解时产生歧义。

**3. 正文**

正文是合同的主要内容，包括引言和主体两个部分。

（1）引言。写在具体条款之前，说明订立合同的依据与目的、签订过程和签订方式。例如，“为了保护双方共同利益，根据《中华人民共和国合同法》，经双方协商同意，特签订本合同，以资共同恪守”。

（2）主体。主体部分要逐条写明双方协议的具体条款。格式条款通常事先印好，项目比较固定，只要把内容填好即可；非格式条款的内容根据需要而定，可多可少。根据《合同法》的规定，主体部分主要包括以下几项。

- 标的。合同的标的就是合同关系中确定的双方当事人权利和义务共同指向的对象。它可以是具体的货物、劳务，还可以是技术和成果。
- 数量与质量。数量是以数字和计量单位来衡量标的物的尺度。合同中要明确地规定标的物的数量、计量单位和计量方法。计量数量和计量单位必须按照国家法定的标准来衡量。涉及的数字必须按规定采用大写形式。质量是标的物的素质和外观形态。它不仅指标的物的优劣，还包括产品的品种、规格、型号等。标的物的质量规定力求详细、具体、明确，有规定标准的，如国际标准、国家标准等，按当事人双方认可的标准执行；没有规定标准的，由双方当事人协商确定。
- 价款或酬金。价款或酬金，是标的物的价值，是为获取标的物而交付的货币数量，如货物的价格和总金额、服务的报酬等。价款或酬金一般都以人民币来计算。合同中还要明确价款或酬金的给付方式、银行账号等。
- 履行合同的期限、地点和方式。履行合同的期限是合同当事人交货交款的时间和期限。地点是指交易的场所，包括交货、验货或承建工程的具体地点，规定必须具体、明确，不能产生歧义。方式是指履行的方法，如标的物的交付、运输、验收、价款结算等方式，以及履行的次数，即一次履行还是分期履行。
- 违约责任。违约责任是指当事人一方或双方因为自己的过错，造成合同不能履行或不能全部履行而应承担的责任。合同应先写明履行过程中可能出现的违约情况，以及违约方应承担的责任。违约方违约后可支付违约金、赔偿金等进行补偿。
- 解决争议的方法。在履行合同的过程中，如果发生争议特别是无法协商解决的问题时如何解决，应在合同中注明。

总之，正文的主体部分是保证合同各方当事人合法权益的主要依据，必须明确当事人各方需解决的问题、达到的目的，以及各自的权利和义务。

4. 结尾

结尾是合同合法性和有效性的标记，包括立约双方的单位名称、法定代表人或委托代理人的签名和单位盖章；合同的有效期限；双方当事人的单位地址、电话号码、开户银行、银行账号、邮政编码等各项内容。条款式合同最后还要注明签字时间和地点。

## 二、合同的写作要求

（1）必须符合国家的政策、法令，遵循一定的原则；应遵循平等互利、协商一致的原则，任何一方不得把自己的意志强加给对方；必须切实维护当事人的合法权益；必须以能够全面履行合同规定的义务为前提，不能写入无法履行义务的条款。

（2）内容要具体明确，条款要齐全完备。写作合同，应当具备《中华人民共和国合同法》及有关合同条例规定的条款。条款的内容要具体明确，不能使用模糊语言来表述。

（3）要严肃合同纪律，不得随意涂改或终止。《中华人民共和国合同法》规定："依法成立的合同，对当事人具有法律约束力。当事人应当按照约定履行义务，不得擅自变更或解除合同。"因此，在写作合同时，必须自觉维护合同纪律的严肃性，未经当事人之间协商一致，不得随意涂改合同内容。

（4）理清写作思路。双方都要明确签订合同的目的、依据或原则，当事人共同享有的权利和应尽的义务，履行义务的方式和期限的安排，以及相关的违约责任。

（5）掌握语言要求。合同是受法律制约的文书，一经成立就不能随意改动；合同又是有偿性的，直接与当事人的经济利益有关。因此，要求语言准确严密，不允许有丝毫的含混，更不能产生歧义。写作时一定要字斟句酌，不要有疏漏，也不要出现逻辑上的重复或矛盾。

# 技能训练

## 一、病文修改

### 修缮合同

立合同人：××学校（甲方）

××房屋修理公司（乙方）

为了修缮教学楼，经双方协商同意，订立本合同。

1. 甲方委托乙方修缮教学楼一座，由乙方按照甲方所提供的要求（附修缮要求一份）进行修缮。

2. 全部修缮费用（含材料、人工）议定为××元。

3. 甲方在订立合同的××内，先付给全部修缮费的50%，其余50%在教学楼修缮验收完后××天内一次付清。

4. 教学楼必须在一个月内修缮完毕。

5. 修缮教学楼所用的材料按双方议定的标准。

6. 如有一方违背合同条款，影响修缮工程，由违约方负责赔偿损失。

7. 本合同一式三份，双方各执一份为凭，另一份交教育局监督。

立合同人××市××学校（盖章）

代表×××（盖章）

××市房屋修理公司（盖章）

代表×××（盖章）
监督人××市教育局（盖章）
代表×××（盖章）
×年×月×日

## 二、情境写作

以小组为单位，以情境描述为素材，订立一份格式规范、表述严密的房屋租赁合同。

## 三、强化训练

请根据下面内容拟写一份租赁合同。

××市××乳品厂冯杰和××市××职业学校的赵大为于2013年3月5日签订了一份合同。双方约定，××乳品厂向××职业学校租赁砖木结构平方一间，租赁期为两年，自2013年3月5日起至2015年3月4日止。年租金为9 600元，按季度付给学校财务科。学校对出租房屋及其附属设备每半年检修一次，修缮经费由学校支付。如学校因教学需要，提前收回出租房屋，乳品厂表示谅解。合同期满后，如学校继续出租房屋，乳品厂有优先租赁权。请代为拟写一份租赁合同。

**知识链接**

### 意　向　书

**一、意向书的概念**

意向书是平等主体的自然人、法人、其他组织之间就某项目初步达成合作意愿而签署的文书，是双方或多方合作者内心愿望与初步设想的文字记录。

意向书为合作双方进行实质性谈判奠定了基础，提供了基本依据，是签订合同的先导，但其不受法律的约束。

**二、意向书的特点**

（1）协商性。写意向书多用商量的语气，不带任何强制性，有时还用假设、询问的语气。

（2）灵活性。意向书的灵活性表现在意向书发出后，可以随时改变自己的主张，或直接采纳对方更好的意见；也可以在同一份意向书里提出多种方案或意见，让对方比较、选择。

（3）临时性。意向书是协商过程中各方基本观点的记录，一旦达成正式协议，便完成了意向性的使命。意向书不像协议、合同那样具有法律效力。

**三、意向书的格式与写法**

意向书一般由标题、正文和签署三部分组成。

1. 标题

意向书的标题有以下三种形式。

（1）只标明文种名称，将意向书居中写在上方。

（2）由“事由+文种名称”组成，如“××技术引进意向书”等。

（3）由“签订意向书的双方单位名称+事由+文种名称”组成，如“××厂与××公司关于××的意向书”。

2. 正文

意向书的正文由前言、主体和结尾三部分构成。

（1）前言，主要写意向书当事人各方名称，签订意向书的目的、地点和意向事由。用语简明扼要，常用“双方就有关事宜，达成如下意向”之类的惯用语引出主体部分。

（2）主体，主要写经过充分协商，双方或多方在平等互利的基础上达成的意向，如合作的项目、合作的方式、合作的重点、生产的规模设想、产品的销售对象、经济效益的估算及各方将要开展的工作等。一般采用条款式写法，分条列项，这样条理比较清楚。在最后的条款里，注明意向书的份数及去向。

（3）结尾，一般应写明“未尽事宜，在签订正式合同时予以补充”之类的语句，以便留有余地。

3. 签署

在正文的下方，各方签名、盖章，并写明签订意向书的具体日期。

**四、意向书的写作要求**

（1）讲究分寸。意向书是在当事人具有合作意向，但对所谈项目缺乏更深入、更具体的研究的情况下所签订的文书，必须讲究分寸，留有空间。

（2）遵纪守法。遵纪守法是人们在日常社会活动中必须恪守的原则，意向书中不能写入与我国现行政策和法规相抵触的内容。

（3）求同存异。意向书主要表达的是双方当事人初步洽谈中一致同意的若干原则性的意见，对今后进一步洽谈做出安排或提出意见，至于双方的不同点和分歧，在意向书中则不必提及。

**五、意向书与合同的联系与区别**

其联系为：意向书和合同都是表达双方通过谈判而获得的共同意向或决定的文书；意向书往往是签订合同的基础文书。

其区别主要表现在以下三个方面。

（1）内容上。意向书的内容较为概括，仅表明当事人双方的意向、设想和打算；合同的内容具体、详细、周密，对双方的权利、义务等有具体的要求。

（2）用途上。意向书多用于技术合作、工程确立、联合投资等方面；合同多用于购销、工程承包、加工承揽、货物运输、供用电、财产租赁、仓储保管、借款、保险等方面。

（3）法律效力上。意向书不具有法律效力，不受法律保护；合同具有法律约束力和强制性，不论哪方违背了合同中的条款，都要负违约责任。

**【例文一】**

**委托培训意向书**

江苏××职业技术学院（以下简称甲方）和大地有限公司（以下简称乙方）于2013年7月20日在南京就合作举办一期制冷与空调安装工的短期培训班的问题进行了初步协商。根据双方需要，为更合理利用双方优势，提高经济效益和社会效益，双方在平等互利的基础上达成如下合作意向。

一、培训期约2个月。约于2013年9月初开班，10月底结业。

二、培训学员约20名。由乙方选送25岁以下、具有高中文化程度的人员。

三、培训费共约2万元，由乙方在开班前支付给甲方。

四、甲方提供培训场地、师资、教材，并负责教学管理，发放结业证书。

五、未尽事宜，双方在具体合同中商定。

六、本意向书一式四份，双方各执两份。

甲方（盖章）：＿＿＿＿＿＿　　乙方（盖章）：＿＿＿＿＿＿

代表：×××（签字）＿＿＿＿＿＿　　代表：×××（签字）＿＿＿＿＿＿

2013年7月21日　　2013年7月21日

**点评**：这是一份双方合作培训的意向书。标题由“项目名称和文种名称”组成。导言部分，写双方单位名称、因何事项进行了“初步协商”和合作的指导思想。一句“……达成如下合作意向”引出主体部分。主体部分采用条文式结构，依次写了培训时间、培训人员数量及要求、培训费、双方的职责及意向书份数等内容。

本协议书注重使用留有余地和富有弹性的语言，如“培训期约2个月”“培训学员约20名”“培训费共约2万元”等，还有“未尽事宜，双方在具体合同中商定”。

【例文二】

扫一扫

**知识链接**

## 协　议　书

**一、协议书的概念**

协议书是平等主体的自然人、法人、其他组织之间对某一重要问题或事项经过协商取得一致意见后订立的具有经济或其他关系的契约性文书。

作为经济关系的凭证文书，协议可以作为正式合同的“前奏”，也可以作为已订立合同书的补充或修订。如果协议书的条款已具备双方权利和义务的明确规定，则协议书可以直接作为合同书来使用。

**二、协议书的特点**

协议书是一种契约文书。它除了具有合法性、合意性、公平性、诚信性等契约文书的特点外，还具有以下特点。

（1）原则性。它表现为签订协议书的双方当事人，对合作的内容、条件、要求等做原则性粗线条的约定，详细具体的内容和形式，需继协议书之后，再经充分洽谈签订正式合同。

（2）灵活性。协议书的内容比较广泛，而且没有固定统一的写作格式，其内容的安排、条款的详略等，全由双方当事人协商议定。

（3）广泛性。协议书的使用范围比合同要广泛得多，凡不宜签订合同的合作形式，只要双方当事人协商一致，均可签订协议书。

**三、协议书的格式与写法**

协议书的写法类似于合同书，由标题、当事人名称、正文与签署四部分组成。

1. 标题

标题有以下三种形式。

（1）只标明文种名称“协议书”。

（2）由“内容性质+文种名称”组成，如“聘任协议书”等。

（3）由“签订协议的双方单位名称+事由+文种名称”组成，如“××市科学技术协会与××区××厂关于转让产品技术专利的协议书”。

2. 当事人名称

写上协议双方或多方当事人的单位名称或个人姓名。在名称后用圆括号标注“以下简称甲方”和“以下简称乙方”。如果是协作关系，则不分甲、乙方。

3. 正文

正文包括前言和主体两部分。

（1）前言，用来写明签订该协议的目的、依据和过程等。

（2）主体，写明当事人商定的内容，一般应包括协议的项目内容、共同任务和标的、合作的方式、双方的权利和义务、在有关问题上的具体要求、违约责任、有效期限、协议份数及保存、其他需说明的事项等。通常采用条款式或条款表格综合式来写。

4. 签署

双方及多方当事人单位名称，法定代表人签名、盖章；注明签订日期；如需要附项，则将单位地址、邮编、电话、传真、开户银行、银行账号等一一注明。

**四、协议书与合同的区别**

协议书与合同同属一大类的经济文书，都具有法律效力，且写法、作用基本相似，但也存在着明显的差别，具体如下。

（1）角度范围不同。协议书较多地涉及宏观角度、总的原则，大至国家关系，小至个人往来、合作办事、解决纠纷，适应范围大；合同则较多从微观角度，就某一具体事项签约。

（2）内容的详略不同。协议书的内容较概括，合同的内容较具体。

（3）签订的时间不同。在经济合作中，协议书签订在前，合同签订在后，协议书可以成为当事人订立某项合同愿望的草签意见，合同则是落实意见的具体表现。

（4）有效期长短不同。合同的有效期限一般较短，“标的”一旦实现，合同就失效了；协议书的有效期限一般较长，如子女收养、领养协议书，国家之间的条约等，有的则是永久性的。

（5）法律效力程序不同。协议书须经公证部门公证后才能取得法律效力，而合同本身具备法律效力，无须公证。如果同一宗买卖既订立了协议书，又订立了合同，以合同为准。

【例文一】

## 合作投资协议书

中国黑龙江国际经济技术合作公司（甲方）

香港金桥金属有限公司（乙方）

双方于××××年×月×日至×日在哈尔滨市经过友好协商，在平等互利的原则下，就合作投资创办出租汽车公司事宜，达成如下协议。

一、合营企业定名为北方出租汽车公司。经营大小车100辆。其中，西德奔驰2805轿车7辆（为二手车，行车里程不超过17 000千米，外表呈新）、日产丰田轿车83辆（其中，50辆含里程、金额计数表，空调，步话机等）、面包车10辆。

二、合营企业为有限公司。双方投资比例为7∶3，即甲方占70%，乙方占30%。总投资140万美元。其中，甲方98万美元（含库房等公用设施），乙方42万美元。合作期限定为5年。

三、公司设董事会，人数为5人，甲方3人，乙方2人。董事长1人由甲方担任，副董事长1人由乙方担任。正、副总经理由甲、乙双方分别担任。

四、合营企业所得毛利润，按国家税法照章纳税，并扣除各项基金和职工福利等，净利润根据双方投资比例进行分配。

五、乙方所得纯利润可以人民币计收。合作期内，乙方纯利润所得达到乙方投资额（包括本息）后，企业资产即归甲方所有。

六、双方共同遵守我国政府制定的外汇、税收、合资经营及劳动等法规。

七、双方商定，在适当的时间，就有关事项进一步洽商，提出具体实施方案。

八、本协议自签订之日起生效。

九、本协议书一式两份，双方各执一份。

甲方：××××××（盖章）　　乙方：××××××（盖章）

代表：×××（签字）　　代表：×××（签字）

×年×月×日　　×年×月×日

**点评**：本协议书结构较完整，包括了标题、立约单位、正文、落款四部分。正文部分先写出了签订本协议书的缘由，“经过友好协商，在平等互利的原则下，就合作投资创办出租汽车公司事宜，达成如下协议”，然后在主体部分分条列项地写出了协议的事项，包括协议要实现的共同任务和标的、当事人应尽的义务和享有的权利等。注意了平等互利、合法、用语明确等写作要求，内容也较具体、明确，语言较准确。

【例文二】

## 联合修建渠道协议书

立协议书单位：青山乡人民政府（甲方）

　　　　　　　绿水乡人民政府（乙方）

为了充分利用天女山水库的水，扩大双方灌溉面积，共同发展农业生产，经双方协商决定共同修建一条渠道，特签订本协议书，以利工程的进行。

（一）渠道南北走向，共长5 000米，深1米，底宽1米，上宽3米。北段3 000米，占用甲方土地；南段2 000米，占乙方土地。

（二）工程北段由甲方负责施工，南段由乙方负责施工。双方均要按照协议绘制的渠道图纸修建。

（三）工程从今年秋末冬初开始，春节前竣工、验收。

（四）需要工具由双方自备。部分工具互相调剂。甲方借给乙方小平车10辆，乙方借给甲方抬筐100个。所借工具的折旧费，由借方付给对方，工具损坏由借方向对方赔偿。

（五）所需经费由双方受益多少分配；劳力报酬由各方负责解决；新渠和旧干渠接口处闸门修建费由双方平均负担。

（六）双方各抽调干部3人共同组成工程指挥部负责修渠组织工作。甲方出1人为指挥，乙方出1人为副指挥，其他人为指挥部成员。

（七）请区人民政府负责监督工程实施和本协议执行情况，如有一方工程不合格或违反协议，依据情节予以返修，或责令其弥补损失。

（八）本协议及附件三种一式四份，双方各存一份，负责监督的区人民政府刘××区长一份，另一份送市人民政府存查。

青山乡人民政府代表人张××（签章）

绿水乡人民政府代表人王××（签章）

附：1. 工程图纸1张（略）

2. 经费预算、经费分配表1张（略）

3. 指挥部成员名单1张（略）

**点评：**这份协议书，前言部分直接表明协议的原因和目的；主体部分翔实而具体，明确了双方协议的事项、应承担的责任和义务、应享受的权利，互为对方做什么、达到什么要求、何时完成，不能遵守协议应负的责任等。结尾也合要求。它是一份较规范的协议书。

## 情境三　商务信函

### 学习目标

知识目标：掌握商务信函的写作规范与技巧。

能力目标：学会拟写常用商务信函。

素质目标：加强联系、合作的意识，培养文明、守信、真诚的工作态度。

### 情境描述

商场如战场。在激烈的市场竞争中，许多商家展开了推销战，以发信函的形式推销产品或服务。请看下面素材。

刘美丽是一家专业制作婚纱公司的负责人。为了销售近期特制的多套新颖、考究、质地优良的婚纱，她决定给有业务联系的几家婚庆礼仪公司发份信件。

**想一想**：这份信件该写些什么呢？如何写呢？

## 知识点拨

### 一、商务信函的概念

商务信函，简称商函，是在商务活动中用来联系业务和商洽交易事项的信函。

商务信函是采用信函的形式来实现商务沟通的目的，其主要作用是在商务活动中用来建立经贸关系、传递商务信息、联系商务事宜、沟通和洽商产销；询问和答复问题、处理具体交易事项等。

### 二、商务信函的特点

（1）内容单一。商务信函以商务交易为目的，以交易磋商为内容，不涉及与此无关的事情，且一文一事。

（2）结构简单。商务信函内容单一，所以形式上篇幅短小，整体结构比较简单，体现了其完全服务于交易的使用功能。

（3）语言简练。商务信函以说明为主，内容的单一和结构的简单要求语言表达直截了当、言简意赅，不提倡长篇大论。

（4）语气委婉。凡是有关商务的信件，都须语气委婉、措辞得体，并注意谦逊和礼貌，如此才容易达到既定的商务目标。

## 例文点评

【例文一】

**武汉虎威实业有限公司关于询问“小雪牌”**
**纯棉T恤衫报价的函**

沈阳××区中街锦旗针织品厂：

上月我公司曾就“小雪牌”纯棉T恤衫供应一事与贵厂马经理协商，马经理因故未来。本市若干贸易公司亦与本公司接触，要求供货。请贵厂再次报价，每100件价格多少，请惠函告知。贵厂的产品式样大方，图案精美，经在本市试销颇受欢迎。若报价合理，本公司则要求大量供货。

盼贵厂尽早回复为荷。

武汉虎威实业有限公司

2014年4月4日

**点评**：这封信函的标题为“发文机关+事由+文种名称”的完全式。正文为单层式。用一个段落简洁地说明了发文目的，询问了“小雪牌”纯棉T恤衫的报价，称赞了对方产品的质量，显示了实事求是的礼貌态度。全文结构严谨，语言精练、谦和、亲切，是篇成功的询问函。

【例文二】

**道　歉　函**

××市兴达贸易有限公司：

贵公司20××年×月×日函收悉。我方对函中所诉根据20××年1月7日《购买电脑桌合同》，所收的35套黄花牌电脑桌部分出现接口破裂一事，深表歉意，此事已引起我方高度重视，现已就此事进行调查。

经有关部门查实：我厂生产的××××型黄花牌电脑桌在出厂时，经质检部门检验全部为优质产品。函中所提的部分电脑桌出现接口破裂，是由于我方工人在出仓时搬运不慎造成的。对贵公司的损失，我公司再次深表歉意，并请贵公司尽快提供电脑桌受损的详细数字及破损程度，以及公证人证明和检验证明书，我公司将以最快的速度按实际损失给予无条件赔偿。

对此，我们将引以为戒，查找工作中存在的问题和不足，制定改正措施，杜绝此类事件的发生。

希望能够得到贵公司谅解，继续保持良好的贸易往来关系。

候复

××市光明家具有限公司

20××年8月9日

**点评**：这是一份为对方索赔而答复的道歉函。首先告知对方致函已收，点明道歉原因。然后说明问题的具体情况，表明态度，“我公司将以最快的速度按实际损失给予无条件赔偿”。结尾表明希望继续合作的诚意。本函的内容完整，叙述清楚，层次清晰，语言简练，语气诚恳。

【例文三】

扫一扫

## 写法指导

### 一、商务信函的格式与写法

商务信函一般由标题、称谓、正文、祝颂语、落款及附件组成。

1. 标题

标题由“事由+文种名称”组成，如“关于要求承付打印机货款的函”“推销函”等。

2. 称谓

称谓是商务信函必需的一项。其位置一般在标题的左下方，单独占行，顶格书写，后面用冒号。

#### 3. 正文

正文是商务信函的主体，叙述商务往来联系的实质问题，包括以下几部分。

（1）问候语，即应酬语或客气语，是商务信函必不可少的，一般用一两句尊敬的客气话表示，如“您好”“近来生意可好”等。初次联系，可使用“久仰大名，未亲雅教”等词语。回函，可使用“惠书敬悉，不胜感激”等词语表示感谢来函。

（2）主体，是正文的核心内容，是发信人要说明的事项，包括以下两方面的内容。

- 发函缘由，可以直截了当、简明扼要地说明发函的目的、根据、原因等内容。
- 发函事项，表达信函的中心内容，一般是根据发函缘由详细地陈述具体事项，或是针对所要商洽的问题或联系事项阐明自己的意见。要求语气平和，问题明确，事实清楚，表达明白。

（3）结尾语，一般用精练的语言将主体所叙之事加以简单概括，并提出本函的有关要求，强调发函的目的，要求恰当得体。

#### 4. 祝颂语

所有的商务信函都要写明祝颂语。祝颂语分为祝者自身的请候语和收信人的安好语两部分。

（1）请候语，在正文结束后空两格书写，常用的有“敬祝”“顺颂”“恭祝”等。

（2）安好语，一定另起一行顶格书写，以表示对对方的尊重，常用的有“商祺”“金安”“生意兴隆”等。

#### 5. 落款

落款由签署和日期组成。

（1）签署，即发信人的署名或签名、用印。商务信函的署名可根据企业的要求或发信人的意见而定。有的企业署名以单位名称加盖印章的方式；有的企业要求发信人直接签名，以示对信函的内容负责。个人签名一定要由发信人亲手所签。

（2）日期，一般是发信具体时间。商务信函因为涉及商务业务往来，务必写明发信日期。

#### 6. 附件

附件是随函附发的有关材料，如报价单、发票、确认书、单据等。如果需要标注附件的，在信函签署的下方可以标注附件。如果附件是两个以上的，要分别标注附件一、附件二等。

### 二、商务信函的写作要求

（1）内容单纯。一文一事，文字简明，事实有据，行文礼貌。

（2）先提结论。简短的开场白，直截了当地进入主题，力求简洁明了。

（3）表述准确。语言表达、所用的数字和商业术语的运用要准确。

（4）回函迅速。

## 技能训练

### 一、病文修改

以小组为单位，找出下面商务信函的不当之处。

**推　销　函**

亲爱的顾客：

您好！

告诉您一个惊人的消息！再也不用洗锅盆了！我们当真这么说："再也不用洗锅盆了！"现在您可以用漂亮的搪瓷器皿从事各种烹调——煮、煎、烤、烘，搪瓷器皿样样都行。如果您愿意，还可以在该器皿内冰冻食物。这些漂亮的器皿由制造导弹外壳的特殊材料制成，能够从冰箱内取出，放上火炉，再端上餐桌。您随后将它们放入洗碗机或者洗涤槽同其他碟子放在一起就行了。再也无须费神擦拭。请周三、周四、周五来大商店的家用器皿部，观看搪瓷器皿的展销，感受一下这些能盛放和烹调食物的器皿，亲手试试。您会对它们实用而又传神的设计留下深刻印象，而最重要的是它那惊人的合理价格。

### 二、情境写作

以小组为单位，以情境描述为素材，替刘美丽写一封联系函。

### 三、强化训练

请根据提供的情境拟写各种商务信函。

××贸易有限公司从某种渠道获知××手套有限公司生产的各类手工制人造手套品质优良，欲购买一批，于是发函询价。××手套有限公司接到询价函后，予以答复报价。请代双方分别拟写询价函和报价函，必要内容可以合理虚拟补充。

## 知识链接

### 电子邮件

#### 一、电子邮件的概念

电子邮件（electronic mail），简称E-mail，是一种用电子手段通过文字、图像、声音等多种形式提供信息交换的通信方式。

电子邮件是互联网应用最广的服务。通过网络的电子邮件系统，用户可以以非常低廉的价格（不管发送到哪里，都只需负担网费）、非常快速的方式（几秒钟之内可以发送到世界上任何指定的目的地），与世界上任何一个角落的网络用户联系。它的存在极大地方便了人与人之间的沟通与交流，促进了社会的发展。

#### 二、电子邮件的特点

1. 电子邮件的优点

（1）人们可以在任何地方、任何时间收发电子邮件，不受时空的限制，大大提高了工作效率，为办公自动化、商业活动提供了极大便利。

（2）电子邮件综合运用文字、图像、声音等各种方式。同时，我们可以收到大量免费的新闻、专题邮件。这是任何传统的方式无法比拟的。

（3）电子邮件服务不仅是一对一的服务，而且可以同时向某一特定群体发送同一内容的邮件，或者实现定制邮件发送服务。

（4）与电话相比，电子邮件更加经济高效，发送几乎是免费的。

2. 电子邮件的缺点

（1）收信人看不到发信人的表情，很难得知发信人的文字背后是否还隐藏着幽默、讽刺或其他言外之意。凡是具有争议性的信息，或是涉及高层间的人际关系处理问题的信息，都不宜使用电子邮件发送。

（2）私密性和安全性不足。属于高度机密的信息，不宜使用电子邮件发送。

**三、电子邮件的格式与写法**

电子邮件由信头区和信体区两部分组成。

1. 信头区

（1）收信人地址。地址栏可以是一个地址，也可以是一组地址。电子邮件地址的格式是“用户名@电子邮件服务商的域名”。第一部分“用户名”代表用户信箱的账号；第二部分“@”是分隔符；第三部分“电子邮件服务商的域名”是用户信箱的邮件接收服务器域名，用以标志其所在的位置。

（2）抄送地址。如果我们需要将一封电子邮件同时发送给几个人，可将其他人的电子邮件地址填在此栏，中间用逗号或分号隔开。收件人可以看到抄送的地址。

（3）主题，即电子邮件的标题。好的标题能吸引收件人的注意，准确无误地传递信息，从而使收件人在一大堆电子邮件中优先阅读该邮件。

（4）附件。附件栏是正文之外的附加内容，通过粘贴文件操作可以附上与正文内容相关的文件、照片、图片甚至音像资料等。如果附件过大，可以先通过压缩工具进行压缩后再粘贴。

2. 信体区

用于编写邮件正文。正文栏在邮件头栏目下方的编辑窗口中，可以输入信件的主要内容。具体写作方式多种多样，不拘一格，有的采用传统书信的方式，有的则很随意，要做到重点突出，行文简洁，富有条理，表意清楚。

正文最好使用大小为10的Verdan或Arial字型，便于对方在线阅读。可以使用电子邮件签名或电子名片提供完整的联络信息，包括电话号码和公司名称。

**四、发送、接收与回复电子邮件时的注意事项**

电子邮件经常被当作职场上快捷的书面沟通工具，在应用时要注意以下问题。

1. 发送电子邮件的注意事项

（1）标题要提纲挈领。要使用含意明了的标题，把重要的信息列入主题栏。

（2）行文要简洁明了。在电子邮件中，要开门见山地提出要求或说明目的。

（3）要保证书面文字的严肃性。用词要恰当，一些敏感性话题不宜出现在电子邮件中。

（4）仔细检查，以防意外。写邮件时，要做好备份，在单击“发送”按钮之前，要认真检查，以防选错收件人而造成意外事件。

2. 接收与回复电子邮件的注意事项

（1）应当定期打开收件箱，以免遗漏或耽误重要邮件的阅读和回复。

（2）要做好阅后的整理工作，防止隐私泄露。

（3）养成及时回复的习惯，特别是公务邮件。

（4）不要擅自转发别人的私人邮件，应尊重对方的隐私。

**【例文一】**

尊敬的张经理：

您好！

我是恒大公司的销售经理小张，继我们上周的电话联系之后，我很高兴给您邮寄一本我公司的相关产品介绍手册。

上次您曾谈到对所采购零件的一些要求，我相信我们公司的产品和服务一定能够让您满意。

期待您的回音，并期待着与您的会面。

此致

敬礼

张明明

2014年3月21日

**点评**：这封信件格式完整，用词得当，行文简洁，思路清晰，分寸把握得恰到好处。

**【例文二】** 扫一扫

**【例文三】** 扫一扫

**知识链接**

## 商务传真

### 一、商务传真的概念

商务传真是指运用传真通信工具发送与原图文真迹相同的商函或其他相关商务文件等的一种文书形式。

商务传真可以在短时间内传送任何平面的、视觉可见的文书，包括文本（文件）、图表、照片、符号、签名等。商务传真由于传真件不可被更改，所以被广泛应用于各种商务交往当中，特别是各种往来文件的传输。

### 二、商务传真的特点

（1）真实性。传真传送的是文件的原件真迹，特别是对于那些手书手绘的签名、图纸、符号等要求精确度很高的文件，只有传真才能够做到真迹传输。

（2）便捷性。传真利用电子通信技术传输信息，信息能够在瞬间传送至接收方，超越了时空的限制，而且操作上比较简单。

（3）可靠性。传真传输的是图像信息，不会出现文字的改动和错漏，如果借助加密措施则更可以保证传输信息的安全可靠。

**三、商务传真的格式与写法**

1. 文头信息

企业商务传真的文头一般都有自身相对固定的信息与格式，可以事先印制在统一的传真文稿纸上，使用时只需填写相关信息即可。

（1）收件方基本信息，包括收件人姓名及其单位名称、部门名称、所在城市、传真号码、电话号码等，常常自上而下排列在传真文稿纸上方左侧，还可以包括抄送者名称。

（2）发件方基本信息，包括发件人姓名及其单位名称、部门名称、所在城市、传真号码、电话号码等，常常自上而下排列在传真文稿纸上方右侧，也可以将发件方单位名称独立印制在传真文稿纸正上方居中处，并可以印上企业标志等。

（3）传真件相关信息，如发件日期、传真件页数等，还可以包括对该传真件的特别提示或处理要求，如“紧急”“请审阅”“请批注”“请答复”“请传阅”等。发件日期应当完整标示年月日信息，这些信息可以归并到发件方的基本信息中。

2. 主题

主题是对传真件主要内容的概括，便于收件方能够很快地把握传真件的内容，引起对方的重视，如订购设备事宜。主题内容一般置于文头收件方和发件方的下面。

3. 称谓

与信函中的称谓基本一样，根据实际情况可以是对方单位名称，如“××贸易公司”，也可以是对具体接件人的称呼，如“尊敬的张×经理”。

4. 正文

正文是传真的核心部分，如果第一页不够书写，第二页至少需要有三行以上的正文，不可以只有签名。正文的结尾可以根据传真件内容写上必要的客套语。

5. 落款

在正文的右下方签署发件方的单位（部门）名称或具体发件人的姓名，并加印单位（部门）印章，以示文件的效力。具体的发件人姓名应当采用钢笔手写签名方式，不能用图章代替。落款处要写上具体日期。

6. 附件名称

如果传真件还有附件，如报价单等，可在传真正文的左下角注明附件的名称。

**四、传真稿的写作要求**

（1）简洁。传真的内容要具体，语言要精要简洁。

（2）规范。传真的格式要符合规范。

【例文一】

**天地公司传真**

收件人：李小

单　位：××运输公司

抄　送：

传真号：（0411）××××××××

发件人：王一

单　位：天地公司

日　期：20120810

传真号：（010）××××××××

电　话：（010）××××××××

页　数：共1页

主　题：联系仓储运输

☑紧急　□请审阅　□请批注　□请答复　□请传阅

××运输公司：

我公司现有100吨硝酸铵化肥亟须运往××灾区，请贵公司与我联系有关仓储运输事宜。

天地公司（公章）

20××年8月10日

**点评**：这是一份传真的首页，标示出收件人及发件人的相关信息，并介绍了传真的具体内容。

【例文二】

**××科技有限公司**

TEL：　FAX：　E-MAIL：

工作联系单

收件人：　发件人：

抄送：　总页数：

公司：　日期：

传真号码：　核稿：　批准：

主题：请求供应商提供资料

□紧急　□请审阅　□请批注　□请答复　□请传阅

各供应商：

感谢大家对我公司的支持与配合！为配合我公司发展及即将开展的采购部供应商评审工作，敬请各供应商提供（不限于）以下方面内容资料。

1.（略）

2.（略）

3.（略）

4.（略）

5.（略）

以上资料烦请在2014年9月5日前提交我公司，谢谢合作！

××市采购部

2014年9月15日星期三

**点评：** 该传真文头信息齐备，标明收件人、发件人、传真的基本信息。正文部分首先表示对各供应商的感谢，然后详细列出所需内容。最后写明必要的客套话。整份传真的格式符合规范要求，内容明确，语言简洁。

# 情境四　商业广告

## 学习目标

知识目标：了解广告的特点和作用，掌握商业广告的写作规范与技巧。

能力目标：能准确地写作常用的广告词；能抓住宣传点进行创新写作。

素质目标：充分认识广告的重要性，培养创新思维意识和诚信健康的职业道德。

## 情境描述

信息化时代，广告无处不在。它是经济发展的产物，成为现代生活的重要组成部分，是新思想、新观念、新文化的象征……同学们，你一定能记住一些脍炙人口的广告词。那你能写出符合产品特点又能吸引消费者的广告词吗？请看下面素材。

小高是某服装企业策划部的职员，最近企业要求职员为其将要投放到市场上的一款男风衣设计广告词，如果广告被采用，将会获得最佳创意奖，奖金很丰厚。

**想一想：** 小高该怎样设计才有可能获奖呢？

## 知识点拨

### 一、商业广告的概念

广告，广而告之，广泛地向听众、观众、读者、消费者传达信息之意。商业广告是在商业领域中，厂商通过各种传播媒体，以多种表现形式向消费者传播、宣传商业信息，以促进和扩大商业活动所做的广告。

任何形式的广告都离不开语言文字这个最重要的载体，广告的全部文字内容即广告词，或称为广告文案。

### 二、商业广告的特点

（1）真实性。商业广告要诚实，讲究信誉，在传递经济信息、推介产品时，要以事实为依据，真实、健康、清晰、明白地向公众诉说商品的性能、用途、使用方法等，努力做到信誉第一、用户至上。

（2）功利性。企业、商家为了利益最大化，要通过广告的信息传播，树立企业形象，达到说服感染消费者，促进消费者对商品或劳务产生积极的态度和购买行为的目的，收到良好的经济效益。

（3）审美性。随着社会的发展、科学的进步，在制作商业广告时，文字、图画、音响、实物多媒体结合，突出逼真性和审美性。在语言表达上，应当简明优美，可读性强。

## 例文点评

【例文一】

**当年的小女孩如今已变成……**

每天清晨，我都会给家里每个人冲上一杯牛奶。20多年前，当我还是一个小姑娘时，第一次用完达山奶粉，那浓郁的奶香，一冲即溶的特点便深深留在我的脑海里……20年过去了，时过境迁，家里的电视机换了，家具换了，当年天天吵着喝牛奶的小姑娘如今成了母亲，但是我每次买的奶粉仍是“完达山”。这不仅仅是因为“完达山”始终给我的质量信心，还有那对自己人生历程的回忆，就像那醇厚的奶香，让人久久回味……

不变的真情　完达山全脂奶粉

地　　址：黑龙江省密山市××街×号

服务电话：0453-5085198

传　　真：0453-5451312

邮　　编：158307

联 系 人：×××

**点评：**这则广告使用了间接标题，设疑悬念式。引言由设疑悬念引入主题。正文介绍了产品的历史、质量、特点。广告语“不变的真情　完达山全脂奶粉”，传达了企业的服务宗旨，激发了人们对产品的情感。随文对消费者起购买指南作用。

【例文二】

**慷慨地以旧换新**

**带着你的太太，只要几元钱……我们将给你一个全新的女人**

为什么你硬是欺骗自己，认为你买不起最新的与最好的东西？

在奥尔巴克百货公司，你不必为买美丽的东西而付高价，有无数种衣物供你选择——一切全新，一切使你兴奋。

现在就把你的太太带给我们，我们会把她换成可爱的新女人——仅仅花几元钱而已。

这将是你有生以来最轻松愉快的付款。

百万的生意　毫厘的利润

奥尔巴克　纽约·纽瓦克·洛杉矶

**点评**：这是一则格式完整的广告词。正题语意双关，十分亲切，鼓动消费者慷慨消费，副题从女人（太太）的角度，介绍突出这是女人的服装天地，贴近生活，易于从心理上打动消费者；正文用一个反问句，暗含了这里的东西物美价廉，是能消费得起的，同时介绍了广告语的对象——奥尔巴克百货公司；广告语“百万的生意　毫厘的利润”点明百货公司的实力和实惠。广告词的设计很有创意，将丈夫和太太、旧与新、价位高与低等关联起来，告诉消费者，奥尔巴克百货公司是不二的选择；广告词的形式灵活，语言轻松幽默。

【例文三】

扫一扫

## 写法指导

### 一、商业广告文案的格式与写法

广告文案写法灵活多样，通常由标题、正文、广告语和随文四部分构成。

#### 1. 标题

标题用于点出广告文案的主题，吸引受众对广告的注意和兴趣。可以说，标题是广告的“广告”。

广告文案的标题有以下两类。

（1）单一标题。标题只有一个字、一个词或一句话。例如，“灯箱要换代，请用乐美耐”（乐美耐灯箱广告），“你爱你的脸有多深？”（满婷洁面乳广告）。

（2）复合标题。复合标题由引题、正题、副题搭配组成。例如，四川特产，口味一流（引题）；天府花生（正题）；越剥越开心（副题）。

#### 2. 正文

正文的写法灵活，不必拘于固定的内容和格式，一般以说明商品信息和服务信息为主，对标题和广告主题做进一步阐释，以达到说服受众的作用。其具体包括以下内容。

（1）对标题中提出或承诺的商品的利益点予以解释。

（2）对商品的特点、功能、个性等进行说明和介绍。

（3）介绍商品、服务或观念的背景情况。商品由什么企业生产，此企业在同类企业中的位置，商品的制造过程及其制造者的情况。介绍商品的背景情况是为了形成品牌效应，使消费者能够放心购买。

（4）告知受众获得商品的途径、方法和折扣、奖励等特殊信息。

#### 3. 广告语

广告语，又称为广告标语或广告口号，是广告词中不可或缺的组成部分，是企业为了实现阶段性的广告宣传策略在一定时期内反复使用的一种精练的口号式语句。

广告语具有单一性、简短性、口语性、长期性等特点。需结合广告主题，突出商品的特有属性和文化精神，使受众对商品留下深刻印象，进而影响或改变其消费观念，刺激其消费商品。语言要求高度浓缩、极其精练、朗朗上口。例如，味道好极了！——雀巢咖啡；大宝，天天见；今年过年不收礼，收礼只收脑白金。

#### 4. 随文

随文，又称附文，是对广告正文的补充，放在广告文案的结尾，一般交代广告主的名称、地址、联系人、电话号码、电子邮箱、传真号码、邮编等联系内容，用来传达广告主身份及相关的附加信息，以便于消费者购买或联系。

### 二、商业广告的写作要求

（1）内容真实、合法、健康。《中华人民共和国广告法》明文规定，广告应当真实、合法，符合社会主义精神文明的需求，不得含虚假内容，不得欺骗和误导消费者，坚持以健康的审美趣味来引导消费者，拒绝黄色污秽、消极颓废的广告词。

（2）创意独特，形式新颖。独创是广告的生命，广告词的创意可概括为五个字，即“准”“深”“新”“趣”“奇”；广告词的形式要多种多样，可简朴地具体说明商品的名称、用途、规格、特点等，也可用生动幽默的语言或用诗歌、故事、短剧等形式来加深受众的印象。

（3）语言朗朗上口、易读易记。广告词的语言要使用人们熟悉的词语和表达方式，做到语言简练流畅，朗朗上口，避免使用专业术语。例如，麦当劳的广告语——我就喜欢，通俗简单，宣传效果好。

### 三、广告标题与广告语的区别

（1）作用不同。广告标题主要体现广告的内容和主题，激发公众阅读正文的兴趣，一则一题，简单精练；广告语要长期使用，以反复刺激受众，加强企业、商品和服务带给受众的一贯、长期的印象。

（2）负载信息不同。广告语一般负载企业的特征、宗旨，商品的特性，服务的特征等；广告标题则主要本着吸引受众阅读兴趣的原则，可以负载广告语中的这些信息，也可以与之不相关。

（3）位置不同。广告标题位置固定，只能放在正文上方；而广告语位置自由灵活，可以独立出现在广告中的任何位置。

## 技能训练

### 一、病文修改

对《扬子晚报》上刊登的广告进行评价，指出它的优缺点。

**××杀虫气雾剂**

襄阳城内。一只蚊子飞来，叮在郭破虏的脸上。郭破虏惊叫一声：“爹，有刺客！”

郭靖：“亢龙有悔！”一掌拍在郭破虏的脸上。

郭破虏捂着被拍肿的脸：“爹，刺客跑了。”

“想跑？没那么容易。”黄蓉掏出一个杀虫气雾剂，朝空中一喷，蚊子纷纷落下。

黄蓉：“××杀虫气雾剂，高效无毒，害虫的死对头，家庭的好帮手。”

### 二、情境写作

以小组为单位，以情境描述为素材，替小高设计一则广告。

三、强化训练

很多同学的家乡都有一些名特产，有的同学自家还生产各种农副产品，如苹果、海参、木耳等，请为家乡或自家生产的产品做一则广告，要突出产品的特点，以吸引消费者购买。

知识链接

## 商品说明书

**一、商品说明书的概念**

商品说明书是一种以说明为主要表达方式，用平易、朴实、易懂的语言向用户等消费者通俗地介绍商品（包括服务等）的性能、特征、用途、使用和保养方法等知识的文书材料。商品说明书有时也称作使用说明书。

**二、商品说明书的特点**

（1）科学性。商品说明书主要是介绍说明商品的功用、性能、特点、使用方法和注意事项，必须讲究科学性，严格按照科学的要求加以介绍，不可随意夸大或缩小甚至篡改产品的数据等科学指标。

（2）准确性。对商品的说明文字要简明准确，给人以清晰的表述，不能含混不清。

（3）合法性。商品的说明要符合有关法律的要求，必须有生产厂家名称、地址和电话（传真），甚至有可登载的网址。例如，食品类的商品就必须说明生产日期和保质期，有危险的商品必须有警示性的说明。

（4）条理性。商品的说明书一般都有较为固定的条款格式，在写作时层次要清晰，便于使用者阅读，分类要合理，标准要统一。

**三、商品说明书的格式与写法**

商品说明书一般由标题、正文、落款三部分组成。

1. 标题

商品说明书常见的标题有以下三种形式。

（1）直接以文种名称作标题，如“使用说明书”“使用指南”等。

（2）以商品名称作标题，如“三九胃泰”“紫光扫描仪”等。

（3）以“商品名称+文种名称”作标题，如“盖中盖口服液产品说明书”“步步高DVD使用说明书”等。

2. 正文

正文是商品说明书的核心部分，商品不同，需要说明的内容各有侧重，一般包括以下几个方面的内容。

（1）产品的概况（如名称、产地、规格、发展史、制作方法等）。

（2）产品的性能、规格、用途。

（3）安装和使用方法。

（4）保养和维修方法。

（5）附件、备件及其他需要说明的内容。

以上内容可以根据实际需求取舍详略和变动前后顺序。

3. 落款

落款要写明产品制造厂家的名称、地址、邮编、E-mail地址、电话、传真、电挂及产品的批号、生产日期、优质级别等。不同的商品说明书，落款的项目有所不同，应根据实际需要落款。

**四、商品说明书的写作要求**

（1）图表、数据、单位要科学准确。写作时，必须采用国家规定的标准说法进行科学表述。例如，不用“少许”“适量”等模糊的语言，而用“××克”“××毫升”准确的、科学的语言。

（2）使用的文字、词语要规范。不可用方言或非规范的词语，既要讲科学性，又要讲通俗性。

（3）全面周到。在写作之前要先掌握商品的相关知识，不可因为自己不明白而故意删减必要的内容。

（4）表述力争简洁，不要像广告那样渲染和铺垫。

**五、商品说明书与商业广告的区别**

（1）目的不同。商业广告的目的是宣传商品、推销商品；商品说明书的目的是介绍商品各方面的知识，帮助用户正确地认识、使用商品。

（2）内容不同。商业广告对商品的性能、特点、用途等的说明，只是三言两语，高度概括；商品说明书介绍这些内容则较为细致、具体。商业广告除介绍知识外，还介绍商洽的方法、时间、地点等，商品说明书则不予介绍。

（3）表达方式不同。商业广告可用多种表达方式和创作形式进行生动形象的宣传，商品说明书则以说明为主要表达方式，不能像商业广告那样渲染和铺垫。

**【例文一】**

**××无磷速效洗洁精**

**主要成分**

阴离子表面活性剂、非离子表面活性剂、泡沫稳定剂、防腐剂、食用香精。

**产品特点**

清洗餐具上的油污速度快、效果好。

温和护手，安全无毒；果香淡雅；洗得干净、过水容易。

**使用方法**

清洗餐具上的油污时，滴本品数滴，浸水过洗。

滴本品少许于抹布上直接擦洗，去油效果更好。

清洗瓜果蔬菜时，在清水中滴本品数滴，浸泡2～5分钟，流水过洗。

**注意事项**

本品非食用品，请放在小孩接触不到的地方，如不慎入眼，立即用大量清水冲洗，如不慎食用，请立即就诊。

执行标准：GB 9985—2000

生产企业：××化工集团股份有限公司

地　　址：××省××市××区××路××号

**点评**：这篇商品说明书格式比较规范，内容比较全面、具体，包括主要成分、产品特点、使用方法、注意事项、执行标准及厂址等，层次清晰，语言精练，用词准确，通俗易懂，尽量避免了专业术语，是一篇较好的商品说明书。

【例文二】　扫一扫

【例文三】　扫一扫

# 任务二　司法类应用文

## 司法应用文概述

### 一、司法应用文的概念

司法应用文是国家司法机关和法律授权的专门组织（公证机关和仲裁机关）或个人（律师）以及诉讼当事人依法制作的处理诉讼案件和与诉讼有紧密联系的非诉事件的具有法律效力或法律意义的应用文的总称。可做这些理解：制作机关是法律机关或当事人；内容涉及法律活动；职能是进行法律活动的工具；特征是具有法律效力和法律意义。

### 二、司法应用文的特点

（1）制作的合法性。司法应用文的制作属于诉讼活动中的一个环节，必须根据法律的规定，特别是诉讼法的规定，按照不同的文种、要求和时限进行。

（2）形式的程式性。各类司法应用文的写作都有固定的规范性要求，无论是表格文书，还是文字说明式文书，均统一体例，便于制作、查阅、实施，法律应用文体现了明显的程序化特征。

（3）内容的法定性。司法应用文的完成必须符合一定的法律程序和履行一定的法律手续，方能成为合法的司法实用文书。法律应用文的写作内容都是法律规定的，具有法定性。

（4）语言的准确性。司法应用文是十分庄重严肃的文书，在语言文字的运用上，要求用词准确、简练且解释单一无歧义；文风朴实平易，不任意夸大或缩小，不能带有强烈的主观情绪，要做到有理有节。

### 三、司法应用文的分类

根据司法应用文在诉讼过程中所起的作用，可以分为起诉状、上诉状、申诉状、答辩状。

根据诉讼的性质，可以分为刑事诉状（调整被告违法犯罪行为与社会规范、法律规定之间的矛盾关系）、民事诉状（调整双方当事人在人身关系或财产关系等方面发生的争议）、行政诉状（国家行政机关在行政管理中的具体行为与公民、法人或其他组织之间发生的争议）。

根据制作主体的不同，可以分为公安机关的刑事法律文书、人民法院的诉讼文书、人民检察院的检察文书、公证文书、仲裁文书和律师实务文书。

# 情境一　民事起诉状

## 学习目标

知识目标：掌握民事起诉状的写作规范与技巧。

能力目标：能根据实际需要规范拟写民事起诉状。

素质目标：培养遵纪守法、用法律手段维权的意识。

## 情境描述

我们常听说的“起诉”这个词，就是公民在认为自己的合法权益受到侵害或与他人发生争议时，或者需要确权时，向法院提交的法律文书。例如，财产、离婚、交通事故、医疗纠纷等方面的问题。请看下面素材。

李某2014年4月1日，因经营资金紧张向杨某借款98 000元用于周转，写下借条并约定6个月后一次还清欠款，利息按照银行利息支付。到期后，李某以没钱为由拒绝归还。杨某想向法院起诉李某，要求其还钱。

**想一想：**杨某该怎样写这份起诉书呢？

## 知识点拨

### 一、起诉状的概念

起诉状是指原告依据事实和法律向人民法院提起诉讼而写的书面材料，简称诉状，俗称状子或状纸。

根据《中华人民共和国刑事诉讼法》和《中华人民共和国民事诉讼法》的规定，任何国家机关、企事业单位、社会团体或公民个人，在认为自己或受自己保护的合法权益受到侵害，或是与他人发生纠纷时，都可依法向人民法院提起诉讼，以求得法律上的保护。

### 二、起诉状的特点

（1）主动性。原告借起诉状主动陈述被告人侵害自己的事实，从而提出诉讼请求。

（2）告知性。写起诉状的目的在于把被告对自己的侵害事实告知法院，以求得人民法院对自身合法权益的保护。这种告知性可以直接引起法院的一审程序。

（3）必备性。起诉状是处理诉讼案件不可缺少的必要手续，是原告提出诉讼时必须主动使用的司法文书。

（4）特定性。起诉状的原告是与本案有直接利害关系的公民（或其法定代理人、近亲属）、法人和其他组织。被告必须是明确的，必须有具体的诉讼请求和事实、理由。诉讼请求属于人民法院受理的诉讼范围且案件属于受诉的人民法院管辖。

## 例文点评

【例文一】

### 民事起诉状

原告：中国××银行××支行

住所：北京××区××路号

负责人：×××　　　　　职务：支行长

电话：×××××××××　邮政编码：××××××

被告：北京××有限责任公司

住所：北京市××区××路××号

法定代表人：×××

电话：×××××××××　邮政编码：××××××

被告：北京××饭店

住所：北京市××区××大街××号

法定代表人：×××

电话：×××××××××　邮政编码××××××

诉讼请求：

1.请求法院判令第一被告承担返还本金150万元及其利息202 044.00元（此利息暂计至2015年6月20日）。

2.请求法院判令第二被告对以上两项承担连带责任。

3.请求法院判令两被告共同承担本案诉讼费、律师代理费。

事实和理由：

2013年9月12日，第一被告北京××有限责任公司（以下称"××公司"）与原告中国××支行（以下称"××支行"）签订《人民币资金借款合同》（编号：10年工流字第43095107号），借款金额：150万元，利率为月息10.08‰，期限半年，即自2013年9月13日起至2014年3月12日止。第二被告北京市×饭店（以下称"饭店"）为此提供担保，并于同日签订《保证合同》（编号：10年工流字第43095107号），承担连带清偿责任。

2013年9月13日，××支行如期发放《核定贷款指标通知》，并于次日将150万元划至××公司账户。合同期限届满后，借款人并未履行其到期归还本金及利息的义务，××支行数次催款，未果。

鉴于上述事实，原告认为，借款合同一经成立，即具法律约束力，借贷双方应严格遵守。××公司有责任偿还××支行贷款本金及利息，并承担违约责任。××饭店应承担连带清偿责任。根据《经济合同法》第5、15、40条及《担保法》第18、21条，特诉请人民法院判允前列诉讼请求。

此致

北京市××区人民法院

附：
1.本状副本两本。
2.《人民币资金借款合同》一份。
3.《保证合同》一份。
4.《贷款转存凭证》一份。
5.《核定贷款指标通知》一份。
6.《到期（逾期）贷款催收通知书》三份。

具状人：中国××××支行（盖章）
法定代表人：×××
2015年×月×日

**点评**：标题居中，明确起诉状的种类。首部写清双方当事者的基本情况，包括当事者的组织名称、地址、法人姓名与职务以及联系电话等情况。正文部分，先引述合同内容，再陈述合同履行过程中双方行为，突出了被告违约的事实，最后阐述起诉理由。言简意赅，短小有力。尾部符合写作规范，依次写明受诉法院全称、起诉人单位全称并盖章、法人姓名、起诉时间及附件。这是法人之间的一起经济合同纠纷案。该起诉状项目齐全，层次清楚，结构完整，符合规范。

【例文二】

## 民事起诉状

原告：张传瑞，男，46岁，汉族，××县人，农民，现住××乡××村。
委托代理人：×××，××律师事务所律师。
被告（1）：××酒家；地址：××市××区××路。
法定代表人：×××；职务：总经理。
被告（2）：魏源海；工作单位：市老干局综合科。
住所地：××市××区××路；职务：科长。
诉讼请求：
一、判令被告（1）赔偿医药费、护理费、营养费与残疾赔偿金20万元。
二、判令被告（2）赔偿医药费2万元。
三、本案诉讼费用由被告（1）承担。
事实和理由：
原告儿子张跃伟是高山职业技术学院物流管理专业的学生，五一节回家的路上，经过××酒家，突然里面飞出一个酒瓶，砸伤了他的头部。市老干局综合科科长魏源海看见此事，便向附近居民高华借了一辆三轮车，送他去医院。由于魏源海不太会骑三轮车，车速较慢，好不容易将张跃伟送到医院，经抢救，还是留下后遗症，医学鉴定为头部被撞击、失血过多、耽搁时间过长所致。原告认为被告（1）应负主要责任，要求赔偿，被告（1）以不是自己扔的酒瓶为由，不予理睬；原告认为被告（2）也有一定的责任，要求赔偿，被告（2）认为如果不是自己好心送医院，他的情况可能更糟糕，也不愿赔偿。结果均未得到解决。为此，原告不得不向人民法院起诉，要求维护权益，望依法裁决。

此致

××市中级人民法院

起诉人：张传瑞

委托代理人：×××

×年×月×日

**点评**：这份民事起诉状符合《中华人民共和国民事诉讼法》第一百零八条及有关规定，符合起诉条件：原告与本案有直接利害关系、被告明确、诉讼请求和事实理由具体等。

该起诉状结构完整、规范，包括首部、正文、尾部三部分。首部写清双方当事者的基本情况：原告，写清了其姓名、性别、年龄、民族、籍贯、职业及住址；被告（1），写明单位全称，所在地址，法人代表姓名、职务；被告（2），写明姓名、工作单位、所在地址、职务；委托代理人，是律师，只需写明“××律师事务所律师”即可。首部写作周详。

该起诉状的正文，表达的诉讼请求明确具体，陈述事实与理由的人称前后一致，正文结束前的“为此，原告不得不向人民法院起诉，要求维护权益，望依法裁决”惯用语使用恰当，内容层次清晰，观点明确，分寸感把握得极佳，尤其是两个被告人的责任，主次恰当，用词准确，显示了较高的法律素养。

【例文三】

扫一扫

尾部符合写作规范，依次写明受诉法院全称、起诉人姓名、委托代理人姓名、起诉时间。

## 写法指导

### 一、民事起诉状的格式与写法

起诉状由首部、正文、尾部三部分组成。

**1. 首部**

（1）文书名称，写成起诉状即可，常见的有民事诉状、民事起诉状。

（2）当事人的基本情况。

格式1（当事人是自然人）

原告：姓名、性别、出生年月日、民族、出生地、职业或工作单位和职务、住址等（诉讼代理人的情况）。

被告：姓名、性别、出生年月日（对被告出生年月日确实不知的，可写其年龄）、民族、出生地、职业或工作单位和职务、住址。

注意：被告不能写成“被告人”，原告也不能写成“原告人”。

格式2（当事人是法人、组织或行政机关）

原告名称，所在地址。

法定代表人（或代表人）姓名、职务、电话。

企业性质，工商登记核准号，经营范围和方式。

开户银行，账号。

被告名称，所在地址，电话。

被告情况同上。

**2. 正文**

正文是起诉状的主体，包括诉讼请求、事实与理由、证据与证据来源等。

（1）诉讼请求。写明提起民事诉讼请求的标的，即请求法院依法解决有关民事权益争议的具体问题。语言要明确、简练，合理合法。诉讼请求应注意以下事项。

- 具体、明确，所提要求事项能够履行。例如，要求对方赔偿损失，不能写成“要求对方赔偿我的一切损失”，可以写成“要求被告赔偿医疗费用2 100元，误工费用200元，后期治疗费用4 000元，合计6 300元整”。
- 表达要简练。不当的写法为：“我于1997年2月3日，以52 000元的价格购买西柳村正瓦房6间，被告居住此房，拒不腾房搬迁。故请人民法院保护我房屋产权的合法权益，依法判处被告立即腾房搬迁。”恰当的写法为：“请求依法判处被告立即腾房搬迁。”

（2）事实与理由。事实部分主要写明被告侵权行为的具体经过和双方当事人权益争执的具体内容，要求具体写明被告人侵权行为或当事人发生争执的时间、地点、人物、原因、结果等要素，将纠纷的过程如实反映出来。理由部分，起诉人要根据前面叙述的事实讲出起诉的道理，即证明被告依法应承担相应的民事责任，自己的诉讼请求是正确的。阐述理由时应注意，理由必须与事实、诉讼请求相一致。援引法律条款要全面、准确和规范。

（3）证据与证据来源。通常在事实与理由之后另起一段阐述证据和说明证据来源。证据主要有书证、物证、视听资料、证人证言、鉴定结论和勘验笔录等。

证据要求真实、具体、可信。要针对主要事实列举证据，要写明书证、物证和相关证据的名称及来源，要写明证人的姓名、职业、住址及证言要点。

表述方式为：

书证××（名称）×份；

物证××（名称）××件；

证人×××（姓名），住址，电话。

**3. 尾部**

交代受文机关的名称、起诉人名称、起诉日期及附项等内容。

## 二、起诉状的写作要求

（1）诉讼限定要明确。公民和法人虽然都依法享有起诉权，但不是任何情况下都可以起诉的。例如，民事纠纷，有这些情况之一者，当事人不得向人民法院起诉：客观上不存在纠纷或不归人民法院管辖的；法院正在审理或已经审理过的；依法在一定时期内不得起诉的；按法律规定已超过了起诉期限的。

（2）列举证据要确凿充分。证据是证明所诉事实的真实性、可靠性的依据。只有列举出足以证实事实真实的有关证据，才能达到人民法院立案处理的目的和诉讼的预期效果。

（3）引用法律条文要具体。引用法律的名称应当写全，不能使用简称。例如，《中华人民共和国民事诉讼法》不能写为《民事诉讼法》。引用法律条文时，适用条款项的，应引到条、款、项，不能只引到条。

（4）语言表达要叙议结合。在叙述事实的基础上，分析纠纷的性质，说明是非曲直；分析危害后果，说明过错责任；论证权利义务关系，说明所提出的诉讼请求是合理合法的。

## 技能训练

### 一、病文修改

以小组为单位，找出下面民事起诉状的不当之处。

起 诉 书

A区人民法院：

我是××学院外语系学生，叫张×，今年20岁。今年3月1日，我与同班同学李××到××影楼照了艺术照，当时照相馆师傅说照片很漂亮，想留一张放大作为广告使用，我明确拒绝。不久后，我从那儿路过，看见我的那张照片却挂在门口作为展示，我找到影楼负责人，要求撤下照片，可他们说这是他们的自由，拒绝了我的要求，还讥讽我，我气得不得了。我实在无法忍受，于是只好用打官司的方式来解决问题。请人民法院做主，判决××影楼立即撤下照片，并赔偿精神损失费。

此致

敬礼

受害人：张××

### 二、情境写作

以小组为单位，以情境描述为素材，替杨某起草一份起诉状。

### 三、强化训练

根据以下材料，你作为吴某的律师，为其写出民事起诉状的正文部分。

吴某向律师反映的事实：

杨某和吴某是邻居。2013年9月，吴某购买了一间房，与杨某家房子的东面墙相距大约4米。当时，杨某房子的东面墙没有窗户。2014年4月，吴某为了改善其房屋内的采光、采风条件，向有关部门提出申请，想在房子西面墙中间开个0.9米×0.57米的窗户。经批准后施工。施工时，杨某出面干预，为此，双方之间发生纠纷。2014年12月，杨某认为吴家新开的窗户影响其家庭生活，没有经过吴某同意，强行将吴家新开的窗户和原有的窗户都用砖头堵塞。吴某认为，自己新开窗户，是经过有关部门批准的，杨某强行把新开的和原有的窗户用砖头堵塞，侵害了自己的合法权益。因此，他向人民法院提起诉讼，要求法院判令杨某停止侵害，恢复原状。

律师调查取得的事实和证据：

1）2014年6月，在吴某家开了个新窗户后不久，杨家也在他的房子东面墙开了一个相对应的窗户，由于两窗相对，杨某故意说吴某侵犯了杨家的隐私权，影响了其家庭生活。

2）2014年8月，杨某向吴某家铝合金窗扔东西，砸坏了吴某家铝合金窗。律师拍下了照片作为证据。

3）杨某经常借故破口大骂吴家。律师取得了邻居林某某、黄某某的证言。

知识链接

## 上 诉 状

### 一、上诉状的概念

上诉状是指民事、刑事、行政案件的当事人及其法定代理人不服地方各级人民法院第一审案件的判决、裁定，在法定期限内，依法定程序，向上一级人民法院提起上诉，请求撤销、变更原审裁判而提出的书状。

它既是诉讼当事人不服人民法院做出的一审裁判的声明，也是第二审人民法院开始第二审程序的依据。

### 二、上诉状的特点

（1）针对性。上诉状具有明显的针对性，上诉的对象是地方各级人民法院尚未生效的判决或裁定，而不是针对一审中的当事人。

（2）论辩性。上诉状的主要内容是阐明不服第一审判决或裁定的理由，因此在反驳第一审观点的同时，要阐明自己的主张和要求。

（3）期限性。上诉状必须是在法定期限内提出。民事案件、行政案件的当事人不服第一审判决的上诉期限为15日，不服第一审裁定的上诉期限为10日；刑事案件的当事人不服第一审判决的上诉期限为10日，不服第一审裁定的上诉期限为5日。逾期写出和提交的上诉状，不再有法律效力。

### 三、民事上诉状的基本格式与写法

民事上诉状由首部、正文、尾部和附项三部分组成。

1. 首部

（1）标题。标题应当写明诉状性质，即“民事上诉状”。

（2）当事人的基本情况。应按上诉人、被上诉人的顺序列写他们的基本情况。

上诉人：姓名，性别，年龄，民族，籍贯，（根据需要注明文化程度），职业或职务，单位，住址。

法定代理人（或委托代理人、指定代理人）：姓名，性别，年龄，民族，籍贯，（根据需要注明文化程度），职业或职务，单位，住址，与上诉人的关系（如果委托律师代理，不写律师的基本情况，只写“委托代理人：姓名，××律师事务所律师”）。

被上诉人：姓名，性别，年龄，民族，籍贯，（根据需要注明文化程度），职业或职务，单位，住址，（根据需要写明他与上诉人的关系）。

法定代理人（或委托代理人、指定代理人）：姓名，性别，年龄，民族，籍贯，（根据需要注明文化程度），职业或职务，单位，住址，与被上诉人的关系。

被上诉人：××（被上诉人不止一人的，依次排列）。

（3）案由。一般用程式语句引出上诉的理由和请求：“上诉人因××××一案，不服××人民法院×年×日×日××字第××号的民事判决（或裁定），现提出上诉。上诉的请求和理由如下：。”

2. 正文

（1）上诉请求。首先简要概括案情。说明对原审裁判或裁定的不服内容，请求第二审人民法院对原审裁判做部分变更，还是撤销原判，全部改判。上诉请求要针对一审裁判存在的主要问题提出恰当的要求，要明确、具体、详尽。

（2）上诉理由。上诉理由是针对原审裁定或判决的不当之处，进行有理有据的论述。

- 对原审裁判认定事实错误的论证，应具体指出错误之所在，并提出确凿、充分的证据予以证明。
- 对原审裁判认定事实不清的论证，应重点提出原审裁判认定的事实证据不足，不能认定结果。
- 对原审裁判适用实体法不当的论证，应据实予以提出原审裁判适用实体法错误，对法律条文做的错误解释，进行论证。
- 对原审违反程序导致处理不当的论证，应对原审在审理活动中违反了《中华人民共和国刑事诉讼法》的规定进行论证。

最后，用承接词综上所述概括上诉理由，再次申明上诉请求。例如，"综上所述，一审法院认定事实不清，且程序不合法，从而导致错判，请求贵院依法撤销原判，改判被上诉人承担还利付息义务，维护上诉人的合法权益！"

3. 尾部和附项

（1）尾部。上诉状的结尾包括以下三项内容。

一是呈文或呈转对象。上诉状可以直接递交二审法院，也可以通过原审法院转交上一级人民法院。如果是前者，就写"此致××人民法院"；如果是后者，就写"××人民法院（原审法院）转送××人民法院（二审法院）"。

二是上诉人签名盖章。

三是具状年、月、日。

（2）附项。附项顺序依次列出上诉状副本×份，书证×件，物证×件。如有证人，还要写出证人的姓名和地址等。

### 四、上诉状写作的注意事项

（1）应当针对上诉人对原判的不服之处，有的放矢。

（2）针对反驳的论点，摆出客观事实和证据，摆出相关的法律条款，据理论证，分清是非。

（3）根据论证所得出的结论明确地提出自己的主张和要求。

### 五、上诉状与起诉状的异同

上诉状与起诉状都是诉讼文书，都有明确的诉讼对象和明确的案件纠纷，都要遵循最高人民法院对诉讼文书的格式及书写的规定，结构也基本相同，但二者也有明显的区别。

（1）起诉状必须写清事实；上诉状一般无须列写事实，只需明确指出原审判的错误或不当之处，并概括写出不服原审判的理由即可。

（2）起诉状是针对被告的，写法上多用叙述和说明；上诉状是针对原审判的，侧重于据理以驳，讲求事实分析，常用夹叙夹议的写法。

（3）起诉状是原告用在一审之前；上诉状则产生于一审之后法律规定的上诉期限，且原告被告乃至第三人均可采用。

【例文一】

**民事上诉状**

上诉人（原审被告）：周××，男，33岁，汉族，××省××县人，在本市××厂工作，现住本厂宿舍5栋3门5号。

被上诉人（原审原告）：覃××，男，56岁，汉族，农民，现住××县××乡××村第8组。

上诉人因赡养一案，不服××市××区人民法院于2014年6月2日民法字第××号民事判决，现提起上诉。

上诉的理由和请求如下。

一、覃××虽是我生父，但我自幼与覃××分离，不知其声貌，更谈不上感情。据母亲称：覃××与她离婚，实系覃××之过。覃××好逸恶劳，道德败坏，对妻子儿女打骂成性。更为恶劣的是，当时竟用手枪将妻子赶出家门，并殃及子女。后因××县人民法院判决离婚，将我兄妹三人判由母亲抚养。我母亲及我兄妹三人从此与覃××断绝了一切关系。

二、覃××对我未尽抚养义务。在我兄妹寄居他人篱下，靠母亲帮人度日，吃残汤，捡破烂，受饥寒之时，覃××未接济过一分钱。据母亲讲：自从我出世后，连覃××的一根纱线也未沾过。对这一事实，连覃××本人都承认，判决书又根据什么认为覃××要我赡养的理由正当呢？俗话说："生儿不养父之过。"儿女只报父母养育之恩。父母不尽养育儿女的义务，就不能享受儿女赡养父母的权利。因此，覃××根本没有理由，更没有权利从我这里收取无本的"定期利息"，剥削我的劳动成果。

三、判决书只强调覃××的告状理由，而对我陈述、证人的证言等证据毫不重视，只简单写了"被告不同意"一句。至于我为什么不同意？理由何在？判决书上都避而不谈。这怎能使人们服呢？另外，判决书写的我现在"33岁"，又说"1978年8月覃××与妻周××离婚后，3岁的周××由女方抚养"。既然我现年33岁，78年才3岁吗？这难道仅仅是计算上的错误吗？由此可见，审判员根本没有认真审理此案。

四、我夫妻二人均系三级工，每月工资总收入只有810元，连四口人生活都很困难，根本无力再支付赡养费120元。审判员强行把医疗补贴算入工资内，这是不合理的。

综上所述，我不同意赡养覃××。请求法院依法改判。

此致

××市人民法院

上诉人：周××（签名盖章）

2014年6月6日

附：

1. 上诉状副本1份。

2. 书证2件（××县人民法院判决书和覃××给我的亲笔信）。

**点评**：上诉状最主要的写法便是运用反驳法，这一份民事上诉状在反驳法的运用上比较成功，具体体现在以下几方面。

① 针对性强。上诉状对原判决中的不服之处，做了有的放矢的辩驳。上诉人重点指出原判决与客观事实和客观证据不符的错误，能够准确有力地揭露原判决中认定事实不实的错误，重申了客观事实与客观证据不容忽视的理由，更是针锋相对地说明了自己不能接受原判决的最主要的理由。

② 说理性强。上诉状不仅对原判决中认定事实的不当做了有的放矢的反驳，还对审判员不认真审理案件的错误态度，也从原判决书中指出具体事实予以揭露和批评。对原判决书中适用法律的引用，虽未明确提出具体法律条款，但能依据正确认定的事实和权利与义务对等的原则，指出覃××未尽养育子女的义务，也就无权要求子女赡养自己。上诉书对法律所做的这种理解是正确的，又与覃××未尽养育子女的事实相符，所以也是具有充分说服力的。

③ 条理清晰，格式正确、完整。

【例文二】

扫一扫

# 情境二　答　辩　状

## 学习目标

知识目标：掌握答辩状的写作规范与技巧。

能力目标：能根据实际需要规范拟写答辩状。

素质目标：提高对公平、公正的认识。

## 情境描述

现实中，当民事纠纷起诉到法院之后，被告有权利针对原告的起诉阐述自己认定的事实和理由，予以答复和辩驳，可以在收到之日起15日内提出答辩状。请看下面素材。

李某因感情不和，以女方在外有婚外情为由向法院提出与女方离婚。女方不同意离婚，在收到起诉之后做出答辩，申明自己的主张。

**想一想**：案例中的女方该怎样写答辩状，争取自己的合法权益？

## 知识点拨

### 一、答辩状的概念

答辩状是指被告人或被上诉人在收到人民法院送达的起诉状或上诉状副本后，在法定的时间内，针对诉状或上诉状陈述的事实和理由，进行答复和辩解的法律文书。

答辩作为当事人的诉讼权利，任何人（包括司法机关）不得非法剥夺，但当事人自己可以放弃。放弃答辩权或在法律规定的期限内未能提交答辩状的，不影响人民法院对案件的审理。

## 二、答辩状的特点

（1）提起的被动性。答辩状是一种应诉文书，有起诉、上诉，才会有作为应诉的答辩。

（2）内容的针对性。答辩状必须针对起诉状、上诉状的内容进行回答和辩驳。

（3）提出的时间性。答辩状必须在法定期限内提出。对于民事答辩状，被告或上诉人应在收到起诉状或上诉状副本之日起15日内提出，行政答辩状则是在10日内提出。不提出答辩状，并不影响法院的判决。

## 例文点评

【例文一】

**答　辩　状**

答辩人：××市发电厂。

法人代表：××，男，厂长。

诉讼代理人：××，男，××法律顾问处律师。

答辩人因××村要求赔偿环境污染的损失，提出答辩如下。

起诉状控告我厂锅炉排放大量烟尘，污染了环境，使该村的粮食和蔬菜产量下降，蒙受巨大损失，这是不实之词。事实是我厂早已采取措施，有效地降低了烟尘排放量，根据调查，该村的粮食产量，在某些年度，由于种种原因确有所减少，但总的来看，还是略有上升，至于蔬菜，也只是在个别季节产量下降，但未有普遍减产减收现象，这说明我厂锅炉排放的烟尘不多，对该村农田的危害不大。

起诉人还诉称，该村的鱼塘也受到严重污染，难以整治，要求我厂申请同等面积的土地，另造一个新鱼塘。事实是诉状中所指的鱼塘，只是一条自然水沟，不是人工开掘的鱼塘，岂能要我厂重起炉灶。

基于上述理由，对起诉人提出的赔偿×××万元的要求我厂难以接受，但考虑到工农关系和该村受到损失的情况，我厂可以酌情予以补助，请法院予以合理裁决。

此致

××××人民法院

答辩人：××市发电厂（盖章）

法人代表：×××（盖章）

×年×月×日

**点评**：这份答辩状标题首行居中以文种名称入题。首部写明答辩人的基本情况。主部是答辩案由，要言简意赅。答辩理由是答辩状的核心，胜、败诉的关键所在，要逻辑严密，简洁有力。答辩意见，综合归纳，用简明的语言，提出乙方解决纠纷的主张和要求。尾部“此致”空两格，××法院顶格，以示尊敬；右下方具名，写时间，格式应规范严谨。

【例文二】

## 民事答辩状

答辩人：李×，女，32岁，汉族，××市人，××市第二小学教师，现住××市绿园区江河路10号。联系电话：×××××××。

委托代理人：刘×，××市第一律师事务所律师。

因王力诉李×继承纠纷一案，现提出答辩如下。

1.我对婆婆尽了主要赡养义务，依法有权继承遗产。原告诬告我不孝婆婆，事实恰恰相反。1985年我嫁入王家，一直与婆婆相处很好。丈夫去世后，全家靠我料理。我心疼婆婆年老体弱，小姑需要照顾，一直未嫁。1989年原告出嫁，也是我一手操办。5年来，我与婆婆相依为命，对其照顾周到，从未发生过争执。平时主要家务由我来做，由于近三年来，我在学校任毕业班班主任，工作特别忙碌，有时婆婆帮我做些家务也是正常的。我们婆媳和睦，街坊四邻皆知(证据1)。近两年，我家连续被街道评为“五好家庭”(证据2)。根据《中华人民共和国继承法》第××条“丧偶儿媳对公、婆，丧偶女婿对岳父、岳母，尽了主要赡养义务的，作为第一顺序继承人”，我对婆婆尽了主要赡养义务，我有权作为第一顺序继承人，继承婆婆的遗产。

2.关于遗产的分割。原告说，全部遗产由她一人继承，让我暂住西屋，找到房子立即搬走。对此，我坚决反对。我与原告同属第一顺序继承人，我有权继承全部遗产的一半份额，即房屋45平方米，存款5 000元人民币。

总之，我与婆婆的关系一直很好，并对其尽了全部赡养义务，有权继承上述遗产。原告列举的情形纯属无中生有，目的是要独占遗产。请人民法院依《继承法》的规定，对我的继承权加以确认和保护，驳回原告的无理请求。

此致

××市绿园区人民法院

附：1.邻居毛某、陈某的证词。

2.居委会出具的证词。

答辩人：李×××

×年×月×日

**点评**：本文是一答辩状。通过分析不难看出，王力起诉李×目的是以“不孝”为由，欲剥夺代位继承人的继承权利，但缺乏有力证据。答辩状针对起诉状提出的问题一一驳辩，且有证人证词。该答辩，首先澄清事实，然后恰当引用法律，最后合情合理地提起请求。该答辩事实、情理、合法三者俱全。倘若人证等没有舞弊，则必胜诉。

【例文三】

扫一扫

## 写法指导

### 一、民事答辩状的基本格式与写法

答辩状由首部、正文和尾部三部分组成。

1. 首部

（1）标题。属于一审程序的，按照案件性质写成“民事答辩状”等；属于第二审程序和审判监督程序的，还应在标题中标明审判程序，如“民事上诉答辩状”等。

（2）当事人基本情况。标题之下直接列写答辩人的基本情况，包括姓名、性别、年龄、民族、籍贯、职业或职务、单位或住址。

（3）案由。案由主要写明对原告某人为什么案件起诉进行答辩，对何时收到起诉状副本，则可写可不写。答辩案由通常用固定的套语表述，一审和二审答辩状的套语有所不同，分述如下。

一审：“答辩人因原告×××提起××××（案由）诉讼一案，现答辩如下：”，或者写“答辩人于×年×月×日收到你院转来原告××提起××之诉一案的起诉状副本，现提出如下答辩：”。

二审：“因×××（原告）不服××人民法院（××××）（年份）××初字第××号判决（或裁定）上诉一案，现提出答辩如下：”。

2. 正文

（1）答辩理由。这是答辩状的主体，要针对起诉状进行答复和辩驳，要根据事实和法律规定，明确具体地回答对方当事人在起诉状、上诉状或申诉状中所提出的诉讼请求，阐明自己对案件的看法和主张。一审答辩状和二审答辩状的写作目的和方法略有不同。

一审答辩状的目的是对原告的起诉进行反驳，就要首先叙明案情、辩清原委。对方诉状所列事实和理由、所提的诉讼请求，有这些情况：事实、理由、请求都合理合法，对此，可放弃答辩；事实有部分虚假，则要针对虚假事实，予以驳斥；隐瞒、歪曲事实，答辩要补充事实，予以澄清；事实存在，曲解法律，要求不合理，对此应反驳其曲解部分和不合法要求，阐述理由时一要列举证据、证人，二要援引法律条款作为说理的依据，不要空泛议论，不要无理狡辩。

二审答辩状的目的是要求二审法院维持一审裁判，驳回上诉。主要采取反驳法，即通过论证原审裁判事实清楚、证据充分确凿、适用法律适当等来反驳上诉状的上诉理由和上诉请求。如果上诉状中提出了新的事实和证据，二审答辩状应着重针对这些新的事实和证据的真伪及其与本案一审裁判结果的关联性做出答辩，以证明一审裁判的正确性。

（2）答辩意见。在充分阐述答辩理由的基础上，通过综合归纳，客观而明确地提出自己对处理纠纷的意见和主张。

3. 尾部

与起诉状、上诉状的要求基本相同，只是署名为“答辩人×××”。答辩状副本按原告人数提交。

### 二、答辩状的写作要求

（1）尊重客观事实。尊重纠纷的客观事实，如实、全面反映案情，是答辩人帮助法院分清是非曲直，依法断案的前提和基础。要让事实雄辩地证明自己的答辩理由是充分的。

（2）有鲜明的针对性。在答辩状中，要特别注意对原告或上诉人在起诉状或上诉状中提出的诉讼请求、事实、理由及根据，明确写出自己承认哪些，否认哪些，否认的理由和根据是什么。对起诉状或上诉状中的无理之处进行反驳，并提出自己的理由、证据及具体要求。

（3）紧扣争议的焦点来答辩。答辩状应当根据双方当事人在纠纷中的争议焦点，以事实和证据为根据，以法律为准绳，来反驳原告或上诉人关于实体权利的请求。

## 技能训练

### 一、病文修改

以小组为单位，找出下面答辩状的不当之处。

**经济纠纷答辩状**

答辩人：永耀灯饰有限公司，地址：某市人民路48号，邮政编码：××××××

法定代表人：李××，经理

委托代理人：张××，天平律师事务所律师

答辩人因华天灯饰制造厂（下简称华天）起诉新颖灯饰有限公司（下简称新颖公司）还款一案，现提出答辩如下。

华天与新颖公司曾签订3万元灯饰的购销合同，由答辩人对有关的款项进行担保，答辩人也在合同上确认了这一点。但是，这种担保只是一般担保，而不是连带担保，按照我国《担保法》的规定，被告新颖公司是有还款能力的，不应由答辩人承担担保责任。而且原、被告曾就还款事项修改过合同内容，又没有通知答辩人，因此答辩人不应承担担保责任。请法院考虑上述原因，作出公正的判决。

此致

××区人民法院

答辩人：永耀灯饰有限公司

法定代表人：李××

×年×月×日

### 二、情境写作

以小组为单位，以情境描述为素材，拟写一份答辩状。

### 三、强化训练

2015年的一天，住在花苑小区的丁先生家突然起火，损失较大。经查是因为电冰箱短路造成的。丁先生要求该电冰箱的生产厂家赔偿损失，但厂方以电冰箱已超过质量保证期和其私自更换冰箱电源线为由拒绝赔偿。无奈，丁先生向法院起诉了这家电冰箱厂。电冰箱厂在接到起诉书后，针对丁先生上诉状陈述的事实和理由进行答复和辩解。那么，这份答辩状应该怎样写呢？

知识链接

# 反 诉 状

## 一、反诉状的概念

反诉状是在已经开始的诉讼程序中，民事案件的被告或刑事自诉案件的被告人，以本诉的原告或自诉人为被告，以抵消或吞并对方诉讼请求为目的，向同一人民法院提出与本诉有关的新的诉讼请求时使用的法律文书。

## 二、反诉状的格式与写法

反诉状主要包括首部、正文、尾部三部分。

1. 首部

首部包括标题、当事人的基本情况两部分。

（1）标题。居中写“民事反诉状”或“刑事自诉反诉状”，如果是提起附带民事反诉的，则写为“刑事附带民事反诉状”。

（2）当事人的基本情况。当事人基本信息主要是指反诉人和被反诉人的基本信息。反诉人为本诉被告人，被反诉人为本诉原告，应当用括号在“反诉人”和“被反诉人”后面标列出该信息。

当事人是公民的，应当写明姓名、性别、出生年月日、民族、籍贯、职业（或工作单位和职务）、住址；当事人是法人、其他组织的，应写明其名称、所在地址、法定代表人（或代表人）的姓名、法定代表人（或代表人）的职务和联系电话。

如果当事人请律师代理诉讼或由委托代理人代理，那么在当事人基本情况后面还应注明委托代理人的姓名、性别、年龄、民族、职务、工作单位、住址和电话。

2. 正文

正文是反诉状的核心内容，包括反诉请求，事实和理由，证据和证据来源、证人的姓名和住址三项内容。

★需要注意的是，为了体现“反诉”的程序特点，应当在首部当事人之后，另起一段概括说明反诉状的起因，写法为“被反诉人（本诉原告）起诉反诉人（或采用第一人称‘我’）……（案由名称）一案，因其……，现提出反诉如下:”。

（1）反诉请求，即反诉人请求人民法院依法解决本案有关民事权益争议或有关刑事犯罪的具体主张和要求。反诉状中的反诉请求部分相当于起诉状中的诉讼请求部分，这部分必须写明确。有多个反讼请求的要分项列出。

（2）事实和理由。事实部分写作的要点是体现出反诉的特征，即反诉的事实与本诉的事实“有联系”。理由部分的阐述则可以分成两个部分：一是对被反诉人的行为进行概括分析，证明其行为所应承担的民事责任或刑事责任，并引出法律依据加以证明；二是对被反诉人的起诉进行分析，证明其起诉不当，进而证明反诉人的行为不应承担民事责任或不构成犯罪，或者对自己的行为进行辩解，说明其行为的合理因素。

（3）证据和证据来源、证人的姓名和住址。

这部分主要包括证据信息和证人信息两类内容，各项应当标号列出、简明清晰。证据信息应当包括证据名称及与案件的关系，使人一目了然；证人信息应当包括证人的姓名、身份、住址等与案件有关的信息。

3. 尾部

与起诉状的要求基本相同，只是署名为“反诉人：×××”。反诉状副本按被反诉人的人数提交。

**三、反诉状的写作要求**

1. 紧扣“反”字做文章。

2. 写作内容必须把握在与原诉是同一法律关系和同一的法律事实范围之内。

3. 语气要平和、冷静，不可强词夺理。

**【例文一】**

**民事反诉状**

反诉人（本诉被告）：张亚强，男，32岁，汉族，辽宁省锦州市人，住锦州市广阳区和平路7号

被反诉人（本诉原告）：锦州市东宁石材有限公司分公司

住所：锦州市广阳区新华镇宜兴庄华创公司12号

负责人：高小军，分公司经理

电话：25496939

因东宁石材有限公司分公司诉反诉人购销合同纠纷一案，现对被反诉人提起反诉。

**反诉请求**

1.判令被反诉人接受反诉人退回印度红花光板（小板）145.086平方米。

2. 判令被反诉人给付违约金28 194.5元。

3. 判令被反诉人承担全部诉讼费用。

**事实与理由**

被反诉人起诉状所述与事实不符。

1.被反诉人供货存在瑕疵，供货量严重不足。2004年1月13日双方签订印度红花光板购销合同。反诉人于2004年1月14日向被反诉人预付全部货款额的10%。被反诉人于2004年4月24日供货小板375.224平方米。其中，除186件计166.656平方米因不符合合同约定已于2004年4月28日退货外，反诉人处尚有162件计145.086平方米瑕疵供货，反诉人多次与被反诉人交涉退货未果。被反诉人符合合同约定的实际供货（小板）仅为63.482平方米，与合同约定小板供货量1 000平方米相去甚远。反诉人多次要求被反诉人供货未果。被反诉人于2004年4月24日、27日两次向反诉人供货大板274.378 4平方米。大、小板供货量合计，被反诉人供货符合合同约定的仅为337.860 4平方米，与总供货量1 120平方米相差约780平方米。

2. 被反诉人迟延履行。根据合同约定，被反诉人应于2004年3月1日前将货全部供齐，而被反诉人于2004年4月24日、27日两次部分供货，至今尚未全部供齐。

3. 由于被反诉人过错，形成上述1、2两件事实，被反诉人应承担违约责任。

综上所述，被反诉人起诉状所述没有事实根据，法院不应支持其全部诉讼请求；而且，被反诉人应承担违约责任。请求法院依法判决，维护反诉人利益。

此致

锦州市广阳区人民法院

反诉人：张亚强

2004年6月12日

附：本反诉状副本一份。

**点评**：这个反诉状的首部由标题和反诉人、被反诉人的基本情况构成。正文部分是反诉状的核心内容，写明三条反诉请求，分条列出；摆出三个事实和理由，叙述详细，论述“被反诉人起诉状所述与事实不符”；尾部署名“反诉人：张亚强”。这份民事反诉状符合反诉状的格式要求，陈述事实清楚，语言平实。

【例文二】

扫一扫

## 情境三　公　证　书

### 学习目标

知识目标：了解公证书的基本常识及要求。

能力目标：能根据公证书的基本格式拟写公证书。

素质目标：增强法律意识，学会利用法律手段保护自己的合法权益。

### 情境描述

现在，需要公证的事情很多，涉及金钱和利益的事，尤其是某些重大的或易引起纠纷的协议或事务，从保护自己的合法权益和避免纠纷出发，应该办理公证，如各种财产或产权转让、抵押、赠与、继承、协议。请看下面素材。

张军和陈红是一对再婚夫妻，为防止今后可能出现的婚前财产纠纷，现双方理智地协商，就婚前财产达成协议。

婚前甲方的财产有：轿车一部，小加工厂一个，住房一套（××市××区××路×××号××居民小区×号，面积130平方米），家具、日常生活用品一套，银行存款30万元。

婚前乙方的财产有：银行存款10万元，踏板摩托车一辆，40寸液晶彩电一台，海尔立式冰箱一台，LG中央空调一套，双人床一个，其他生活用品一套。

**想一想**：他俩怎样既合情又合理地协商婚前财产的公证呢？

## 知识点拨

### 一、公证书的概念

公证书是指公证处根据当事人申请，依照事实和法律，按照法定程序制作的具有特殊法律效力的司法证明书，是司法文书的一种。

公证书是公证处制作并发给当事人使用的法律文书。公证机构应当按照司法部规定或批准的格式制作公证书。公证书为16开大小，由封面、正文、封底组成。

### 二、公证书的特点

（1）法规性。公证书是由国家专门设立的公证机构和公证人员依据法律程序办理的，是具有特殊法律效力的证明文书。公证书具有证据效力、强制执行效力和法律要件效力，可以为当事人提供可信赖的证据，维护当事人的合法权益。

（2）非诉讼性。公证书是一种非诉讼意义的法律文书。它的主要任务是为国家机关、企事业单位、社会团体、公民、华侨、出国人员和在我国的外国人证明遗嘱、赠与、继承、转让、合同、委托、房屋买卖等的各种法律行为，证明各种具有法律意义的文书和事实。这些文书是非诉讼性的，和审判机关制作的诉讼文书是不同的。

（3）程式性。公证书有属于自己独特的惯用语、固定的格式及内容要点，语言程式化。

### 三、公证书的种类

按内容不同，公证书可分为民事公证书和经济公证书。

民事公证书适用于继承权、收养、赡养、赠与、出生、毕业证、借据等行为、事实、文书的证明。

经济公证书适用于经济组织的资格、法定代表人身份、经济合同、招标、商标等证明。

## 例文点评

【例文一】

**财产继承公证书**

（2013）安文证民字第11号

申请人：董现民，男，1968年7月10日出生，现住河南省安阳市北关区南后街27号3号楼2单元1号。公民身份号码：410××××××××××××053。

被继承人：董绍文，男，1932年6月1日出生，生前住河南省安阳市北关区解放路办事处南后街濮阳土产3号院2单元2号。

公证事项：继承权公证。

申请人董现民因继承被继承人董绍文的遗产，于2010年5月28日向我处申请办理继承权公证。

根据《中华人民共和国公证法》的规定，我处对申请人董现民提交的权利证明及相关证据材料进行了审查核实，并对申请人进行了询问，审核情况如下。

一、被继承人董绍文于1995年7月24日死亡。

二、被继承人董绍文死亡时在河南省安阳市北关区解放路办事处南后街濮阳土产3号院2单元2号（房屋所有权证号为房权证北关区私字第133××××××××号，建筑面积为81.12平方米）留有一处房产，此房产是董绍文的个人财产。

三、据申请人称：被继承人董绍文生前无遗嘱，亦未与他人签订遗赠扶养协议。

四、被继承人董绍文的妻子李桂兰已于2004年3月27日死亡，二人是原配夫妻，只有一子一女，分别是儿子董现民和女儿董菊梅。李桂兰自董绍文死亡后未再婚。董绍文的父母均先于其死亡。

五、现董菊梅表示放弃继承被继承人董绍文的遗产，董现民表示要求继承被继承人董绍文的遗产。

根据上述事实并依据《中华人民共和国继承法》第三条的规定，被继承人董绍文的上述个人财产为董绍文的遗产。根据《中华人民共和国继承法》第五条、第十条和第二十五条的规定，被继承人董绍文的遗产应由其配偶、子女和父母共同继承。因被继承人董绍文的妻子、父亲、母亲均已死亡，现其女儿董菊梅表示放弃对上述遗产的继承权利，故被继承人董绍文的上述遗产应由其儿子董现民一人继承。

中华人民共和国河南省安阳市文峰公证处（公章）

公证员（签名）

2013年6月11日

**点评：**标题写明“××××公证书”字样。标题下写明编号，包括年号、公证机关名称代号、序号。因是继承权公证书，要写明当事人的基本情况。正文写清楚所证明的有关人和事的状况。落款写明作证单位、公证员姓名、发文年月日，最后盖公章和公证员签名章。

【例文二】

**××合同公证书**

（××）字第××号

兹证明××××（单位全称）的法定代表人（或法定代表人的代理人）××××与××××（单位全称）的法定代表人（或法定代表人的代理人）×××于××××年××月××日，在××××（签约地点或本公证处），在我的面前，签订了前面的《××合同》。

经查，上述双方当事人的签约行为符合《中华人民共和国民法通则》第五十五条的规定；合同上双方当事人的签字、印章属实；合同内容符合《中华人民共和国××法》的规定。

中华人民共和国××省××市（县）公证处（公章）

公证员（签名）

×年×月×日

点评：这是一份合格规范的合同公证书。首先，该份公证书制作主体合法，格式正确。其次，结构完整，语言简练，主要体现在：公证书首部写明标题、编号，即“合同公证书”“（××）字第××号”；正文根据当事人申请证明的事项，写明了公证机关确认的法律行为或法律事实；尾部写明了制作文书机关的全称，并由公证员签名盖章，同时注明文书签发的年月日，并加盖公证处单位公章；用语专业化强，文字表达简练流畅。

【例文三】

扫一扫

## 写法指导

### 一、公证书的格式与写法

按照国家司法部的要求，各级公证机构制作的公证书有较为固定和规范的格式要求，一般包括封面、正文和封底等。公证书的主体正文部分由首部、正文、尾部组成。

**1. 首部**

首部应按公证书的格式要求写明标题、编号、当事人的基本情况等内容。

（1）标题要写明“公证书”。按司法部制定的格式样本，公证机关使用的公证书都统一用“公证书”作标题，不必加公证的性质细项。

（2）编号由年度、公证机关代号、证书顺序号组成。

（3）当事人的基本情况不是所有公证书都要写明，而对于继承权、收养关系、亲属关系的公证书则要写明。

**2. 正文**

正文的主要内容是公证词。要写明证明的对象、证明的范围和内容，说明证明所依据的法律法规等内容。具有强制执行效力的公证书，还应在公证词中注明，并具体说明责任人履行义务的期限，写明强制执行标的物的名称、种类、数量等情况。

**3. 尾部**

按公证书的格式要求，在公证词结束后右下方写明公证机关名称、承办公证员姓名并加盖印章，方能生效，并写清楚出证时间。时间用汉字书写。

### 二、公证书的写作要求

（1）当事人申请公证，应当亲自到公证处提出书面或口头申请。委托别人代理的，必须提供有代理权的证件。

（2）写作公证书前，应按法律规定进行必要的调查研究，以确保公证书内容的真实与合法。

（3）写作公证书一般应一事一证，以保证所证内容的连贯与准确。

（4）公证书所需年份必须使用公历。

（5）公证书必须书写清楚，文字通顺没有歧义，用词高度准确。

## 技能训练

### 一、病文修改

以小组为单位，找出下面公证书的不当之处。

**出生公证书**

根据××省××市（县）××户籍管理机关××年×月×日档案记载（或××单位公务人员档案记载或知情人××提供的材料），兹证明×××，于××年×月×日出生。×××的父亲是×××，×××的母亲是×××。

中华人民共和国××省××市（县）公证处

×年×月×日

### 二、情境写作

以小组为单位，以情境描述为素材，替张军和陈红签署一份婚前财产公证书。

### 三、强化训练

于××夫妇没有子女，平时总热心帮助亲朋邻里。一天，夫妇俩早起晨练，在小区门口发现了一个弃婴，经多方查找弃婴父母无果，于是他们萌生了收养的念头。为避免日后产生不必要的纠纷，于××夫妇先到民政局办理了领养手续，又到公证处办理了收养公证，请你代于××夫妇拟写一份收养公证书。

## 知识链接

### 遗　嘱

**一、遗嘱的概念**

遗嘱是指遗嘱人生前在法律允许的范围内，按照法律规定的方式对其遗产或其他事务所做的个人处分，并于遗嘱人死亡时发生效力的法律行为。

**二、遗嘱的格式与写法**

1. 首部

制作遗嘱应先写明标题“遗嘱”。

2. 正文

（1）立遗嘱的基本情况，包括姓名、性别、年龄、民族、籍贯、住址等。

（2）立遗嘱的原因，即为什么立此遗嘱。这是遗嘱的前言，用几句概括性的语言叙明立遗嘱的宗旨即可。例如，“因年老多病，不久于人世，深恐去世后家属子女为继承遗产发生纠纷”；“因生前受好友体贴、照顾，为报其深情厚意”等。

（3）遗嘱事项，就是立遗嘱人对处理遗产或（和）其他事务的具体意见，这是遗嘱的主要部分和中心内容，一定要写得清楚、明白、具体。如系处理遗产，应将财产的名称、数量、所在地及由谁继承（或遗赠给谁）等写明，可以按继承人或受遗赠人的顺序写，也可以按遗产项目顺序写。

（4）结束语，主要是写明遗嘱份数、在何处保存、由何人或何机关监督执行等，也可以写立遗嘱人对家属、子女的希望和要求等。

3. 尾部

由立遗嘱人签名盖章。如有证明人在场，证明人也应签名盖章。如系请人代书，代书人应签名盖章。如系请律师代书的，应将代书律师单位和姓名写明。然后注明立遗嘱的年月日。

**三、遗嘱写作的注意事项**

（1）如果有数份遗嘱内容相互矛盾时，有公证遗嘱的应该以公证遗嘱为准，如果没有公证遗嘱，则以最后所立遗嘱为准。

（2）立遗嘱人要具备行为能力，所立遗嘱要出自立遗嘱人的自愿。

（3）所处分的财产必须是立遗嘱人本人的财产，如夫妻共同财产不能由一方单独处分。

（4）遗嘱是立遗嘱人单方面的法律行为，但遗嘱的内容不得违背法律规定，也不应违背社会道德原则，否则所立遗嘱将不被法律认可。

【例文一】

**遗　嘱**

立遗嘱人：张某某，男，75岁，汉族，住某镇某村

王某某，女，74岁，汉族，住址同上

我们为夫妻关系，今年都已年过七旬，并且体弱多病，为防止在我们“百年后”子女为我们的财产问题发生争议，现根据《中华人民共和国继承法》的规定，立此遗嘱，内容如下。

一、将位于某镇某村××号北房五间及其该院其他附属建筑给予四子××。

二、我们有存款5万元，分别给予长子××一万元，次子××一万元，三子××一万元，四子××2万元。

三、我们所有家具及生活用品给予四子××。

立遗嘱人：（签字）（夫）（妻）

代书人：（签字）

见证人：（签字）

2015年×月×日

**点评**：这是张某某夫妻共同所立遗嘱。正文先写明立遗嘱人双方的基本情况，然后写立遗嘱的原因，接着写立遗嘱的具体内容，分三个方面写财产的名称、数量及分别给予的继承人，写得清楚、具体。尾部是立遗嘱人签名，还有代书人、见证人的签字。遗嘱的格式正确，内容清楚。

【例文二】

扫一扫

# 参考文献


[1] 周炫，王志刚．实用文书写作［M］．2版．北京：北京大学出版社，2013.
[2] 孟庆荣，许贵研．应用文写作［M］．北京：清华大学出版社，2008.
[3] 金常德．新编高职高专应用文写作［M］．2版．北京：清华大学出版社，2012.
[4] 张云峰．实用写作基础［M］．北京：清华大学出版社，2012.
[5] 吴婕．有效沟通与实用写作教程［M］．北京：中国人民大学出版社，2011.
[6] 李振辉．应用文写作实训教程［M］．2版．北京：机械工业出版社，2006.
[7] 李文娟，刘曼华．行动导向应用文写作［M］．北京：机械工业出版社，2013.
[8] 肖木贵．应用文写作指导［M］．北京：机械工业出版社，2012.
[9] 邵美华，梅敬．应用文写作［M］．2版．北京：机械工业出版社，2012.
[10] 王杰．应用写作［M］．2版．北京：机械工业出版社，2012.
[11] 聂锋，巨苗苗．经济应用文写作［M］．北京：化学工业出版社，2010.
[12] 刘宏彬．新编应用文写作教程［M］．北京：新华出版社，2008.
[13] 吕志敏．新职场应用文［M］．北京：外语教学与研究出版社，2014.
[14] 刘伶．当代应用文写作［M］．天津：天津大学出版社，2009.
[15] 郑立新．应用文写作［M］．大连：东北财经大学出版社，2012.
[16] 张金英．应用文写作基础［M］．北京：高等教育出版社，2012.
[17] 张业余，张志义．财经应用文写作［M］．北京：高等教育出版社，2012.
[18] 黄绮冰，生素巧．应用文写作教程［M］．2版．北京：电子工业出版社，2013.
[19] 刘玉冰，刘杰．应用文写作基础［M］．北京：电子工业出版社，2014.
[20] 杜菁锋．现代应用写作［M］．广州：华南理工大学出版社，2006.
[21] 艾丽娟．应用写作［M］．大连：大连理工大学出版社，2012.
[22] 金常德．应用写作［M］．大连：大连理工大学出版社，2009.
[23] 周克勤．常用应用文写作［M］．上海：华东师范大学出版社，2011.

尊敬的老师：

您好。

请您认真、完整地填写以下表格的内容(务必填写每一项)，索取相关图书的教学资源。

## 教学资源索取表

| | | | | | |
|---|---|---|---|---|---|
| 书　名 | | | | 作者名 | |
| 姓　名 | | 所在学校 | | | |
| 职　称 | | 职　　务 | | 职　称 | |
| 联系方式 | 电　话 | | | E-mail | |
| | QQ 号 | | | 微 信 号 | |
| 地址（含邮编） | | | | | |
| 贵校已购本教材的数量(本) | | | | | |
| 所需教学资源 | | | | | |
| 系/院主任姓名 | | | | | |

系 / 院主任：________________（签字）

（系 / 院办公室公章）

20____年____月____日

注意：

① 本配套教学资源仅向购买了相关教材的学校老师免费提供。

② 请任课老师认真填写以上信息，并请系 / 院加盖公章，然后传真到（010）80115555 转 718438 索取配套教学资源。也可将加盖公章的文件扫描后，发送到 fservice@126.com 索取教学资源。欢迎各位老师扫码关注我们的微信号和公众号，随时与我们进行沟通和互动。

③ 个人购买的读者，请提供含有书名的购书凭证，如发票、网络交易信息，以及购书地点和本人工作单位来索取。

微信号　　　　公众号

中国工信出版集团

電子工業出版社
PUBLISHING HOUSE OF ELECTRONICS INDUSTRY